中國哲學史大綱

蔡仁厚著

臺灣學生書局印行

中國哲學史大綱

增訂新版小序

本書先由東海大學哲學系於民國六十九年九月印爲講義，以工本費供同學作爲教材之用。而一般讀者購買時，亦不過酌增郵資而已。故雖印行四次，却從未標擧售價。至於稿費或版稅，自亦無從說起。玆者，東海哲學系困於經費，無力再印。而各方讀者，仍不斷來信需索此書。無已，乃改送書局正式出版，並定書名爲「中國哲學史大綱」。

哲學史之題材，不但與文化史、學術史不同，與思想史之講述，亦有輕重詳略之異。而本書之取材，自有權衡斟酌，與坊間一般哲學史之書或不盡相同。要者，乃在隨順中國哲學思想開合發展之綱領脈絡，對各時代、各學派之哲學問題，作一簡要之論述，俾讀者獲得通貫之了解。

本書之編寫，既原爲便於教學，自須配合講堂之講解與申述。以是，書中各章之深淺難易，繁簡詳略，乃至體例不嚴之情形，實所難免。而濶略粗疏之處，亦須待正式撰著哲學史時，乃能求其充備。

依筆者之見，中國哲學史之講述，應劃分爲五個時期。（參閱拙著「新儒家的精神方向」之十「中國哲學史的分期」一文。）本書雖分爲五卷，而第五卷實有目而無文。本擬趁此出版之便加以增補，但以時間匆迫，而筆者亦正計畫撰寫一部中國哲學史，故此卷仍暫從缺，以留待來日一併論述。唯爲使讀者對當代中國哲學之反省與新機，得一具體親切之徵驗，故特將十年前所撰「牟宗三先生的學思歷程與著作」長文，列爲本書附錄。

至於有關研究中國哲學史之諸項問題，筆者曾撰「中國哲學史專題研究芻議」一文以略述所見。該文已編入拙著「儒家思想的現代意義」上卷之十二，幸讀者惠予參閱，並不吝賜教。

蔡仁厚

民國七十七年二月

於東海大學哲學系

中國哲學史大綱 目錄

附錄

引論

甲、解題明旨

一、講的是「史」——故應着重通貫的發展、相互的影響、客觀的事實。

二、講的是「哲學」史——故以觀念性與理論性為特色。

三、講的是「中國」哲學史——「中國」哲學：①器識弘大、智慧甚高，而思辨較弱。②重實踐過於重知識，其理論亦以滿足實踐條件為依歸。③不重立說以顯己，而重文化慧命之相續，以暢通文化生命之流。

乙、中西異同

一、西方哲學，首先正視「自然」，故以「知識」為中心。

二、中國哲學，首先正視「人」，故以「生命」為中心。

三、在西方，哲學以知識為中心，宗教以神為中心。二者互不相涉，而皆重客體性。

四、中國文化以生命爲中心，重主體性，成立心性之學與成德之教，學與教合一。（印度文化介於中西之間，其學與敎雖合一，而實歸極於宗教。）

丙、中國哲學史的教與學

一、中國幾千年來，在一文化生命之主流的涵蓋籠罩下，表現爲大開大合之發展——哲學史卽在此開合發展之大動脈上講（以文化生命大流之航程爲線索）。

二、講哲學史不只是「述古」，而在於暢通文化生命之流，以豁醒哲學的慧命。必須「湧身千載上」，投入文化生命之流，以與古人智慧相接應、相映發。故講中國哲學史與講西方哲學史不同。（對西方，我們是旁觀者，是客的身分；對中國，則是主人身分，我們的生命與自己的文化生命是合拍合流的。）

三、所以讀中國哲學史，絕不可將它推置於生命之外，而應該將聖哲的德慧引歸到自己的生命之內，以期與文化生命有存在的呼應與感通。

丁、中國哲學思想的開合發展

開 ＜ 破裂——開出新端緒 ／ 歧出——吸收新內容 ＞ 在開之中，儒家 ＜ 強固守護 ／ 孕育新機

合 ＜ 消化——求量之充實 ／ 融鑄——得質之純一 ＞ 在合之中，儒家 ＜ 護持政教 ／ 含弘光大

一、由先秦到兩漢——第一度的開合

1.孔子繼往開來——重新開發「道之本統」。

2.孔子以後，諸子百家興起——第一度之開（學術思想之開，對周文疲弊而發）。

3.孟荀諸儒之努力——護持內聖外王之道，以期由開轉合。

4.漢儒復古更化，通經致用，以學術指導政治，此是第一度之合。（唯此合不夠圓滿：內聖一面落於倫常教化，德慧不透；外王一面形成君主專制，天下爲私。）

二、由魏晉到宋明——第二度的開合

1.儒學衰而玄學起——第二度之開（自本自根的初步之開。）

2.玄學衰而佛教盛——異質文化加進來而大開（人生方向宗教信仰之開。）

3.宋明儒學之復興——第二度之合（此合亦不夠完整：內聖强而外王弱）。其貢獻：

(1)復活形上智慧：開發性理以超越佛老之玄理、空理。

(2)端正人生方向：重建內聖成德之教。

(3)暢通文化生命：文化生命與民族生命合一。

三、晚明以來——第三度的大開

1. 晚明三大儒——由「合」中引出開（儒家本身之開：由內聖轉外王）。

2. 滿清入主——民族生命受挫折，文化生命受歪曲——外王開不成而轉爲考據。

3. 考據成爲學風——表示民族文化心靈之閉塞與文化生命之委頓僵化。

四、當前之文化使命

1. 承續學術傳統，開發文化慧命，顯立文化理想——恢復文化創造力（道統）。

2. 徹底開出新外王
- 開出政道，完成民主建國——國家政治法律（政統）。
- 透顯知性主體，轉出知識之學——邏輯數學科學（學統）。

第一卷　先秦時期：中國文化原初形態之百花齊放

中國文化通過夏商周三代的蘊蓄發展，而凝成爲二帝三王所代表的「道之本統」——中國文化的原初形態；再經孔子之點醒開發，轉王者禮樂爲成德之教，使中國文化達於第一度之圓成。（故孟子曰：孔子之謂集大成。）但孔子之教，缺少政治之配合，所謂有德無位，大道不行於天下。於是，賢哲之士奮然輸精誠，發慧光，以謀救世，乃有諸子百家之興起。是卽所謂「中國文化原初形態之百花齊放」。

本卷先述孔子以前的思想趨勢，再述孔子以及孔子以後各家之哲學。

第一章 上古思想之趨勢

第一節 原初的觀念形態

一、文獻——①尚書堯典：「乃命羲和，欽若昊天，曆象日月星辰，敬授民時。」②大禹謨：「禹曰：於，帝念哉！德惟善政，政在養民，水火木金土穀，惟修；正德利用厚生，惟和。」③周官釋史：「史掌官書以贊治，正歲年以敍事。」④論語引堯典：「堯曰，咨爾舜，天之曆數在爾躬，允執厥中。四海困窮，天祿永終。」（大禹謨衍爲十六字）

二、史官爲古代學術之府，乃觀念之所從出。

1. 掌官書以贊治——道德政治——本天敍以立倫常
　 正歲年以敍事——窺測自然——法天時以行政事
　 ｝理智所照亦歸於道德意義

2. 觀念之結集——首先是「洪範九疇」（五行、五事、八政、五紀、皇極、三德、稽疑、庶徵、五福六極），約而爲「修德愛民」、「正德利用厚生」——此乃聖王之「政規」。

三、在此客觀實踐中，實已透露一道德精神之實體（仁智之全）——但此只是初昇之太陽（與自然渾一的燦爛之光），尚在潛蓄狀態，尚未自覺的湧現。

第二節　周初之「敬」的觀念

一、人的精神之自覺——卜筮盛行於殷，亦行於周。然箕子謂武王，有疑難則當「謀及乃心、謀及卿士、謀及庶人、謀及卜筮」，卜筮列於最後，權威性已大降。故乾九三之爻云：「終日乾乾，夕惕若，厲無咎」。此乃本於敬畏之感與憂患意識所顯出的精神自覺。（易繫下：易之興也，其於中古乎？作易者，其有憂患乎？又云：易之興也，其當殷之末世、周之盛德耶？當文王與紂之世耶？）

二、祀敬內轉而爲敬德——周人以文王配天（上帝），其祭祀與祈求，不是基於怖慄或苦業意識以求救贖解脫，而是基於憂患意識與敬畏感，此乃道德意識（非皈依意識）。故以神之降禍福，乃取決於人的行爲之善惡，其齋明盛服、肅肅雍雍之敬神活動，最後必落實於「敬德」「恪遵天命」之自我修養上。

三、由憂患意識轉出道德意識——從祭祀中回頭，從卜筮中醒覺，而歸於「人」，歸於自我之生命主體，以透出「敬」「敬德」乃至「明德」之觀念。故尚書召誥云：「惟王受命，無疆惟休，亦無疆惟恤。嗚呼！曷其奈何弗敬？」又曰：「嗚呼！天亦哀憐四方民，其眷命用懋，王其疾敬德！」又云：「惟不敬厥德，乃早墜厥命。」凡此，皆是從憂患意識轉出的道德意識之表露。

四、**敬的哲學**——總之，「敬」的觀念，①表示了主動的、反省的、內發自覺的精神狀態；②建立了「敬」所貫注的「敬德」「明德」之觀念世界；③凸顯了自我主體之積極的理性作用。——此種以「敬」爲行爲動力的哲學，可名之爲「敬的哲學」。

第三節　禮的時代與宗教人文化

一、**禮與彝**——據殷周之際的文獻，「禮」字多指祭祀儀節，「彝」字含有常與法制規範之義。由「敬」而重視「彝」，由「彝」而移殖擴充到「禮」，至春秋，乃成爲「禮」之觀念所籠罩的時代。

二、**禮的時代**——左傳隱公十一年：「禮，經國家，定社稷，序民人，利後嗣者也。」莊公二十三年：「夫禮，所以整民也」（國語魯語整民作正民）。僖公十一年：「禮，國之幹也。」昭公二十五年：「禮，天之經也，地之義也，民之行也。」國語周語：「昭明物則，禮也。」——據此可知，「禮」乃一切價值之準據，亦是道德之依歸。「禮」可視爲春秋時代最有象徵性的一個觀念字。

三、**宗教人文化**：

1.攝宗教於人文——原始宗教信仰保留在大衆生活習慣中，而「禮」則是上層知識分子之新觀念。然就「士」而言，並非取消宗教，而是攝宗教於人文。

2.民為神之主（人的地位之提升）——左傳桓公六年：「夫民，神之主也。是以聖王先成民而後致力於神。」莊公三十二年：「國將興，聽於民，將亡，聽於神。神，聰明正直而壹者也，依人而行。」

3.天、神之賞罰以民意為準據——皐陶謨已言「天聰明自我民聰明，天明畏自我民明畏。」（畏通威，天之明善威惡、賞善罰惡，以民之好惡爲依據）。泰誓亦云：「天視自我民視，天聽自我民聽。」左傳成公五年云：「神福善而禍淫」，襄公九年亦云：「神所臨惟信，信乃善之主。」此表示神降禍福，實隨人之修德與否而轉移。

4.以「不朽」代「永生」——叔孫豹以立德立功立言爲三不朽（左襄二十四年），表示人文價值高於靈魂之永生。而是非賞罰之權決定於史之書法（不操之於神），此亦是人文精神抬頭之一端。

第四節　天命下貫而爲「性」之趨勢

一、天命觀念早見於召誥：「今天其命哲，命吉凶，命歷年」。天不但命吉凶，命歷年，而且命我以明哲。盡我之明哲，卽是敬德，卽是明德愼罰。無常之天命，取決於人之敬德與明德；在敬德與明德中，人乃更能正視和肯定天命天道之意義。

二、天道不僅在人的「敬之功能」中被肯定，而且亦在人之「本體」中被肯定——此卽「天命下貫而爲人之性」，天道天命愈往下貫，我之主體愈得肯定，我之主體愈得肯定，天道天命之價值亦愈發彰著。

三、三段重要文獻：

1.詩周頌維天之命：「維天之命，於穆不已。於乎不顯，文王之德之純。」（純亦不已。）

2.詩大雅烝民：「天生烝民，有物有則。民之秉彝，好是懿德。」

3.左傳成公十三年（孔子出生前二十七年）：「劉康公曰：吾聞之，民受天地之中以生，所謂命也。是以有動作禮義威儀之則，以定命也。」

四、上引三段文獻，皆表示天命天道步步下貫而爲人之「性」的思想趨勢。在此，開啟了性命天道相貫通之大門。其中「維天之命，於穆不已」是一重要觀念。它將人格神之天轉化爲形上實體。有了此一轉化，乃能下貫而爲性，而打通「性」與「天道」之隔閡，纔有「民受天地之中以生，所謂命也」以及「民之秉彝，好是懿德」之觀念。此一意識趨向，決定中國思想之中心，不落在天道本身（故不走宗教之路），而落在「天道性命相貫通」上（此卽儒家天人合德的內聖成德之教）。

轉化宗教之外在形式
保存宗教之功能作用
＞無「宗教相」而有「宗教性」（道德與宗教通合而爲一）。

第二章　孔子的仁教

第一節　道之本統的再開發

一、孔子（西元前五五一至四七九）爲儒家之祖，亦是中國文化精神之象徵，它開發中國文化精神之長江大河，永遠灌溉中國民族之心靈。他的仁教，更爲人類開啟了無限向上之機。

二、孔子繼往，亦開來。往古聖王至於周公而構造「周文」，他順政教之迹而開出廣被人間的生活之道：①宗法的家庭制（通於社會政治），②等級的民主制（治權的民主）——此之謂「據事制範」，乃順二帝三王而凝成的「道之本統」。

三、至於孔子，乃反身上提而透顯形而上的仁義之心，予周文以超越的解析與安立（攝禮歸義，攝禮歸仁）——此之謂「攝事歸心」，是對「道之本統」的再開發。

四、①王者盡制——以二帝三王爲標準。此是王者禮樂中的成人與人倫，是生活行爲的形式規範。②聖者盡倫——以孔子爲標準。此是成德之教中的成人與人倫，是生命德性的自覺實踐。

五、孔子爲儒家之開山。故儒之爲儒，不能由王者盡制的外部禮樂（禮教）來規定，而必須由聖者盡倫的成德之教(仁教)來規定。如此，乃能確定儒家之教義與儒者生命智慧之方向。

第二節 仁的意義與特性

一、仁，不可定義，須超脫字義訓詁，從孔子的指點語以求了解。

二、仁是全德之名——凡「德目」皆依於主觀之發心與客觀之所對而建立。而「仁」則超越一切德目，而又綜攝一切德目。故仁不可作德目看(德目中之仁，只是仁之偏義)。

三、仁與衆德——仁乃道德之根、價值之源。一切德目，皆是「仁」對應於「人、事、物」而顯現的德性。如對應於人倫，仁顯爲孝弟慈愛忠信和順之德；對應於生活事物，仁顯爲恭敬辭讓、謹愼勤儉、廉直義勇、寬恕惠敏……之德。

四、仁是眞實生命——仁則生，不仁則痲木而死矣。孔子言「欲仁、志於仁、不違仁、用力於仁、當仁、蹈仁、成仁」，皆是對於踐仁之指點，而「爲仁由己」一語，更表示「仁」必須通過生命而表現。(不是表現一外在的德目，而是仁自己實現它自己)。

五、仁是人格發展的最高境界——仁的境界之實現，乃是一個無限的「純亦不已」的過程。故孔子不輕易許人以仁，亦不以仁與聖自居，唯是不厭不倦而無隱(無間朗現)地以其全幅生命爲仁作見證。

六、仁之特性，曰覺與健——①「覺」是悱惻之感，故不安、不忍、不痲木(由此指點仁是心），它是一個「活體」。②「健」是健行不息，故剛健昭明通暢而生生。通過覺以表現健，卽是仁的創造性之顯示。故仁爲生德、生理、生道。

第三節 仁智聖的生命領域

一、天道天命下貫而爲性的趨勢，是孔子以前的老傳統。但孔子並未順傳統言性之線索去積極講論，而是別開生面地從主觀面開闢了「仁智聖」的生命領域。

二、孔子常仁智對顯（如：仁者安仁、智者利仁，仁者樂山、智者樂水，智者動、仁者靜，智者樂、仁者壽），而實以仁爲主。「仁」通內外，「智」則顯明覺之用（不指理智活動），以化除生命之隱曲幽暗。故「仁且智」的生命，乃通體透明的德慧生命。

三、仁智雙彰以成聖：①仁以感通爲性，以潤物爲用，此之謂仁德之潤化；②智以覺照爲性，以及物爲用，此之謂智及之風姿。③仁智雙彰，則能通物我（老安少懷，萬物一體），合天人（下學上達，與天地合德）——故子貢曰：仁且智，夫子既聖矣。

四、總之，仁智聖的作用，一在指出人生之途徑與理想，以完成德性生命；一在遙契超越方面的「性與天道」。

第四節　由仁智聖遙契性與天道

一、「性」與「天道」，皆是客觀的自存潛存：①天道是超越的存有，②性是內在的存有。二者皆在仁之朗潤、智之朗照中，亦卽在生命之體證中，而得以彰顯挺立而貞定。故對存有方面，只能證知契會，而不可穿鑿智測。（子貢有「不可得而聞」之歎，實亦此故。）

二、孔子的心思，不是向「存有」以表現智測，而是向「踐仁」以表現德行。他由談論仁智聖而流露出一種內在的超越鼓舞與超越企向，由敬畏天命而透顯生命中的虔誠；這是與超越者相喻解相呼應的一種聖者的情懷（與一般哲學家不同。）

三、從「情」方面說，天道有類於人格神。孔子所謂「天生德於予」、「天之未喪斯文」、「天喪予」、「吾誰欺，欺天乎」、「知我者其天乎」，皆屬此義。

四、從「理」方面說，天道卽是形上實體。子曰：「天何言哉？四時行焉，百物生焉，天何言哉？」天是「於穆不已」之實體，故雖不言，而四時行、百物生。而孔子之生命行事，卽是天心仁體之眞實呈現（表徵），故亦欲「無言」。

五、遙契天道亦有二義：①對人格神意義的天道，是「超越的遙契」，在此顯莊嚴肅穆的道德宗敎之意味。②對形上實體的天道，是「內在的遙契」（天道性命相貫通），在此顯親切明朗的哲學意味。

六、由「踐仁以成聖」轉進到「踐仁以知天」，而與天爲知己，與天地合德，此卽孔子所完成的圓滿型的聖賢人格的型範（天人合德）。

第五節 義命觀念與主宰性之肯定

一、「義」是事理之當然（理當如此，義當如此），亦是人事之所當爲（見義勇爲，唯理是從。）

二、孔子言「義」，不外「公正、合理、合宜、正當責任、道理、義理」等意思。人的言行合義與否，須通過心的主宰斷制，故「義」表示應然的道德判斷（價值判斷）。「義」本身有定然性、不變性，而「行義」則須因時制宜（故無適無莫、無意必固我，義之與比）。

三、命有二義：①「天命、性命」是「命令義」之命，此須敬畏、服從、踐行。②「命運、命遇、命限」是「命定義」之命，表客觀之限制義，此則須知之、受之、安之。如「亡之，命矣夫」、「死生有命，富貴在天」、「不知命，無以爲君子」各句中之命字，皆命定義之命。

四、孔子「知其不可而爲之」：「知其不可」是「知命」，「而爲之」是「盡義」。孔子「盡義以知命」，決定了日後儒家精神之方向。

五、人一方面要承認「命」的存在與限制，此一面是「被決定者」，屬於事象系列中的必然問題。而另一方面則尤須明「義」而自我作主，此一面是「自決自定者」，代表自覺、自由、或主宰性之肯定，屬於道德世界中的價值創造之問題。人生之意義，不在「命」一面，而在「義」一面，其理甚明。

第六節　宗教、義務與自我問題

一、對原始宗教之態度——①對天之態度（天人關係）：與天和解，遙契合一。②對鬼神之態度（事人與事鬼）：敬而遠之，非其鬼不祭，不語怪力亂神。③對祭祀之態度（人神關係）：愼終追遠，祭神如神在（吾不與祭如不祭）。要者是致其誠敬，以徹通幽明限隔，此亦孝道之擴大延伸（致孝乎鬼神）。再進而有「三祭」之禮，更使儒家之宗教精神達於高明廣大深邃之境界。

二、儒家之宗教性——①從事上看，儒家不具備一般宗教之形式條件（如教會、僧侶、特殊之儀式等）。②從理上看，儒家有宗教性，有圓成之宗教精神，是天人合德的道德的宗教（道德與宗教通而爲一），能開出「日常生活的途徑」以安身立命，又能開出「精神生活的途徑」以完成人格，創造文化。

三、義務問題與人倫責任——①轉化「對神奉獻酬恩」之義務觀念，爲「對天地、祖先、聖賢之報本返始，崇德報功。」②人生之基本責任，不在人神之間，而在廣義的（家、國、天下）人倫關係中。故主三年喪以還報三年愛於父母，又言老安少懷朋友信，有教無類，君君臣臣父父子子之正名以明分，仕以行其義，行義以達其道，凡此，皆顯示人倫責任之立場。③歷史文化之使命感：天生德於予，天未喪斯文，損益三代，百世可知，重建周文（吾從周）。

四、成德之教中的自我境界——①德性我：以價值自覺爲內容。孔子求「仁」，彰顯德性我，正表示其自我境界繫屬於此。②認知我：孔子重「學」，而歸於「進德」（攝知歸仁），對純知性的活動未予積極之重視，其認知我實居於德性我之附從地位。③情意我：含「生命力」與「生命感」二面。前者表現勇敢堅毅，後者表現於藝術性之活動。孔子言「勇」，必須以「義」爲規範；聽「樂」則有「盡美矣，未盡善也」之歎，又有「放鄭聲」之表示，可知其情意我必須受德性我之指導或裁判。④形軀我：簞食瓢飲，君子固窮，謀道不謀食，殺身以成仁。凡此，皆表示形軀之苦樂得失乃至生死，皆非孔子之所計較。而養生尊生，乃以成德，非爲形役也。

附說「孔門弟子」

關於孔子對文化之貢獻與一般之道德教訓，暫從略。在此，當略述孔門弟子。

孔門諸賢，皆是天挺人豪，而其性格是實踐的，似不宜作哲學家看。他們有關理論性的引申發揮，大體着重在「孝」與「禮」上。但就「生命的學問」而言，顏子之「樂」以及他「纔動卽覺，纔覺卽化」的造境，以及曾子「守約」（愼獨）及其忠恕一貫之旨，皆對後世儒家的工夫境界與實踐進路，有重大影響。而曾點的風格，亦自成一流派。同時，孔門諸賢不但傳孔子之學與道，而且當身創造了一個人格世界，爲內聖成德之敎作見證。其人品懿德、風義志節，皆令人心嚮往之。（請參看拙著「孔門弟子志行考述」一書，商務人人文庫本。）

第三章　墨子的思想

墨子，名翟，魯人，生於孔子卒後，而卒於孟子出生之前，其一生大約不出西元前四八〇至三九〇此九十年間，墨子在戰國時期有顯赫之地位，其志行人格甚高，而又博學百國春秋，然其思想理論則質實而淺。（墨辯部分，見後第七章。）

第一節　最高的價値規範——天志

一、天之函義——①以德性價値爲特性：行廣而無私，施厚而不息，明久而不衰。②天以愛利爲本質：天兼天下而愛之利之，故創造自然界與人事界。③天爲「義」之所從出：義必出自最貴最智者，而天卽是最貴最智者。

二、天是政治的最高權原——超越的天意（義），是量度刑政與一切事物之法儀（價値規範）。

三、天之欲惡——①欲人之相愛相利，而惡人之相惡相賊。②欲義惡不義。③欲人爲義而惡人之爲不義。

四、鬼神爲實有——鬼神秉承天志以賞賢罰暴、賞義罰不義，故主張「尊天明鬼」。

第二節　權威主義的政治論——尙同

一、天下混亂，一人一義，十人十義，亂極思治，乃①選賢者爲天子，②建立政治機構，③行使政治權力，以管制天下萬民。此可視爲墨子對國家起源之說明。

二、壹同天下之義——人人放棄自己之是非，上同於在上者之標準，層層上同，上同於天，建立權威主義的統治。

三、尙同政治之規定——①聞見善不善必以告其上，②必須是上之所是，非上之所非，③學習在上者之善言善行。

四、尙同之功效——①上下之情通，②天子之視聽也神，③民莫敢紛亂天下之敎，④賞當賢，罰當暴。

五、天意尙賢——①進賢：賞義罰不義，則人人爲賢，此卽所謂「衆賢之術」（但卻無養才之道），②使能：高予之爵，重予之祿，使行令以斷決政事。

第三節　愛的社會之嚮往——兼愛

一、兼相愛、交相利——視人之國（家、身）若己之國（家、身），主張愛人如己。但人何以不相愛而自利？兼愛又如何可能？墨子却未有說明。

二、行兼愛乃是天意——上利天、中利鬼、下利人（可知兼愛觀念實以天志爲根據）。

三、順天意者，兼相愛交相利，可得賞。反天意者，別相惡交相賊，必得罰。人人行兼愛，可形成愛的社會。

四、以兼爲政——勸之以賞譽，威之以刑罰，則人人皆可「行兼」。（兼愛不由內發，無內在之根，故求助於賞罰，可見其思想之淺拙。）

五、兼愛與推愛——①墨之兼愛，排斥差別性以突顯普遍性（抽象掛空而不可行）。②儒之推愛，保住差別性以成就普遍性（親親仁民愛物，具體落實而可行。）

六、非攻——攻戰違背天意，又不利於天下。故「非攻」實乃天志與兼愛觀念之引申，以期實現國際之和平。

第四節　功利實用的文化觀

一、節用、節葬——以實用實利之觀點與起碼之生活需要爲標準，眞有「文化乃生物學上所不必需者」之概。

二、非樂、非命——墨子「非樂」之主張，只從實利着眼，理論性極低。其「非命」有所謂三表法：①有本之者：本於古聖王之事，以爲只在盡力而爲，並無所謂命。②有原之者：

原察百姓耳目之實，目不見命之物，耳不聞命之聲。③有用之者：命之觀念用於刑政，不中國家人民之利，故命無有。考墨子「非命」，旨在教人勤勞從事，而其主張之理論性則粗淺而外在。

三、非儒——墨子批評儒家，所涉甚廣，大體禮樂敎化之事，墨子皆以功利實用之立場而不以爲然。另有二點批評：①以天爲不明——實則儒家並非以天爲不明，只是將意志天（人格神）轉爲形上天耳。②以鬼爲不神——實則儒家之中心歸於道德實踐：盡心盡性以體現天道，故對鬼神一層，則存而不論，敬而遠之。

四、尙功用、大儉約——此乃實用實利主義。其事功之精神乃社會運動家之方式，未達政治家之層次，故無可大可久之道。其救世而勇於赴義之精神，轉爲後世之游俠（此乃墨家精神之縮小而矮化）。

第五節　墨學的評論

一、利他的義道——唐君毅先生嘗論墨子「以義說仁」，其兼愛乃客觀之義道，非攻、節葬、節用、非樂乃人民生存與經濟生活中之義道，尙賢、尙同乃社會政治之義道，非命乃外無限制之義道，又有天與鬼神之義道。「天、鬼神、人」交互關係中之宇宙的義道。唐先生之說，乃基於同情的了解而「推極其意」以爲言。墨家主張「損己以益所爲」（爲、去聲）。

損己利人，乃絕對利他的義道。①從好處說，個人融化於社會，與整個公共社會合而爲一，所以只顧社會不顧個人。②從壞處說，則表示人已被吞沒於社會，個體價值不再被肯定、被尊重。

二、**莊子天下篇**——「其生也勤，其死也薄，其道大觳（枯槁乏潤澤）……恐不可以爲先王之道。反天下之心，天下不堪。墨子雖能獨任，奈天下何？離於天下，其去王也遠矣。」

三、**荀子**——①優差等，有見於齊，無見於畸：只求量的齊同，抹煞質的層級差別。②蔽於用而不知文：造成價值世界之荒蕪以及生命心靈之平面化，而趨於乾枯萎縮。

第六節　以質救文的方向與途徑

一、**墨子背周反文**——其「質」只是乾枯質樸生命之直接呈露，而非精神實體之透顯。結果既不能潤人，亦無以自潤，終不免於形成文化心靈之窒息與枯萎。

二、**道家返樸歸眞**——忽視周文之價值，而歸於生命之眞樸（質），以恢復自在之心境，求精神之逍遙解脫。但一往不返，道心流爲孤明，雖有觀照之智慧，而不能開出客觀化之人文世界。

三、**儒家順禮樂而道仁義**——繼承文化傳統，疏通文化生命，點出文化之意義與價值，以歸於仁義之心（質），此便是常理常道之根。至於文制度數，則與時變革以制宜，故唯儒家可承擔文化使命。

四、總結，①墨家顯實利性，帶寒傖氣——硜硜孜孜，而實不足以康濟生民。②道家顯個體性，帶山林氣——清光逸氣，冷漠蒼涼，而又期待空谷之足音。③儒家顯理想性，帶富貴氣——日新之謂盛德，富有之謂大業，故能開出人文世界，成就人文價值。

第四章 孟子的心性之學

孟子（西元前三七二至二八九），八十四歲，後於孔子一百八十年，而其生平行事則與孔子極相類似：開始是「設教授徒」，接着是「周遊列國」，最後見道不行，乃「退而著書」以終老。他一生最大的貢獻：①提揭三辨，開發道德文化意識，②建立心性之學的義理規模，③弘揚仁政王道的政治理想。

第一節 即心言性——性善

一、**孟子承孔子之「仁」而言心**——①惻隱之心（仁）：是道德心的直接流露；②羞惡之心（義）：由憎惡罪惡而生起；③恭敬、辭讓之心（禮）：是價值意識之充內而形於外；④是非之心（智）：是道德上的是非判斷。

二、**四端之心三義**：①超越義——乃天所與我者，②內具義——我固有之，③普遍義——人皆有之。由此三義，可知孟子之言心性，實已同時建立了道德實踐所以可能的超越客觀之根據與內在主觀之根據。

三、以心善言性善——性不可見，由心而見。四端皆善，先天本有。善出於性（故心之善乃體上之善），性根於心（根、本也。性稟於天，但性所顯發的仁義禮智之德，實本於心。故曰仁義禮智根於心），性之具體義，須在心處見——本心卽性，心性是一（不只是合一）。

四、性善之論證：不是純外延的邏輯論證，乃內容的義理論證。

①人禽之辨——與動物劃清界線，從人之所以異於禽獸之幾希上着眼。

②善性本具——點出人心之本然，以印證人性之善乃天生本具，人皆有之。

③人人可爲堯舜——聖人與我同類，人心有同然，聖人先得我心之同然耳。

由此三步論證，透出「內在的道德性」。至於人之所以爲不善，是由於人之「弗思」，以及放失、梏亡、陷溺其心所使然，孟子卽就此而反證人性之善。

五、「心、性、情、才」之意指：

①性之明覺卽是良知（心）——心乃是性之具體主觀義。（性則是心之潛存客觀義）

②性之發用卽是四端（情）——本然之情、善情。（與七情之情不同）

③性之才能卽是良能（才）——本然之才、爲善之能。（與稟於氣之才能不同）

第二節　仁義內在——由仁義行

一、仁義內在——孟子曰「仁、人心也，義、人路也」。仁是人之所以爲人的本，德性主體即從人心之仁而說。義是人所當行、人所共由的正路，是身心活動的軌道。孟子又曰「仁之實，事親是也；義之實，從兄是也」。事親以愛（孝），從兄以敬（弟）。故朱註云：「仁主於愛，義主於敬」。愛敬內發，非由外鑠，故「仁義內在」，我固有之。

二、**行吾敬**（愛），**故謂之內也**——所敬之人在外（受敬之對象，受義之客體），能敬之心在內（行敬、行義之主體）。愛、敬是「能」，而不是「所」。「能」由主體發，故義與仁皆內在。孟子曰：「由仁義行，非行仁義也。」（此乃聖人之言，哲學家說不出。）

三、「**義者宜也**」——事理之宜，①不在外在之事物對象本身（在實然之事上只成立知識對錯之判斷），②而在人對事物處置之合理合宜上（在人之行爲上纔能成立道德應然之判斷）。

四、**循由**「**內在本有**」之**仁義而行**，**亦即依據內在的道德心性而行**。此是道德心自發命令的自律道德，這樣的道德才是有根的。「性善」之說正提供了這個根，而「仁義內在」之辨，又爲性善說提供了具體而眞實的基礎。

第三節 性命對揚——透顯道德性

一、**局限於形軀生命的**「**自然之性**」——「口之於味也，目之於色也，耳之於聲也，鼻之於臭也，四肢之於安逸也，性也；有命焉，君子不謂性也」。孟子亦不否認此五者爲「性」，但此只是從自然生命說性（亦即告子所謂生之謂性），而且此種性之表現，不能反求諸己，必須求之於外，而求又不可必得，故曰「有命焉」。它既不在我性分之內，故君子不以此一面為正性、眞性。

二、超越感性欲求的「道德之性」——「仁之於父子也，義之於君臣也，禮之於賓主也，智之於賢者也，聖人之於天道也，命也；有性焉，君子不謂命也」。孟子亦知父子未必能盡仁，君臣未必能盡義，賓主未必能盡禮，賢者之智亦有限制而不免千慮之失，聖人之於天道亦常有所憾，此中確有無可奈何之限制，故曰「命也」。但仁義禮智與天道，却又實實地在我性分之中（天道亦由超越而內在），反求卽得，故曰「有性焉」。旣是我的性分，自當盡之以求其實現，不可委之於命而不為也。

三、孟子之說，是藉「性」與「命」之對揚，以透顯道德性乃我所固有，是先天的、內在的。「性」雖可以從兩面說，但與動物所同之一面，並非人之眞性（乃是動物性）。「命」雖形成一種客觀的限制，但人必須作主觀之努力以克盡性分。此所以孟子繼孔子「踐仁知天」之後，必言「盡心知性知天」。

四、「養心寡欲」之說——積極而言，是存養心性，擴充四端（養心）。消極而言，是以道德理性來節制而且引導感性之欲（寡欲）。其主旨是在充養道德心性以超越自然生命的約制與陷溺。

第四節 存養充擴之修養論

一、尚志、尚友——①尚志：居仁由義。得志，澤加於民（兼善天下），不得志，修身見於世（獨善其身）。②尚友：親師取友，尚友古人，超越自我之限制，湧身於歷史文化之大流。

二、存養、充擴——①存養：以平旦清明之氣引發良心，進而養其大體（體有貴賤、有小大）。②充擴：擴充四端之心，若決江河，沛然莫之能禦（過化存神，上下與天地同流）。

三、知言——言由心發，以心知言。知言是對言論思想的「是非、善惡、誠僞、得失」之精察明辨。而知言卽是知心，知心卽是知人。故孟子長於「知人論世」。

四、養氣——氣由心持，以心養氣。養氣工夫：①自反（自反而縮，理直氣壯），②持志（以志帥氣，無暴其氣），③直養（養之以義，配義與道），④集義（隨時表現內心本有之義——必有事焉，勿忘勿助）。

五、不動心——①勇士之不動心，或勇凌於物，或恃己無懼。②告子之不動心是強制其心（心與言不相干，心與氣不相貫）。③曾子是反身循理（守約）、孟子是通過知言養氣工夫，而以志帥氣，曾孟二人所達致之不動心，乃眞能「不憂不惑不懼、不淫不移不屈」者。

六、誠身、立命——①誠身：「誠者天之道，思誠人之道」。反身而誠，身與理一：盡心知性知天，存心養性事天。②立命：夭壽不貳（專一其志，不疑不惑），修身以俟，循理盡道，順受其正——得正命、立命（性命合一）。

第五節　政治思想之精義

一、**推仁心、行仁政**——①發政施仁：以不忍人之心，推爲不忍人之政（仁政、愛民之政）。②貴德尊士：唯仁者宜居高位。賢者在位，能者在職。③與民同好惡：以民意爲主體，以民意爲依歸。（憂民之憂，樂民之樂）。

二、**民爲貴，重民生**——民爲貴，乃「民爲邦本」進一步之表示，故孟子特重：①養民：分田制祿，不違農時，薄其賦斂。②教民：敎以孝弟、人倫。③使民：以佚道使民，使民以時。④保民：保民如赤子，保民而王。

三、**政權轉移之軌道問題**——孟子有「推薦、天與、人與」之觀念。但對如何實現和貫徹「公天下」之理想，則無客觀之法制（禪讓靠天子之德，不是法制），故一面順歷史之勢承認世襲，一面又不滿家天下而贊成「革命」。其癥結只在政權轉移之軌道未能客觀法制化。——儒家德化之「治道」已甚完善，問題只在「政道」之客觀法制化，此乃中國傳統政治最根本最中心的關鍵所在。（牟先生有「政道與治道」一書，論此最精詳，應參看。）

第五章 老子的哲學

論語記載孔子所遇之南方隱者，乃道家之先期人物。楊朱爲我，可視爲道家之早期思想。道家之說，亦針對周文疲弊而發。唯老子書之作者及其成書之年代，難以考定，但必在孔子之後，則無可疑。老子絕聖棄智，絕仁棄義，明顯地是針對儒家而發。孟子闢楊墨而未及老子，則其時老子之書尚未大行。莊子與孟子同時而稍晚，孟莊二人不相聞問，亦殊可怪。莊子常稱道老子，而二人之風格、表達方式與義理之形態，皆有不同。老子立綱維，莊子則消化之而調適上遂，可說是甚爲自然之發展。爲免分隔，故連章以論老莊，而列於孟子之後（老子雖或早於孟子，無傷也）。

第一節 「無」的智慧之進路

一、老子視周文爲外在的空架子，認爲都只是有爲造作，都會妨害生命之自由自在。故主張「無爲」以對治「有爲」。

二、由「無爲」而抽象化、普遍化，便是「無」。「無」的正面之含義，是「自然」，意思是要避免不自然的人爲之害：①生命的紛馳，主要是生理感官的欲求；②心理的情緒，含名利心、得失心、計較心；③意念的造作，含觀念系統之拘蔽與因觀念而來之災害。

三、「無」本由「無爲」而來，是由遮撥人爲的「干擾、把持、矯揉、造作」等之「有爲」，以求得主體之自由自在、自得自適。「無」當作動詞用，是個生活實踐的觀念。

四、由人生問題上的生活實踐，轉進到形上的存有的領域，而以「無」爲道，無轉爲名詞，乃是第二步。可見道家的思路，是以作用層上的「無」，用來作爲實有層上的「本」——此本，名之爲「道」。

第二節　以無爲道與道之雙重性

一、**「道」是通名，人人可講。**老子是通過「無」來了解「道」，進而以「無」來規定「道」。由無而有，再進到「無、有」與「物」之關係，便是形上學存有論的問題。

二、**道體的形容**（描述）——①「道可道，非常道；名可名，非常名」。此是形式的表示，指出「道」雖有稱謂，而實不可定義。②「有物混成，先天地生。寂兮寥兮（靜而無聲，動而無形），獨立而不改（言道之絕對性與永恒性），周行而不殆（周遍流行而不息。殆、怠也），可以爲天下母。吾不知其名，字之曰道。」③道，視之不見（夷），聽之不聞（希），搏之不得（微），是謂無狀之狀，無物之象，是謂恍惚。（若有若無，不在經驗世界中。）

三、**由無中帶出有**——「道之爲物，惟恍惟惚。惚兮恍兮，其中有象，恍兮惚兮，其中有物。」恍惚而有象有物，便是由「無」中帶出「有」。

四、**道之雙重性**——①首章有云：「無名天地之始，有名萬物之母。」前句向後返以顯本，見道之「無」性（無是始）；後句向前伸以見用，顯道之「有」性（有是母）。無與有，即是道之雙重性。②「常無欲以觀其妙，常有欲以觀其徼。」妙，直就道本身說，此句只無不能有。徼，有向往義，表示欲向（實現萬物、成就萬物，即表示一種欲向）。既是道之欲向，必不離道而一往不返，而仍將與道合流，故徼亦有歸終之義。③無與有「二者同出而異名，同謂之玄。玄之又玄，衆妙之門。」無與有合，便是玄，由「玄」而恢復「道」創生萬物的具體作用；「玄之又玄，衆妙之門」的「玄」，即是創造萬物的根據。由無與有之綜合，見道之眞實義、具體義，而萬事萬物卽由此「玄」而得以實現與成就。（無、有與物之關係，亦在此處說。）

第三節　境界形態的形上學

一、**天地萬物生於有，有生於無**——①「無」乃萬物之「始」之「本」，此「本」卽是「道」。凡「道」皆可說「客觀性、實體性、創生性」，然道之創生、生化義，用於儒家甚恰當，用於道家則嫌太强太烈。②老子所謂「生」，乃「出自」義、「推至」義。而上述道之三性，實只是一種姿態，故以「實現」義解說「生」字，較恰合道家之本意。

二、道生一、一生二、二生三、三生萬物——①道是萬物之實現原理：道有實現萬物之作用，能使萬物成其爲如此之存在（使然者然），在「使」字上含有「所以然」（超越的所以然）。②一、二、三，皆應就形上之道而言，是對於道之展示（不可作數字看）。「一」與「無」相應合，指道之「無」性；「二」與「有」相應合，指道之「有」性；無與有合一，便是玄，「三生萬物」之「三」，正與「玄」相應合，於此可見道之眞實義。

三、不生之生——生於有、生於無、道生之，以及生一、生二、生三之「生」，自是個縱貫的關係，在此很容易想到道有創生萬物之作用。但道家言「生」，實是在「不塞其源，不禁其性」之下使「萬物自生」：此之謂不生之生、無爲之爲、不主之主。

按，創生，是意志之表現，而道家正好不要意志，而要遮撥有爲的意欲活動，通過致虛守靜的工夫以作用地保住物之自生。在此重觀照玄覽，是靜態的、橫的。牟先生提出「縱者橫講」之語，以說明道家境界形態之形上學，甚爲恰當。

四、境界形態的形上學——①道之客觀性、實體性，是對於道之「體」的體悟，道之實現性則是對於道之「用」的體悟。依據道之三性，亦可視老子之思想爲一實有形態之形上學，但此只是一姿態，乃可以化除者。②「無」並非一實有之體，沒有一個東西叫做「無」，所以「無」只是一個境界（化掉造作不自然，即是「無」的境界）。③依牟先生之衡定，道家之「無」的智慧所完成的，乃是一「境界形態的形上學」。道家不作原則的肯定，不回答

「是什麼」的問題，他只有「如何」的問題，只考慮如何通過修證來達到無的境界，以期作用地保存價值。

第四節 人生的智慧：正言若反

一、致虛守靜——致虛而「極」，守靜而「篤」，此便是老子的修證工夫。在此顯一「靜歛的主體自由」（不是道德的主體自由），以消解人爲造作而歸於清靜無爲的「讓開、不着、自適、自在」之境界。

二、反文歸質的人生企向——老子以「禮爲忠信之薄而亂之首」，故要求向後返：由禮返到義，由義返到仁，由仁返到德，由德返到道。如此層層後返，以返樸歸眞，歸根復命（歸根曰靜，復命曰常）。

三、正言若反——「絕聖棄智，民利百倍；絕仁棄義，民復孝慈；絕巧棄利，盜賊無有。」老子對人爲造作之害確有切感，故通過正言若反（詭辭爲用）之方式，亦卽通過「無」的智慧以保存「有」。所謂「後其身而身先，忘其身而身存」。此「忘」字卽是一絕大之工夫，亦是一極高之智慧。王弼嘗云「絕聖而後聖功存，棄仁而後仁德厚」，亦仍是正言若反、無爲無不爲的旨趣。

第五節　立身之道與政治理想

一、守柔以立身——知足不辱，知止不殆。守柔曰强。守柔可以馳騁天下之至堅。

二、不爭以處世——「江海而爲百谷王，以其善下之」。「上善若水，水善利萬物而不爭，處衆人之所惡，故幾於道。」「以其不爭，故天下莫能與之爭」。（此亦可流爲權術，但吾人只作智慧看，不作權術看。）到最後，便是「生而不有，爲而不恃，功成而弗居」。

三、由「無爲」引出政治理想——老子以「致虛極，守靜篤」爲修養工夫。其主體駐於「無爲」之境，故不重視創造活動，不積極肯定人文價値，而只是「處無爲之事，行不言之敎」。其「小國寡民」之政治理想，亦正由「無爲」而引出。故曰「我無爲而民自化，我好靜而民自正，我無事而民自富，我無欲而民自樸」。又曰：有器而不用，不乘舟輿，不陳甲兵，復結繩而用之，鄰國相望，雞犬之聲相聞，民至老死不相往來。

第六章　莊子的智慧

第一節　老莊之同與異

在義理骨幹上，老莊二人屬於同一個玄理的玄學系統，這是客觀地說。若主觀地說，則二人實有不同的風貌（說本牟先生）：

一、風格不同——義理繫屬於人而言，①老子沉潛而堅實：沉潛，則多隱而不發，故顯深遠；堅實，則體立而用藏，故顯綱維。先有老子之立，而後乃有莊子之化。②莊子顯豁而透脫：顯豁，故全幅朗現。無淺無深，淺卽是深，無隱無顯，隱卽是顯，淺深隱顯，通而爲一。透脫，故全體透明。全體在用，用卽是體，全用在體，體卽是用，體用綱維，化而爲一。

二、表達方式不同——①老子採分解的方式：綱張目舉，各有分際，概念豐富，連貫而生。②莊子採描述的（非分解的）方式：卮言曼衍（隨機而轉），重言尊老（並無我見），寓言寄意（推陳出新，隨起隨止）。在他那漫畫式的描述中，正顯示恢詭譎怪、道通爲一的玄智，此之謂無理路的理路。

三、義理形態（不是內容）不同——①老子言道，還有三性的姿態，還有實有形態的形貌（其實乃是「無」的境界形態)。②莊子順老子之境界形態，而表現「亦無有、亦無無，不知何者爲有、何者爲無，時空相一起化掉」的不着於物的獨化境界(無對待故爲獨，乃絕對自由的精神境界)。故曰「天地與我並生，萬物與我爲一」。又曰「既已爲一矣，且得有言乎？既已謂之一矣，且得無言乎？」到底是有言，還是無言？皆不是，亦皆是，無法說。正面的，負面的，來回循說下去，其目的卽在化掉一切言詮以顯「道」之本身。此便是詭辭爲用。

第二節　道心顯發的觀照之慧

一、心之本性，虛靜而止(不起是非、不生好惡)——①聖人用心若鏡，不將不迎，應而不藏(虛而能照，一照卽過，不藏一物)。②成心有執，道心無執。超脫欲求、好惡、知解、成見，以心之恬靜，涵養心之靈知(以恬養知，知恬交養)，乃能顯發觀照之用，以與天地萬物相通。

二、觀照之用——①對萬物之變化採觀照之態度，不以喜怒哀樂入於其間，而如其爲「物之在其自己」而觀之，則物各付物，各各自得自在。②觀人生之事變而安時處順，與物俱化，無己亦無物，故曰「至人無己，神人無功，聖人無名」(無字，可作動詞看)。③另如「心齋、喪我、坐忘」，亦皆顯示一「內外兩忘而不着，與物俱化而不失」的卽寂卽感之境界。

三、**心靈之直覺慧照**，不受形體、知識、好惡、與價值觀之限制，而能「應於化而解於物」（從物中解脫出來，而與物俱化），「獨與天地精神相往來」（獨、故無待，無待、故能逍遙）。

第三節 一死生、齊物我、泯是非

一、**一死生**（渾化生死）——大塊「載我以形，勞我以生（人生歷程），佚我以老，息我以死」。形、生、老、死，乃形軀之成毀過程（與萬物同）；而「眞我」則不繫縛於形軀，不執着於生死，「古之眞人，不知悅生，不知惡死」，故能渾化生死。

二、**齊物我**（渾化物我）——蝴蝶是外界之物，莊周是個體形軀。①夢中之我，可化爲蝶，亦可爲魚、爲鳥；②醒覺之我，可爲莊周，亦可爲某甲某乙；③蝶、魚、鳥與周、甲、乙，皆是經驗性之存在，皆在同一層上流轉。超越此層，方顯「眞我」（齊物我、通人我的道化之我）。此亦仍是與天地精神相往來之義。

三、**泯是非**（息言止辯）——①凡理論，有立則有破，破人者又將爲後來者所破，故理論亦與事物一樣隨生隨滅。故曰「方生方死，方死方生，方可方不可，方不可方可」。知識之追求，如「形與影競走」，必自陷於理論遊戲中。②平常「是其所是，非其所非」，皆屬一定限制中之成見（成心所執之肯定、否定）；實則，是非本身乃難以決定者（是亦一無窮，非亦「無窮」)。故莊子主息言止辯以養虛靈之明覺(蒢光)。

※下第二卷第六章敍述「向、郭之莊學」時,將再論及莊子之「逍遙義」、「齊物義」、「迹冥義」、「天籟義」、「養生義」、「天刑義」。玆從略。

第四節 道家智慧的特性與意義

一、道家的「道」,要通過「無」來了解。此「無」不是西方式的存有論的概念,而是修養境界上的一個虛一而靜的境界。「境界」隨主觀之修養而超昇,主觀之心境修養到何種程度,則所見之外境亦隨之上昇而達到那個程度。在此,主客觀是通而爲一的。

二、道家只有「如何」的問題,沒有「是什麼」的問題。譬如道家並不正面肯定聖智仁義(當然亦未正式加以否定),而只是順着儒家而「提到」這些。儒家說仁義聖智,道家就追問如何體現它,以什麼最好的方式把它體現出來。道家說「絕聖棄智」「絕仁棄義」,並不是從實有層上否定,而是一種作用地否定(遮撥的方式),通過作用地否定,以達到作用地肯定或作用地保存。此便是詭辭爲用,乃是「無」的智慧。(因此,說老莊反智、反道德,都是不相應、不中肯的拉扯。)

三、儒家講仁義聖智,有正面的、原則上的肯定,屬於實有層。但儒家是否亦有作用層上的

「無」？當然有。孔子說「舜其無爲者歟」，又說「予欲無言」。易傳云「易無思也，無爲也。寂然不動，感而遂通天下之故」。更早的詩經說「上天之載，無聲無臭」。尙書洪範更說「無有作好，遵王之道；無有作惡，遵王之路」。好惡是有的（民之秉彝，好是懿德；羞惡之心，人皆有之），這是在實有層上肯定。但要表現好惡之正，則必須「無有作好、無有作惡」的好惡，纔是最好的表現方式。無有作好、作惡，不是叫人不要有好惡，而是教人不可有造作的（作意的、有意的）好惡，這正是從作用層上講。此卽老子所謂「正言若反」，亦卽莊子所謂「弔詭」。可見學問有共通性、自發性。凡是智慧，都是當下呈現，都是從作用上講。在這裏，儒釋道三敎並無不同。將義理客觀化可以成學問（各成一套），而智慧之表現則仍然是作用的。

四、以是，宋儒以來對佛老造成的忌諱，必須鬆脫一下，豁醒一下，而予以解除。若仍然堅執那個忌諱，以爲一講到「無」，便是來自佛老；這不但對儒家不利，對佛老之誤會亦永遠無法消除，因而對中國文化之了解，亦將形成糾結與混濫。譬如程明道說「天地之常，以其心普萬物而無心；聖人之常，以其情順萬事而無情」。「以其心」，是在實有層上肯定心；「而無心」，則是作用層上的話，正如「無有作好、作惡」那個「無」。去掉有意造作，以「無心」的方式表現「心」，以「無情」的方式表現「情」。這正是通過作用之「無」來表現實有層上的價值（天地之心、聖人之情）。又如王陽明四句敎「無善無惡心之體」，亦是要遮撥相對的善相惡相，以透顯超越善惡對待的絕對至善之心體（無善無惡，是謂至善）。陽明說「有心俱是實，無心俱是幻」，這是從實有層上講，是對良知本心的肯定。但他又說「有心俱是幻，無心俱是實」，這就是作用層上的說法了。有意、有造作之心是虛幻的，必須無造作、不起意的心，纔是眞實的。明道與陽明所說，皆兼顧了實有層與作用層，既精透，又平正，並無問題。在儒釋道三教中，道家只有作用層，沒有實有層（但道家自己未作分別，混而爲一，事實上是可以分開的），儒家兩層都有，佛教亦有兩層（但般若學與禪宗則只在作用層上說話），這是應該、而且可以了解的。近年來牟先生屢次指出這作用層上的「無」，是共法，乃三教之所同。並呼籲講中國哲學、講儒家學問者，要把千年以來這個無謂的禁忌，予以解除，然後乃能暢通中國文化的慧命。

第七章　名家與墨辯

名家通過墨辯而至荀子之正名，可視爲一系相承的邏輯心靈之發展，代表中國文化「重智」的一面。名家的代表人物是惠施與公孫龍，二人之生卒年皆不可確考，惠施與莊子同時而稍早，公孫龍與荀子並世而先卒。墨辯之理論，卽針對名家而發。本章先述名家與辯者之徒，再及墨辯。至於荀子之正名，則留待荀子章再行討論。

第一節　惠施之「合同異」

依莊子天下篇，惠施有歷物之意十事（實爲八事），分述於後：

一、**至大無外，謂之大一；至小無內，謂之小一**。

「大一」是至大的整一，以「無外」來規定。「小一」是至小的整一，以「無內」來規定。此種形式的邏輯的規定，是提供一邏輯的定義，以規定「至大、至小」的模型（形式）。事實上有無如此的「至大、至小」，可不問。

二、**無厚，不可積也，其大千里**。

無厚度，則不可積爲體積，但仍可有面積，故曰「其大千里」。大可至於無窮，故「千里」並非定量之辭。

三、**天與地卑，山與澤平。**

1.此句意在泯除因比較而顯出的上下高低之差別相。

2.凡比較皆須立一標準，而標準之立，乃主觀而無定準者。若當初立一相反之標準，說地上天下，澤高山低，亦無不可。故此句並非在一標準下的實然肯定之辭，而是遮撥（上下高低）之辭，此乃名理之談。

3.「名理」是形式地談，是智者開拓之理境。「玄理」是主觀修證地談，是達者進一步之圓融。儒家之「性理」則明於定分，大小高低美醜智愚……一草一木皆須如如成就（各正性命），此方是聖者德慧之潤物成物。

四、**日方中方晲，物方生方死。**

此句從至變之觀點，說明事物差別之相對性不能成立。三四兩條已進入「合同異」之理境，莊子卽承接惠子之名理而作玄理之談，以進入「一生死、泯是非、化彼此」之境界。

五、**大同而與小同異，此之謂小同異。萬物畢同畢異，此之謂大同異。**

①大同與小同之差別，謂之「小同異」。此是相對的同異，亦卽綱目層級中的同異（因比較而顯出）。②萬物全同或全異，謂之「大同異」。此是絕對的同異。從個體上說「畢異」（天下無二滴水相同）。從普遍性上說「畢同」（萬物皆同一於那絕對的普遍性——天、道、上

帝）。

六、南方無窮而有窮，今日適越而昔來：連環可解也。（原分三句，表三事。而其他各條，皆合數句說一事，並無一句說一事者。分此條爲三事，實不成思理。玆從牟先生「名家與荀子」書中之說，合爲一事。）

首句表示對宇宙（空間方面）有一圓圈之洞見。一直向南走，終將隨圓圈而轉回，故「無窮而有窮」之言，雖似矛盾，而實「連環可解」——連環宛轉而可通解。次句則是惠施之錯覺，以爲時間亦如空間而可轉回。實則時間之過去現在未來，乃不可圓流而逆轉者。故此句實是一種不自覺的混擾移置（移時作空）。

七、我知天下之中央，燕之北，越之南也。

此仍是隨圓形而來之說法，亦是連環可解之思理。

八、氾愛萬物，天地一體也。

由名理之談而開拓理境，豁達心胸，而嚮往「大、同、平、圓」，故主張「氾愛萬物，天地一體」。但此句並非名理之談，而是落於人生的綜結之言。（故不應在「歷物」之中。）

按，惠施之名理傾向「辯證域」，其思理向往「變」而至「合同異」之一體，故易於爲莊子玄理所消融。而公孫龍之名理是「邏輯域」，其思理向往「存有」，故不易消融於莊子一系之玄理中。

第二節　公孫龍之「離堅白」

公孫龍，趙人。今存公孫龍子六篇，除「跡府」係後人彙說公孫龍之事迹，其餘五篇可略見其思想。（請參看牟先生「名家與荀子」、陳癸淼「公孫龍子疏釋」。）

一、**名實論**——旨在「審名實，愼所謂」。（按、孔子之正名，後來向兩路發展，一是儒家正名分之春秋教，另一即是名家純名理之名理域。）

二、**通變論**——旨在闡述變與不變之理。（此文多用譬喻，故內容拉雜，義理欠明確。）

三、**指物論**——以首二句「物莫非指，而指非指」爲全文之張本，旨在說明「物」與「指」之關係。首句表示認識論之關係，一切「物」皆可用「指」來指謂它，亦卽可用概念來描述它。通過概念，方可對物有所認識。而吾人平常所說的各種「物」，也無非就是概念所指述的那個物，故曰「物莫非指」。（離開概念的指述，吾人便不能對物有認識）。但所指之物的內涵，並不等於用來指述物的那個概念，故又曰「而指非指」（前指字，指所指之物）。又，次句可引出二層解釋。第一層是說，「物」不等於用來指謂物的那個概念（如花是最美的東西，但花並不等於最美的東西）。第二層是說，「物本身」的內涵，不等於「用概念指述出來的那個物」的內涵，此便涉及存有論的問題。公孫龍的本意究竟如何？由於文獻的限制及其論辯之詭異性，頗難確定。可能只是第一層，可能也兼含第二層，但兩層皆表示「離」的思理。

四、白馬論：

①「白馬非馬，可乎？曰：可。曰：何哉？曰：馬者，所以命形也；白者，所以命色也。命色者，非命形也。」

②「求馬，黃黑馬皆可致。求白馬，黃黑馬不可致。」

按、從外延想，「馬」含各色之馬，「白馬」則限於白色之馬。從內容想，「馬」概念無白之內容，「白馬」概念中則有。二者之外延內容皆不同，故曰「白馬非馬」（此「非」字，不是內容之否定，亦非類與類之排斥，乃「不相等」之意。）

③「馬固有色，故曰白馬。使馬無色，有馬而已耳，安取白馬？故白者，非馬也。白馬者，馬與白也。」

④「白馬，言白定所白也。定所白者，非白也。」

按、限定於所白之物的「白」（殊相之白），並非「白」概念本身（共相之白）。此是中國最早討論「性質」之獨立存在者。將性質從個體物中抽離出來，而視爲獨立之存在，乃思想史上一大進步。

五、堅白論：

①「堅、白、石、三，可乎？曰：不可。曰：二，可乎？曰：可。曰：何哉？曰：無堅得白，其舉也二（白與石）；無白得堅，其舉也二（堅與石）。」

②「視不得其所堅，而得其所白者，無堅也。拊不得其所白，而得其所堅者，無白也。」

③「（視）得其白，（拊）得其堅，見（白）與不見（堅）離。（見與）不見離，一一不相盈（堅與白不相合），故離。離也者，藏也（藏、謂不呈現）。」

按、以上皆從主觀之感官功能說。但客觀地說，堅與白實相盈於石（域於石），故公孫龍進而從物之普遍的自性（共相）以言堅白離。

④「物白焉（物有白的顏色），不定其所白（但白之共相却不限定於它所白的這個物）。物堅焉，不定其所堅。不定者兼，（那不受限定的白之自性，可以兼「白物」而却不限定於白物，故白之自性可離白物而自存。堅，亦同此解。）惡乎其石也（如何能說它限定於石呢）？」

第三節　辯者之徒的怪說

莊子天下篇舉出辯者的主張二十一條，並說「辯者以此與惠施相應，終身無窮。桓團公孫龍辯者之徒，飾人之心，易人之意，能勝人之口，不能服人之心：是辯者之囿也」。茲分二組加以考察：

一、「合同異」組

1. 卵有毛
2. 犬可以爲羊
3. 馬有卵
4. 丁子有尾
5. 白狗黑
6. 山出口

（以上六句）「合同異」之思想，不可落在述事指物上說。此六句實爲琦辭、怪說，可勿論。

7. 郢有天下——任何一點皆可爲天下之中心，任一中心皆可函攝天下。此乃破斥空間上對待之限制所顯示的合同異。
8. 龜長於蛇——此乃破除長短之差別相所顯示之合同異。

另荀子不苟篇所舉「山淵平，天地比，齊秦襲，入乎耳，出乎口，鉤有鬚，卵有毛」七句，除前二句表示合同異，其餘或不表意，或爲怪說。

二、「離堅白」組

1. 火不熱——熱乃人之感覺，非火之屬性。火與熱各是一獨立之概念，是獨立之存有，故二者可離。
2. 目不見——目本身不能見，必有待於「光」「神經作用」而後能見。故目與見可離。
3. 矩不方，規不可以爲圓——「矩」「方的物」「方之自身」三個概念，都不能相等，故可離。圓亦同此解。

4. 鑿不圍枘——舊解「枘積於鑿，則枘異圍。異圍，是不相圍也」，可以通；意卽各是各，互不相涉，乃「離」之思理。

5. 指不至，至不絕——此句不易解。似乎是如此：用一個概念論謂存在物，此概念與存在物之間，總有距離而不能至於物。卽使能至於物，亦不能盡（絕、有盡之義）——卽不能窮盡此物之意義。此表示概念與存在物之間有分別而可離。

6. 輪不輾地（不動，故不輾地）
7. 飛鳥之影，未嘗動也。
8. 鏃矢之疾，而有不行不止之時。

三句皆顯示一無窮分割（離）之思想。在無窮分割之下，時間之「瞬」與空間之「點」皆無法建立。無時空之架格，則運動不可能——根本無所謂動與靜。

9. 一尺之棰，日取其半，萬世不竭——無窮分割，將量度抽象化而視爲數學量，半中有半，永無窮止。

10. 狗非犬——狗乃未成豪之犬（小犬），故不等於犬。

11. 孤駒未嘗有母——「孤」則「無母」，若說「孤駒而有母」，便自相矛盾。

12. 黃馬驪牛三——形之三（牛、馬、牛馬），色之三（黃、驪、黃驪），形色之三（黃馬、驪牛、黃馬驪牛）。又，牛、馬兩個個體，加上其色而爲三。凡此，皆爲離之思理。

13. 鷄三足——①鷄雖二足，須神而行，故曰三足。②或曰，鷄二足，加上足之共相，故曰三足。共相可外於物而獨立自存，但不能以物之共相與物之個數合爲數目字。故此二種解釋皆不表示「離」之思理。若據離之思理，則可類比於「目不見」而曰「雞足不行」，但不可曰「雞三足」。故此條實乃怪說。

按、「合同異」之思想爲莊子之玄理所吸收。「離堅白」之思理，則以「性質」——物之自性（共相）此一概念之獨立自存爲立論基礎，可惜後繼無人，終於式微不彰。

第四節 墨辯中哲學性的理論

「墨辯」，指墨子書中經上、經下、經說上、經說下、大取、小取六篇文獻。其時代在名家之後，而成篇則在莊子天下篇之前，乃後期墨家之理論。（請參看蔡仁厚「墨家哲學」下卷、陳癸淼「墨辯研究」。）

一、**墨辯以爲萬事萬物有同有異。**普遍性上之同，不礙個體上之異；個體之異，亦不礙彼此有某些條件之同。又以爲同異本由比較而得（同異交得），故須立比較之標準。但不同類之事物，不可用同一標準加以比較（如木與夜孰長，智與粟孰多）。

二、**墨辯以爲堅白相盈不相外，**雖「視不得堅，拊不得白」，**但事實上「堅白域於石」而不相離。**又以「白馬」與「馬」乃小類與大類之別，兩類之關係，只能「是」而不能「非」，故曰「白馬馬也，乘白馬乘馬也」。假若要在兩類之間用「非」字連接，則須用加詞以成爲「是而不然」之方式：如「盜，人也（是）；愛盜，非愛人也（不然）。」其意在爲「白馬非馬」此一命題形式提供一正確之使用法。

三、三名與三謂：

1.三名：①達名——全類之名。如「物」包舉一切。②類名——小類之名。如「馬」爲物中之一類。③私名——個體之名。如「臧」本爲人名，猶如春香秋香本爲人名，後始演變爲奴僕通用之名。

2.三謂：①移謂——狗是犬。表示類與類之包含關係，移狗類於犬類之中。②舉謂——狗是未成豪之犬。表示定義關係，舉述某物所具之條件以定其名義。③加謂——這是狗。意在將個體歸類，加一個類名於個體物上。

3.謂詞與類：同一謂詞，常不能同時用於有包含關係之小類或個體。例如「車、木也，乘車、非乘木也。」「船、木也，入船、非入木也。」「盜、人也，無盜，非無人也。」

四、條件關係：

1.必要條件（小故）——有之不必然，無之必不然。如端是體之必要條件，但非充足條件。

2.充足必要條件（大故）——有之必然，無之必不然。如有所覩必有所睹（雖黑夜猶睹乎黯黯者然），無所覩則無所睹。

3.充足條件（○○）——有之必然，無之不必不然。如下雨則地濕，不下雨不一定地不濕。（墨辯未論及此）

五、知識問題：

1. 能知與所知——①「知，材也」。材、指人能知的才具（感官之能）。此是能知（所以知）一面，是認知之主觀條件。②「知，接也」。接、謂與外物接觸以知外物之形色大小長短。此是所知一面，是認知之客觀條件。（以能知接於所知，卽可成知識。）
2. 求知之目的——「慮，求也」。求，表示正面撲着於物的認知之動機（有所求卽是目的）。
3. 理解的能力——「恕，明也」。以其知（理解能力）論物（對物作解析、推論、綜合、判斷），則其認知可達於精審明晰。
4. 獲得知識的途徑——①聞（傳言之）：由傳授而得的知識。②說（方不障）：比類推論而無礙，是由推論而得的知識。③親（身親焉）：由直接經驗而得的知識。
5. 感覺以外的知識：時空——①久（時間），彌異時也。合古今旦莫。②宇（空間），彌異所也。蒙東西南北。久與宇，皆不由五路（五官）而知。
6. 以單位點（端）之觀念，辯駁無限分割之說——認爲「斫半」必須有單位計算其半，但到達一不可再分之單位點（端），便不可斫矣。故反對「一尺之棰，日取其半，萬世不竭」之說。

※其餘辯術、道德觀、以及有關力學、光學、幾何學之科學知識，請參看拙著「墨家哲學」下卷第五、六、七章。茲從略。

第八章 中庸易傳的形上思想

中庸、易傳的時代，很難確定，就其成爲一完整之文獻而言，可能晚於荀子亦未可知。但就其義理傳承與語脈淵源而言，無疑的是孔門義理，乃孟子之後應有而必有的一步發展。故就哲學史之線索而言，列中庸易傳於孟子之後、荀子之前，應屬允當。（若將中庸、易傳向後拖，與董仲舒宇宙論中心之思想等同並觀，則大誤。中庸易傳並不是對價值作存有論之解釋，而是對存有作價值之解釋；此仍然是以道德主體爲中心的思想，故只應上繫於孔孟，不可下拖於西漢。）

儒家從孔子到孟子，再從孟子發展到中庸易傳，他們的生命皆有着前後相通的存在地呼應。中庸易傳的發展，是表示要順由孔子的「仁」，孟子的「心、性」，而向存在方面伸展。經過此一步伸展，道德界與存在界遂通而爲一。講道德有其形上之根據，而形上學依然基於道德，故宇宙秩序卽是道德秩序。因此，由孔孟發展到中庸易傳，實已透出了一個道德形上學之基型（下至宋明儒，則是究極的完成）。

第一節 天命之謂性所涉及的意義

一、言性的進路——①孟子主仁義內在，即心而言性，是道德的進路。由此而開闢內在的生命領域，成立主觀性原則。②中庸言「天命之謂性」，則是宇宙論的進路。遠而言之，是呼應孔子以前天命下貫而爲人之性的思想趨勢；近而言之，是對應孟子內在的道德心性而換一個進路——從天道天命處說下來，以顯示心性的絕對普遍性。此是客觀地「自天道建立性體」，以成立客觀性原則。

二、「天命之謂性」的二種方式——①宗教式的命法：由人格神意志天命給人如此之性。此義自亦可說，但儒家言性，不重此義。②宇宙論式的命法：形上實體之天，在其生生不已（生物不測）的活動中，降命於（流行於）人而爲人之性。在此，又有二義可說：A由個體之性同源於天命，而說「普遍性」，B由個體承受天命以各成其性，而說「差別性」。又，普遍性的性，是超越的創造眞幾，是道德創造之根源，在此說「人物同體」。差別性的性，是個性、脾性、類不同之性，在此說「人禽之辨」。

三、性、道、教——①就氣化沉下來而說天地委形，是謂氣命，氣命之性卽是氣之結聚所成的性（生之謂性、氣質之性）。就實然的氣化提起來而說天命流行，則是天命之性，此是超越意義價值意義之性（天地之性、義理之性）。中庸「天命之謂性」，是就此超越意義之性而言。②循天命之性、順性體之命，而成人道，此卽所謂「率性之謂道」（道不在性外）。③修明而且損益人生之道，卽是成德之教，故曰「修道之謂敎」。

第二節 愼獨、致中和

一、**愼獨以成德**——「愼獨」這個觀念，是上接曾子之「守約」而來。所謂「戒愼乎其所不睹，恐懼乎其所不聞」，表示愼獨工夫乃扣緊道德意識而說，是從主體（獨體、性體）開出的成德工夫。

二、**中與和**——①性體顯發而爲情，當喜怒哀樂之未發，謂之「中」，中是天下之大本。此是承「天命之謂性」而言中，中卽是性。②喜怒哀樂發而皆中節，謂之「和」，和是天下之達道。此是通過「率性」「愼獨」而顯現的通物我之道。

三、**由致中和通向存在界**——致其大本之中，則天地定位，物物得其所。致其達道之和，則萬物化育，一切遂其生。可見「致中和」是由道德界通向存在界的德性工夫。

第三節 誠體流行，生物不測

一、**天道以誠爲體**——①「誠者，天之道也」。以「誠」規定天道，天道以誠爲體。「自誠明謂之性」，誠則無不明，此卽孟子所謂「堯舜性之」的「性之」。性之，是承體起用，是安然而行，從容中道。②「誠之者，人之道也」。誠之，是使不誠歸於誠。「自明誠謂之教」，明則可至於誠，此卽孟子所謂「湯武反之」的「反之」。反之，是卽用見體，是反省自覺，克己復禮，在工夫中復其誠。

二、**盡性與致曲**——①至誠則能盡性：能盡己、盡人、盡物之性，則可贊天地之化育而與天地參。②由致曲積至能化：至誠則能化。唯大賢以下須由偏曲（一事一物）處推致其誠，誠中形外，故能「形、著、明、動、變、化」，積而至於化，則亦不異於聖人。

三、**誠體流行，生物不測**——①誠是創生之眞幾：由誠體之流行而成其始，由誠體之貫徹而成其終。故「誠者物之終始，不誠無物」。君子盡誠，故內以成己，外以成物（合內外之道而時措之宜）。②天道生物不可測：天地之道，博厚以載物，高明以覆物，悠久以成物。由於「其爲物不貳」，故其生化萬物神妙而不可測。（此乃對形上實體極佳之體會）。

第四節　乾道變化，各正性命

一、**乾知坤能**——①乾知大始，乾以易知：知，主也。乾主宇宙之大始，是以「易」之方式主其始（生化萬物之始）。②坤作成物，坤以簡能：坤之終成萬物，是以「簡」的方式顯其能（終成萬物之能）。

二、**以乾元統坤元**——①大哉乾元，萬物資始：乾元爲創生原則。②至哉坤元，萬物資生：坤元爲終成原則。易乃生道，乾坤並建，而以乾元統坤元。

三、乾道變化，各正性命——天道藉陰陽之變合，而顯現其生化之妙；在天道之流行貫注中，萬物皆得以成其爲一一之眞實存在（各正其性、各成其命）。

四、繼善成性——①一陰一陽之謂道：陰陽是氣，不是道；道，須在一陰一陽之妙合變化中見。藉着陽之申與陰之聚，乃顯示出道創生萬物的終始過程。②繼之者善也：繼續此道而不止絕，是謂善。③成之者性也：完成此道於己身，便是個體之性。

第五節 寂感之神——本體論的妙用

一、天以生爲道——①生生之易道，顯之於仁心之感應，藏之於生化之大用（顯諸仁、藏諸用）。②天道之生化周遍充滿。（A富有之謂大業，大而無外；B日新之謂盛德，久而無窮。）③天地之大德曰生：由乾之靜專動直、縱貫創生說「大生」，由坤之靜翕動闢、橫通衍生說「廣生」。

二、易道寂感之神——①寂然不動：易無思無爲，亦無形體、無聲臭、無方所，由「寂然不動」見其體。②感而遂通：由寂而感，乃見易道不測之神（用）——卽寂卽感，體用一如，故能通晝夜、徹幽明、貫始終。範圍天地之化而不過，曲成萬物而不遺。

三、窮神知化——「神也者，妙萬物而爲言者也。」（神、非人格神之神，亦非從氣而言之神，而是從天道易體神感神應妙運生生而言之。）窮至其生物不測之神，契知其陰陽妙合之化，而後乃能「繼志述事」。從萬物生生不息見天地之「志」，從陰陽妙合見天地生化之「事」。繼志述事乃是「人道」。純亦不已地表現道德行為，以創造價值，是繼志；贊天地之化育，則是述事（述、循也）。

第六節 宇宙論的演生與三極之道

一、**宇宙論的演生**——太極（道體）→兩儀（陰陽或天地）→四象（少陽、老陽、少陰、老陰）→八卦（乾天、坤地、坎水、離火、艮山、兌澤、巽風、震雷）——但此種宇宙論之演生義，必須關聯本體論的妙用義來了解，方為中肯。

二、**三極之道**——①立天之道曰陰與陽：天道藉陰陽變化而顯現其具體之流行（生生不已）。②立地之道曰柔與剛：得剛而成形，是為男、雄、牡，得柔而成形，則為女、雌、牝。③立人之道，曰仁與義：仁道親親，是主觀性原則；義道尊尊，是客觀性原則。

三、**由三極合天人**——易傳雖然形上學之意味很重，但其底子乃是道德意識。故曰：「君子敬以直內，義以方外，敬義立而德不孤。」又曰：「大人者，與天地合德，與日月合明」云云。可知中庸與易傳所透顯者，乃是「合天人」的「道德的形上學」。

※附識：「大學」只提供一實踐之綱領，不顯義理思想之方向，將於講宋明理學時一併討論。

第九章 荀子的學說

荀子名況，字卿，戰國時趙人。其生年約晚於孟子四五十年。遊齊稷下，齊襄王時最爲老師，三爲祭酒。荀子之學，遙承孔子，乃孟子以後，儒家學術一步新發展。關於荀子思想結構之線索，可簡示如下表：

- 天生人成
  - 天（自然）——制天用天（裁萬物以養人）
  - 人
    - 性（自然之性：惡） 化性起僞，以心治性
    - 心（虛壹靜）
      - 知慮思辨
      - 解蔽正名
      - 知類明統
      - 禮義之統
        - 修養論
        - 禮樂論
        - 政治論
        - 經國定分
        - 人文化成

第一節 制天用天的思想

一、天之自然義——荀子視天爲自然，沒有理智，沒有意志，沒有好惡。自然之「生」，亦只是天地之「眞」，而非天地之「善」。故天無可法，無可合。

二、**天人之分**——治亂吉凶，在人不在天。天歸天，人歸人。故言天人之分而不言合。人對天只須治之，而不求知天之所以然。明於天人之分者爲聖人。

三、**天生人成**——「生」乃天地之職能，「成」則須通過人爲。天生物而不能辨物，必須治之以禮義，乃能各得其所，各得其宜。

四、**制天用天**——應時而養長生殺，「時」乃裁萬物以養人之自然法則，而禮義則是制天用天之根本。以禮義明分，各任其事，運用智能，序四時，裁萬物，以兼利天下。

第二節　化性起僞

一、**性惡說**——荀子論性之內容：①感官本能（辨聲色臭味等）。②生理欲望（欲食欲衣等）。③心理反應（好利惡害等）。由此一面看性，只見盲目之衝動，而無合理之迎拒與價值之取向，結果性、情、欲三者同質同位，故主性惡說。

二、**性之普遍性與可塑性**——「聖人不異於衆者，性也」，由此見性之普遍性，人皆可以爲堯禹桀紂農賈工匠，由此見性之可塑性。

三、**化性起僞**——性乃自然義，不可學，不可事，聖人與衆人同；僞乃人爲義，可學而能，可事而成，此則因人而異。性是原料，僞是加工。

四、**化性之道**——①內在面靠知慮（但心只能選擇，而不能發動行爲）。②外在面靠禮義（但禮義只是規範，而不能使人就範）。③行爲動力則在情性之「能」。

五、**積慮習能**——知可積，愈積愈明。能可習，愈習愈能。積慮習能而不息，則可通於神明。

第三節 以智識心——知性主體之透顯

一、**以智識心**——荀子言心，首重心之知慮作用，其心爲認知心。此是以智識心，所透顯者爲「知性主體」。而孟子是以仁識心，透顯者爲德性主體。

二、**能知與所知**——人有能知之心，故曰「所以知之在人者，謂之知」。能知之心，必有所知（知識），故曰「智有所合謂之智」。

三、**心能見理**——心之見理如水之照物，水清明則能照物，心清明則能見理。清明之心可以認知禮義，對治情性，故「心知」乃荀子思想中由「惡」通向「善」之通道。

四、**心之主宰義**——心居中虛以治五官，故爲天官之君。「自禁自使、自奪自取、自行自止；是之則受，非之則辭」。此則顯示心之主宰義。

五、**認知心之限制**——心能知慮，且能知「道」，但心之選擇判斷，有時合理合道，有時則否（心之可道，失理）。故其主宰能力尚不充分。（心能自由選擇，但不能內在自主地生起道德行爲之活動）。

第四節　解蔽與正名

一、**蔽之所由起**——虛壹靜乃心之基本特性。不虛則不能容受新知，不壹則紛歧混淆而不能化異歸一以得其條貫，不靜則不能清明正定。「蔽」有十蔽與諸子之蔽等等。

二、**解蔽之道**——①消極地避免十蔽（欲惡、始終、遠近、博淺、古今）。積極地兼顧正反兩面而權衡之（兼權）。③解蔽之準衡，內在面是心，外在面是禮義。

三、**名分四類**——刑名、爵名、文名（節文威儀）三者乃典章制度之名，由歷史文化累積而成，不可妄作，故必有所從。散名則加於萬物與人，是名學名理之名。

四、**制名之標準**——①制名之故：明貴賤（通於政教），別同異（通於知識），②同名異名之所由起：感官與心理之感覺作用加上「徵知」（心之理解作用），乃能別同異而立同異之名，③制名之原則與種類：A原則：同實者同名，異實者異名。B種類：單名、兼名、大共名、大別名、數名。

五、**制名之告誡**——①不可用名亂名：如殺盜非殺人（由於不明制名之故）。②不可用實亂名：如天地比、山澤平（由於不知同名異名之所由起）。③不可用名亂實：如白馬非馬（由於不知單名兼名同指一實）。

六、**尊名崇數**——凡理解活動，必尊名崇數，而荀子正具備名數的建構之心靈，故對名數之學的文化意義以及名理之領域，皆能識其大而中肯要。

第五節　禮義之統

一、**知統類**——統類是禮義法制所依據的共理，亦是通貫於事物的原理原則。理是成類之根據，以同類之理可以通明於事，發現禮義發展中之共理，以建立治事之原則，是之謂「知統類」。

二、**禮義辨分群**——正名定分，明分使群，辨治群倫，乃荀子之所重。「辨、分、群」卽是禮義之統落於現實所顯發之作用與功能。但禮義之統（禮憲）必須歸於仁義之心的點醒，以通貫內外，內聖外王乃能充實圓滿，此則荀子有所不足。

三、**隆禮義**——荀子以誠樸之心表現而爲理智，喜秩序、崇綱紀、隆禮義，重視百王累積之法度，再統而一之，連而貫之，成爲禮義之統（綜百王之禮憲以成統）。此是順孔子外王禮憲之路而發展。

四、**法後王**——荀子亦法先生。先王後王並無本質之異。只因先王歷時久遠，略而難詳。而後王之法，乃承先王之道而累積成，且又粲然明備，可據可徵，故特重法後王（法周）。

第十章 法家與秦政

第一節 法家的興起與演變

一、從尊禮到用法——①管仲子產乃貴族社會之政治家，可謂法治之祖，而非法家之祖。②李克吳起有現實感，乃儒門之事功家，有富强觀念，開始用法，開法家之先河。③商鞅受李克吳起之影響，廢井田、開阡陌，尙事功，又重刑賞而嚴法，乃法家之正宗。

二、法家與法術家——前期法家之尙法尙事功，乃爲解決政治經濟之實際問題，並非先有思想而後依思想行事。而所謂「綜核名實，信賞必罰」，實乃通義；唯法家特加突顯而以之爲主要原則耳。中期法家因申不害之尙術（君術），與愼到之尙勢，乃轉成一權術之府。至後期法家韓非（卒於西元前二三三年），始建立一思想系統，極權思想乃告完成。

三、法家之歷史使命及其轉型——秦以詐力取天下，法家助之以成一統，而完成其歷史之使命。然法家有取天下之術，而無安天下之道，故漢以後再無眞正之法家。至於歷代之苛察、酷吏，乃對權豪惡勢力之一帖猛藥，此等人並非法家，故特名之曰「酷吏」。而守法度者則稱之爲「循吏」，循吏乃儒家式之人物。凡有一套禮樂敎化爲主導原則，雖其治事嚴峻，信賞必罰，亦非法家。因法家根本不承認禮樂教化。唯後世之胥吏，則可視為法家轉型後之支衍耳。

第二節　韓非的人性觀與價值觀

一、極端的性惡論——韓非以為人之性皆自利自為，人之心皆計慮利害，無有父子之親、夫妻之情、君臣之義。人之內在生命既成一片汚黑，故反對尚德尚賢之人治禮治，而主嚴法任術以驅策人民。（荀子雖主性惡，然更重化性起偽，以心治性，由心知通向善，歸於禮義，故非極端之性惡論。）

二、反理性的價值觀——價值、理想，必根於道德心性，而起於好善惡惡之自覺。韓非則排斥德性價值與文化理想，只以成就現實的君國之利為價值之基準，以富國强兵為唯一之價值目標，故抑儒俠工商之民而只獎勵耕戰。以官府賞罰為毀譽之標準，故貶斥廉貞忠孝勇直之行。

三、反古道之歷史觀——韓非「不期循古，不法常行」，取商君之反古道而變本加厲，以為「上世競於道德，中世逐於智謀，今世爭於氣力」，終於下墮於盡物力（物質生命）以決鬥之局（歸結而為秦政）。

四、芻狗生民之社會觀——①否定人性個性與道德倫常，②抹煞社會文化活動之價值（以文學、言談、遊仕、遊俠、工商爲五蠹），③獨以耕戰之民爲社會支柱（以人民爲工具）。

第三節　韓非的政治思想

一、**嚴法**——①法之本：本於功利與事便（不本於理性），②法之立：爲確保君國之利，③法之用：以賞罰繩治臣民。結果，民之守法乃是迫於利害賞罰，而不是通過理性之自覺。

二、**尚勢**——法之賞罰，必待威嚴之勢以行之。「抱法處勢則治，背法去勢則亂」。「民固服於勢，寡能懷於義」，故「君執柄以處勢」，而不養恩愛之心。（按、勢本爲推行政事之力量，結果乃用以濟君主之私。）

三、**任術**——術乃人主之所執，「操殺生之柄，課群臣之能」。法著於官府，術藏之胸中，故曰「法莫如顯，術不欲見」。君主之意欲不形於外，守靜知幾以制動。（學道家而又落於意念造作，終不免出於陰深，流於險忍。）

第四節　法家與秦政

一、法家之所以爲法家，不在用法，亦不在信賞必罰，綜核名實（此乃通義，儒家亦可以講）；而在於其用法之根據：人性惡與任術。①從人性惡出發，故不信民，亦不把人當人看。

②用術則君主成一陰森之秘府，而無光明弘達氣象。本身不能面對光明之眞理，故亦不能傳達光明於社會。其及於人者，只是外在冷酷之賞罰（無禮義、無德愛）。

二、秦「以法爲教，以吏爲師」，旣扼殺文化理想與人文價値，又抹煞學術自由與人格尊嚴，故終有「焚書坑儒」之事。先秦學術思想以韓非爲結局，實乃歷史文化之悲劇。（關於韓非內部的思想理論，可參看王邦雄「韓非子的哲學」。）

三、法家之用法，與現代之民主法治不同。法家①以人性惡爲出發點，故對人猜疑控制。②君尊臣卑，不貴臣，不信民，君主有絕對性之權力。③反貴族，視貴族爲「君權絕對化」之障礙。④民爲君而存在，民以君之好惡爲好惡，否定個體人格與意志自由。⑤嚴刑重罰，連坐誅戮（愚民、防民、虐民、威民）。以上五者，皆與民主法治之基本精神相反。

第二卷　兩漢魏晉：

儒學轉形而趨衰與道家玄理之再現

由秦入漢，中國文化生進到一個「合」的階段，但漢代的「合」並不圓滿。在「內聖」方面來說，只落於倫常教化（所謂三綱五常）之層次，而德慧生命未能充分透顯；①經生之學重文獻，不重德性生命之自覺；②對人性無善解，只落在氣性才性方面看人性；③以聖人爲「天縱」，不可學而至。而在「外王」一面，雖有西漢五德終始的禪讓說，但其結局却歸於王莽之乖僻荒誕，乃反激成東漢光武的天子集權，形成君主專制的政治形態。從此天下爲私（從政權方面說）歷二千年而不變。

到東漢中葉，政治每況愈下，於是有所謂「清議」。下及魏晉，政治上的清議又轉爲學術思想上的「清談」，而形成儒學衰而玄學盛的新局面。中華民族的文化生命又歧出去了。這個時期的特徵，客觀面是政教混亂，主觀面是德性生命委縮，情意生命泛濫。而由生命情調所表現的美的欣趣，轉出了智悟的境界。結果是道家的玄理玄智，得到再度的弘揚。

本卷所述，即是兩漢魏晉六百餘年的哲學思想。

第一章 漢初思想概述

第一節 漢初思想之先導——陰陽家與呂氏春秋

陰陽家鄒衍（約爲西元前三〇五—二四〇，據錢穆諸子繫年）之學說，可約爲四端：

1.以儒墨之道（尤重在儒家），解決當時之政治問題。
2.以陰陽消息言災異，加强對統治者之壓力。
3.以五行言五德終始，對政治上之「天命所歸」賦以新的內容。
4.提出大九州之說。謂中國爲赤縣神州，內有九州，中國以外復有九州。

在鄒衍，是以陰陽消息爲「天道運行」之法則，以五德終始爲「歷史運行」之法則。陰陽與五行，本不相屬。在春秋以前，五行只指國計民生所通用之五種材料，故又稱「五材」，而並不視爲構成宇宙之五種元素。至鄒衍或其後學，乃將陰陽五行組合在一起。呂氏春秋十二紀，則又以陰陽二氣運行於四時，而將五行與四時配合。春盛德在木（木德與春陽之氣相應，德、是指氣最當令之作用），夏、盛德在火，秋、盛德在金，冬、盛德在水。土，則兼四時。不僅四時與五行相配合，各種事物亦皆可取來與五行相配合，因而形成了陰陽五行的世界觀、宇宙觀。以四時之生長收藏與政治社會人生相關聯，於是又有在人事上說的生長收藏之義。此卽天道人事交感相通之思想。董仲舒繼承陰陽五行之觀念，以陰陽說刑德，春夏爲天之德，秋冬爲天之刑，而主尙德去刑，其說大體由呂氏十二紀發展而來。所以呂氏春秋可說是董子吸收陰陽思想的一大橋樑。

第二節　反法歸儒與儒法之辨

秦之暴虐，加上楚漢相爭，天下元氣大傷。漢初之黃老政治，主清靜無爲，與民休息，確爲適時之清涼劑。然此乃消極之復元，而不足以言政敎之興革與國家之建制。故終有董生之復古更化，獨尊儒術。

漢代尊儒，乃尊經之常道（此乃立國之最高原則）。通經致用，乃以學術指導政治，進而以政治指導經濟。而復古更化，乃反法家以復三代之古，革秦之苛政以興禮樂教化。（至於罷黜百家，只是朝廷不爲諸子百家立博士——只立五經博士，並非禁諸家之書，尤非所謂思想壓制。）

儒法之異，可得五端。有關法家思想之特色，可參看上卷第十章末節所列五點，俾與此下所述儒家思想之立場相對照。儒家：①以人之性情爲政治之基礎：人與人互信互愛。②君臣對待：以天道古道限制人君，人君應尊禮大臣。③反貴族：視貴族爲「選賢與能」之障礙。④君爲民而存在：董生謂「天下立王，乃爲民也」，爲政以民之好惡爲準（尊個性、尊人格）。

⑤教民、養民、愛民、保民：輕刑薄賦，罪人不孥。

由此五端，可以了解儒法二家之根本差異。或以儒家之「禮治、德治」與法家之「法治」相對比，此實不妥。一則儒家並不反對法治，只是不贊成脫離禮與德之綱維以單獨突顯「法」以爲唯一之標準而已。二則法家之嚴法，與民主法治之精神有本質上之差異。而漢初法網尚密，乃法家秦政之遺毒，故漢儒力反法家而主德教。（自漢以後，墨法二家之思想精神，實已為儒家所吸收、涵蓋，故墨者流爲游俠，法徒下沉爲胥吏。）

第三節　漢代精神開國之盛音——賈誼

賈誼（西元前二〇〇—一六八）之賈子新書五十八篇，一部份是主動述作，如過秦三篇，一部分是向文帝上書言事者，此外，大體是任梁懷王太傅時的教告問答之辭。漢書賈誼傳贊曰：「劉向稱賈誼言三代與秦治亂之意，其論甚美。通達國體，雖古之伊管，未能遠過也」。賈誼二十二三歲初見文帝，卒年三十三。他在此十年間（青年時期）之表現，的是不凡。牟先生稱之爲「開國之盛音，創建之靈魂，漢代精神之源泉」，實非虛譽。漢書本傳有云：

「誼以為漢興二十餘年，天下和洽，宜當改正朔，易服色，立制度，定官名，興禮樂。乃草具其儀法，色上黃，數用五，為官名，悉更奏之。文帝謙遜，未遑也。然諸法令所更定，及列侯就國，其說皆誼發之。」

所謂「改正朔、易服色、立制度、定官名、興禮樂」，皆是賈誼精神人格中所湧現之「精神開國」方面的最高層之「形式」。賈生改制之意，可約爲三大端：

一、**移風易俗**：秦政與法家大敗天下之民。漢興，安習於秦制秦俗，不能作價值之鑒別。而賈誼以其文化意識之貫注，故能觸目驚心，開闊心靈世界，而湧現移風易俗之理想。當時雖未推行，而終釀成董仲舒「復古更化」之文化運動。董生之「復古更化」卽是賈生之「移風易俗」也。此是切於時代之要務，亦是言治體之大者。

二、**教養太子**：賈誼以爲三代之所以長久，卽是教養太子得宜之故，太保太傅太師，教之導之，少保少傅少師，輔之翼之，自幼見正事，聞正言，左右前後，皆正人也。太子成年，雖免於保傅，但仍有誦詩、進善、規諫、記過、進謀、傳民語之臣吏，「習與智長，化與心成」，故性歸中道。秦失其度，乃旋踵而亡。在古代政治體制中，太子爲國本，故教養太子，亦是治體之大者。賈生首先意識及之。自後二千年亦無不以此爲規矩法式。

三、**尊禮大臣以養廉恥**：賈誼以爲古者尊禮大臣，不加訶責，不施刑罰，大臣有過罪，君命責問之辭，皆清肅而溫婉，臣聞命，或造請室而請罪，或北面再拜，跪而自裁。上設禮義廉恥以遇大臣，臣亦以節行報其上。賈生此義，開漢唐宰相之重。此乃中國本於其文化生命表現於政治上之最有體統者。故雖在專制政體下，而得有開明之政治，亦賴此而得顯示政治之所以爲政治之意義（政治與吏治不同）。

綜上三端，卽可知賈誼爲「開國之盛音，創建之靈魂，漢代精神之源泉也。」此大體一立，則改正朔、興禮樂，皆可「溥博淵泉，而時出之」。移風俗、教太子、尊大臣，皆是綱紀性之形式。賈生以其綜和之心靈湧現此一形式，則彼「精神開國」之使命已盡，下一步之「文化建國」，則有待於董生來完成。唯在論董生之前，尚須略述淮南子。

第四節 雜家中的道家——淮南子

淮南王劉安（西元前一七九—一二二）爲高祖之孫，景帝之堂兄弟。武帝卽位，劉安入朝獻淮南內篇，卽今所謂淮南子。另有外書甚衆、中篇八卷，皆佚。

西漢初年，道家思想在朝廷與社會流行，是卽主清靜無爲，與民休息，而又雜有權術乃至方技的所謂「黃老」，此乃原始道家之變形。而淮南子此一集體著作中之道家，則是與黃老不同系的另一支。而且首先老莊並稱（要略：考驗乎老莊之要）。書中凡描寫道體、功用及生成歷程的，多係老子思想之推演；凡强調精神心性之修養功效的，多係莊子思想之發揮。論政治多本老子，論人生多本莊子。淮南子自是雜家。但書中道家思想實佔優勢。依道家，仁義禮樂皆外於性命，故貶視儒家。本經訓云：「禮樂者，可以救敗，而非通治之至也」。又云：「是故知神明，然後知道德之不足爲也。知道德，然後知仁義之不足行也。知仁義，然後禮樂之不足修也」。

但淮南子作者群中，亦有一些儒家之徒，故泰族訓云：「人性有仁義之資」。主術訓云：「國之所以存者，仁義是也」，氾論訓云：「故仁以爲經，義以爲紀，此萬世不更者也」。泰族訓且表示道家思想當歸往於儒家思想。如言法天，歸於「與天地合德，日月合明，鬼神合靈，與四時合信」；言神化，歸於變習易俗，民化而遷善；又强調禮有所因，禮樂不能離乎俗，應適時改制；又轉「無爲」爲「行簡」；重視學問與爲學之方向（明於天人之分，通於治亂之本）；凡此，皆是儒家之徒所發的議論。其他如法家、兵家之思想，亦容納在書中。故淮南子一書，實可視爲漢初思想之雜燴。（因無特顯之觀念性與理論，故不多述。徐復觀先生「兩漢思想史」，可參看。）

第二章　董仲舒的學術思想

董仲舒（西元前一七九—一〇四，據蘇輿董子年表），漢廣川人（今河北地），舊屬趙地，故又稱趙人。董生自少治春秋，景帝時爲博士，後以賢良對策，得武帝之嘉許，而掀開「復古更化」之文化建國運動。

第一節　復古更化：理性之超越表現

董生倡復古更化，其超越理想集中於形上義理而發揮。取材則多傍依尚書洪範、易之陰陽，而結集於春秋。又雜有陰陽家之宇宙論、歷史論之氣息，而形成一大格局。其所發雖不能盡其精微，而規模廣大，取義超越，爲漢家定出一理想之型範。

王道之端本於天道之端。端者，元也、始也。「元」「始」以理言，不以時言，此天人同道的一元之大始，即顯示一「超越的理性」以爲一切之本。對現實措施而言，此「本」即是一「超越的理想」。依此本而措施，故任德不任刑。此作爲政教之本的超越理想，貫而下之，而與現實政治接頭，便是通常所謂「政教合一」：①理想與現實政治糾結在一起，是

「內在的合一」，此時將喪失理想性，當然不可取。②但理想不能虛懸，總要貫而下之。理想與政治若不拉得太緊而保持一諧和之統一，此時之政教便是「外在之合一」，這種形態之政教合一不可隨意反對。〔若因詬病政教合一，而直接抹煞或忽視政治與教化之關係，因而排斥教化之理想，便成法家、共黨之立場。而結果是法家與共黨本身取代教化理想（以法爲教，以吏爲師，或以馬列爲教，向幹部學習），如此必成爲大敗天下之民、大敗文化價值之極權政治。〕

董生掀開一推動時代開創新局的文化運動，自須透出超越理性以彰顯超越理想。其「超越理性」的外部體系雖然駁而不純，而其核心，則可上通下貫：

①通而上之，重理性，尊禮義。

②貫而下之，任德不任刑，以禮樂教化與興學選才爲政治措施之本。

加上漢代民族生命之充沛，漢代人之朴實憨直，故能完成一綜合的構造，而建立政教統一之大漢帝國。而當初賈誼所提出、文帝所謙遜不遑者，皆在此一運動中漸次完成。太初元年，正曆法，色尚黃，數用五，定官名，協音律，皆是反秦之舊而改定的漢家制度。在政治方面，士人政府出現，宰相取得較客觀之地位，吏治有可觀，孝弟力田，重農抑商，消解政治與經濟上之特權階級，思想較自由，大臣敢直言，論禪讓者直請漢帝退位讓賢。據此可知，西漢二百年之歷史，自始至終，飽滿未衰，不失爲一健康之時代。

但此一更化運動，亦有一本質上之缺憾。它只透出超越理性以彰顯超越理想，而卻①始終未能透出人性之自覺（只有移風易俗下的生活之自覺），因而②亦未有內在理性與精神生活之表現。須知超越理性必須依藉精神主體，而後始能盡其責，必須有仁心本心之呈露，纔能證實超越理性爲不虛，而進到人類理性之自覺。此則不能不本於孔孟之精神而立言。而董生之「推明孔氏」，實是跨過孔子而外在地落在五經上立論。尊五經自是不錯，但脫離孔子之精神生命以言五經，則五經亦成爲外在的文獻，因而精神主體必然透不出，精神理想亦不純不順；其流於今古文之爭，又轉爲章句訓詁，實乃不可免之結果。（於此，可反顯王陽明「經學即心學」一言之眞實意義。而站在哲學史之立場，兩漢經學之內容，固可置之勿論。錢穆「兩漢經學今古文平議」一書，可參閱。）

此一文化建國之運動，本當順孔孟之教而轉進，由道德教化與聖賢人格之精神主體，廣被於社會，貫潤於政治，以歸復於「人人要求自主」之精神主體上，作到政治上之二步立法：①爲「對君權之限制」立法，②爲「對人民權利義務之承認與限制」立法。如此，方是「理性之內在表現」。但因董生之超越理性有駁雜，而轉爲盛行於西漢一代之五德終始論、禪讓論，終於成爲迂怪之超越表現，而引出王莽之乖僻荒謬。此是西漢歷史最令人長歎太息者。（按、五德終始論與禪讓論，原本亦是對君權之限制，然而西漢儒者未能曲盡此一問題之關節，以完成二步立法，乃使更化運動之「意義性」未能圓成，其「問題性」亦未能消解。）

第二節　董子春秋學要義

上節所論，是董生文化運動所表示的意義、成就與限制。至於內在於董生之學說思想內部看，則雜而不純與牽强比附之處，亦不一而見，必須分別而觀。茲先略述其春秋學。

一、春秋大一統，尊天以保民

公羊傳所謂「大一統」，自是尊王權（亦含王制、王道）。但天子與諸侯共守天下，則其一統亦可說是分權之一統，而非後世集權之一統。故凡天子所封之諸侯，皆當保存，其滅亡者亦當「興滅繼絕」。至漢，郡縣封建並行，諸侯王僭儗，地過古制，故賈誼鼂錯乃主張强幹弱枝，以完成中央集權。董生以禮制嚴上下之等，亦是此意。

二、三正三統與質文遞嬗

董生之春秋學，實逸出公羊而多抒新義，他認爲「西狩獲麟」是孔子「受命」之符瑞。孔子作春秋，制義法，以示後王法式，便是「以春秋當新王」。繼此而言「改制」（改正朔、易服色等），又有「三正」「三統」之說。①夏商周三種曆法之正月，有建子、建丑、建寅之別，故曰「三正」。②以子丑寅爲天地人，故建子爲天統，建丑爲地統，建寅爲人統，以是，三正亦稱「三統」。③又將赤白黑三色與三正三統相配，建寅之人統亦稱黑統（夏），建丑之地統亦稱白統（周），建子之天統亦稱赤統（周）。而「春秋應天作新王之事，時正黑統」。（按、以三色與朝代相配，乃來自五德終始之說——以五行生尅比合五德之終始相循。鄒衍先有此說，呂氏春秋繼之。以黃帝或虞爲土德，色尚黃；夏爲木德，色尚青；商爲金德，色尚白；周爲火德，色尚赤；代火者爲水德，色尚黑。）

然董生又有「質文」之說（夏文、商質）。三統有三，質文有二，以二配三，如何而可？董生又謂孔子作春秋，「承周文而反之質」，則春秋究竟承夏之黑統乎？承商之質統乎？依質文遞嬗之原則，春秋必然承商質之統，而承夏之黑統乃落空矣。謂孔子「承周文而反之質」，此自可說。但孔子既曰「吾從周」，則其「反於質」，實是在「周文」中求其質，決不會機械地順質文遞嬗而回到商之質統。可能董生亦覺察到此中之矛盾，故又說「夏尚忠，殷尚敬，周尚文」（是卽所謂三教），而主張「今繼大亂之後，若宜稍損周之文致，用夏之忠者」。此卽所謂質文損益以相救，可算是一比較合理之修正。（按、董生「以春秋當新王」，實乃「聖人爲漢立法」之觀念，其意非無可取，但與歷史朝代比配則有扞格，而成爲迂濶之論。）

三、春秋三世之說——進化之歷史觀

歷史有終始循環（如五德之終始與三統質文之相遞嬗），而亦有進化之義，故董生又有「三世」之說。春秋十二世，由近及遠分爲三等。①見三世，凡六十一年，包括哀、定、昭三世，爲君子之所見。②聞四世凡八十五年，包括襄、成、宣、文四世，爲君子之所聞。③傳聞五世，凡九十六年，包括僖、閔、莊、桓、隱五世，爲君子之所傳聞。世代愈遠，褒貶尤嚴，故曰：「於所見微其辭，於所聞痛其禍，於所傳聞殺其恩，與情俱也」。後來公羊家推衍其說，①於所傳聞之世，託治起於衰亂之中（據亂世），此時只知有己國，故「內其國而外諸夏」。②於所聞之世，託爲升平之世，此時天子爲共主，領有華夏衣冠之區，故「內諸夏而外夷狄」。③於所見世，託爲太平之世，此時普天之下無分畛域，世界大同，故「天下遠近大小若一」。董生所說之「所傳聞、所聞、所見」之三世，卽後世公羊家所謂「據亂世、升平世、太平世」。（此乃本於進化之歷史觀而立言，不可作現實歷史看。）

四、貶天子、退諸侯、討大夫——屈君以從天

總之，在董生心目中，孔子由獲麟受命作春秋，乃代天立敎，爲後王立法（實卽爲漢王立法）。孔子以平民代周而自成一統（所謂素王），故可「貶天子，退諸侯，討大夫」。而董生援春秋之義以獻替時政（更化改制），亦是本於聖意而言，並非臣子之私。如此，他所謂「以君從天」，「屈君以從天」，事實上卽是要君王遵從孔子的春秋之敎。董生之所說雖不免有牽强比附之處，然其用心則應予以敬重。（另如公羊傳中平實之思想，如華夷之辨、大復仇，正名等，皆爲董生所承繼發揮，兹從略。）

第三節　天人感應之哲學

「天人相與」或「天人感應」，是董生學說中的基本觀念。「道之大原出於天」，而天志天道，皆由陰陽四時五行之運行中見。孔子雖曾說過「天何言哉？四時行焉，百物生焉」，但只是以四時言天道。易傳言陰陽，言四時，亦未將陰陽與四時相配，而且不言五行。至呂氏春秋，始以四時爲中心，將陰陽、五行、四方，配合成一有機體。董生承之，而益爲詳密。茲擇要分述於後：

一、天之十端與元氣

董生認爲天有「十端」：天、地、陰、陽、金、木、水、火、土、人。天是由此平列之十端（十個基本因素）所構成。他又說：

「天地之氣，合而為一，分為陰陽，判為四時，列為五行。」

天地之氣，亦稱爲「元氣」，元氣分爲陰陽，運行於四時，布列爲五行，再伸展到人生、社會、政教、學術等各方面，而形成以人應天的「氣化宇宙論中心」之思想。（將道德基於宇宙論，先建立宇宙論而後講道德，此之謂宇宙論中心。董子之學實已脫離了先秦儒家以仁與心性爲中心、以天道性命相貫通爲義理骨幹之正軌。）

二、陰陽之消長與四時之變化

陰陽之運行，淮南子以爲「陽氣」起於東北，盡於西南，由東北而南行，至東方遇木所主之氣，卽助之使盛而爲春；至南方遇火所主之氣，卽助之使盛而爲夏。「陰氣」起於西南，盡於東北，由西南而北行，至西方遇金所主之氣，卽助之使盛而爲秋；至北方遇水所主之氣，卽助之使盛而爲冬。這是對四時變化極爲簡易的解說。

而董生之說法與淮南子不同。他論及陰陽之運行與四時之形成，以爲陰陽二氣——

「春俱南，秋俱北，而不同道。夏交於前，冬交於後，而不同理。」

依此，陰陽二氣是順著東南西北四方位所形成的圓圈，而各循其路線而行，故曰「不同道」。①初冬，陰陽各從一方來，陰由東方循北圈線向西行；越行越盛；陽由西方循北圈線向東行，越行越衰；中冬之月，二氣相遇於北方，此時陰極盛而陽極衰，是謂「冬至」。②二氣交會後相背而行，陰漸損，循左圈線向南行，陽漸增，循右線向南行，時值冬去春來，故曰「春俱南」。到中春之月，陽達於正東，陰達於正西，此時陰陽各居一半，晝夜均等，寒暑適中，是謂「春分」。③然後陰益損而陽益增，各自循南圈線而行，於大夏之月相遇於南方，此時陽極盛而陰極衰，是謂「夏至」。按、夏至二氣交於南方，陽盛而陰衰，冬至二氣交於北方，陰盛而陽衰，故曰「夏交於前，冬交於後，而不同理」（理謂盛衰消長之理）。④然後又相背而去，陰漸增，循右圈線而北行，陽漸損，循左圈線而北行，時值夏去秋來，故曰「秋俱北」。到中秋之月，陰達於正東，陽達於正西，此時陰陽亦各居一半，晝夜寒暑與春分同，是謂「秋分」。至此，一週期完成，便是一年之四季。此是董生對陰陽消長流動與四時變化之說明。

三、五行之相生相勝

「五行」乃天地之氣布列而成。此五者之間，又存在著兩種全然不同之關係，是即「相生」與「相勝」（相尅）。五行相勝之理早已有之（鄒衍之五德終始說，卽依據此理而言）。相生之理亦先見於呂氏春秋。五行之順序是：「木、火、土、金、水」。①木生火、火生土、土生金、金生水、水生木，此之謂「比相生」（依序相生）。②木勝土，土勝水，水勝火，火勝金，金勝木，此之謂「間相勝」（隔一相勝）。

董生論五行生尅，主要是以五行與自然現象結合，如木居東方而主春氣，火居南方而主夏氣，金居西方而主秋氣，水居北方而主冬氣，土居中央主季夏，而爲五行之主（居中策應）。四時各有其職，五行亦各主一事，而分別有其生長收藏之特性。用這些特性與人事配合，卽形成天人感應之哲學。

四、天人感應（類與數）

董生認爲，「天道之大者在陰陽，陽爲德，陰爲刑，刑主殺而德主生」。天任德不任刑，人（王者）承天意而從事，亦當重德教而輕刑罰，故曰「天人一也」。天人之交通，以類相應。而類之相感，其原則有二：

①萬物去異從同。如行善召榮賞，爲惡召辱罰。

②天可感人，人亦可感天。四時之氣，在天亦在人，以類相感應。略如下表：

天	人	
少陽因木而起以助春生：春有愛志	春氣：博愛而容衆	以類相感應
太陽因火而起以助夏養：夏有樂志	夏氣：盛養而樂生	
少陰因金而起以助秋成：秋有嚴志	秋氣：立威而成功	
太陰因水而起以助冬藏：冬有哀志	冬氣：哀死而恤喪	

由此以言「天人相與」，將人與天連在一起（以人應天），此便是漢代言「災異」（天意示警）之總根據。

另外，又有「數」之觀念，以補助「類」之觀念。由數之偶合貫通天人。譬如就人之身體而言，天以終歲之數成人之身，故小節三百六十六，以副日數，大節十二分，以副月數。內有五臟以副五行數，外有四肢，每肢三節，天有四時，每時三月。數相同，則爲同類而可以相應。

五、感應之二義與漢儒之特色

由類之相感言災異，使人起敬畏之心而不敢背逆天道，此猶是天人感應之消極義。積極的意義，是在察身以知天，故曰：「人主之道，莫明於在身之與天同者而用之」。人時時察覺己身與天同者，而致其合乎天道之用，便可以使天道貫通到政治與人生。此方是天人感應之積極義。但董子只如此教人君「迹之古，返之天」，以災異示警提撕人君，以聖王古道限制君權；却不從心性之原以開發君德，不教人君納諫以聽取民意，實乃先秦儒家思想之一大轉折。

且易言陰陽，乃提挈於天地之道與乾坤之德說，陰陽並非主導之觀念。而陰陽家與漢儒則質實下拖而與五行災異相牽連，於是，①陰陽五行災異，與②象數（理智與神秘之結合），③讖（隱語預言），④緯（經之支流，但多涉於荒誕），此四者遂成爲漢代儒學之特色。（一面是烏煙瘴氣，行爲後世醫卜星曆一流；一面是誠樸篤實，顯爲渾樸浩瀚之漢人精神。）

第四節 人性思想略述

一、從告子到董子——以自然之質爲性

告子言「生之謂性」，是從個體生命自然之質來了解性。自然之質是中性的，「無善無不善」，「無分於善惡」，故又主張仁義外在，意卽自然之質並無仁義的道德性，故不可說善，但亦不可說惡。告子還只是抽象地如此說，再推進一步，便是董生在春秋繁露「深察名號」篇中的說法。

董生論性，先亦是抽象地說（從名號說）：「性之名非生與？如其生之自然之質謂之性。性者，質也」。以自然之質爲性，同於告子。但董生論性，尙不止此。他還有「仁貪之性」、「性未可全爲善」、「性情相與爲一瞑」、「以中民之性爲性」等等之觀念。

二、自氣言性，性未可全爲善

他認爲「栣衆惡於內，勿使得發於外者，心也。故心之爲名栣也。苟無惡者，心何栣哉」？（栣，或謂當作衽，衣襟也，襟有禁禦之義。或謂當作任，任制捍禦之義。）惡來自氣性，藏於內而可發於外。心則能禁衆惡於內，使之勿發於外。此似可謂心善而性惡。但董生並未就心之善以言性，其所謂心，既非孟子之內在道德心，亦非荀子有認知之主宰性的心。性既就氣性而言，則此性必不能純善，故又曰「仁貪之氣兩在於身。……天兩，有陰陽之施，身亦兩，有仁貪之性」。仁之氣屬於陽，貪之氣屬於陰。陽氣光暢而易開發，易傾向善，於此說仁性。陰氣幽暗而易固閉，易傾向於惡，於此說貪性。但皆只是氣性之實然與偶然。善之完成仍須靠後天之加工。故又曰「米出禾中，而禾未可全爲米。善出性中，而性未可全爲善」。

三、性情相與爲一瞑，固無分於善惡

依於仁貪兩行之傾向，亦可就仁之氣性而言「性」，就貪之氣性之發爲情欲而言「情」。此似可謂性善而情惡。但此所謂性之善仍只是氣性之善的傾向。性與情並非有兩層，是故仁貪、性情、陰陽、善惡之兩行，皆只是靜態地分解而說。若融於具體，則「性情相與爲一瞑，情亦性也」。情滲於性中，性不能獨立而絕異於情。故董生以爲「聖人莫謂性善」。因爲性與情「俱爲一瞑」而待「覺」。「萬民之性，有其質，而未能覺」，「當其未覺，可謂有善質，而不可謂善」。故其「性情相與爲一瞑」，亦卽善惡相與爲一瞑，而同於「善惡混」之說。甚至在尊心而卑性之下，實亦函「性惡」之意。董生自未直說「性惡」，他只是「無分於善惡」之「質素說」、「材樸說」。但旣有仁貪、性情等之分，故又可說是「善惡之分化說」。凡「用氣爲性」、「生之謂性」，皆是氣之實然與偶然，而並無定然與必然之可言。（說性善情惡亦不眞站得住）。故進於具體，察及仁貪性情之分，則性三品說乃甚爲自然者。

四、以「中民之性」名性的拘蔽

但董生不主三品說，而只將性限於中民。上下品皆排於「性」之名以外。故曰「名性不以上，不以下，以其中名之」。他認爲孔子並不以萬民之性皆已善，故遂不取孟子性善之說，以爲「聖人之性，不可以名性。斗筲之性，不可以名性。名性者，中民之性。」性而限於中民，則其言性不普遍，此乃董生之拘蔽。而其所以有此拘蔽，①不以聖人之性爲性，是爲了加強教化，單以聖王負教化之責。②不以斗筲之性名性，是泥於「上智與下愚不移」之言。此兩種拘蔽皆須解除。

蓋孟子言「性善」，並不是說萬民之性皆已至聖人之善。人未至聖人之善，亦並不就是性不善，豈可因人尚未至聖人之善便說人之性不善？孟子就道德的心性言性善，開闢一德性領域，以建立道德實踐所以可能之先天根據，存之養之，擴而充之，則人人皆可進於聖賢。董生全然不解孟子而反對言性善，排斗筲之性於性之名外，豈不等於排斗筲於人類之外？此惡乎可！孔子論士謂「斗筲之人何足算也」，只表示斗筲不得與於「士」之列，並非斥其不得與於「人」之列。而「下愚不移」亦並非不可教（故伊川云：總有可移之理）。孔子「有教無類」，豈有排斥於聖人教化以外之人？而且聖人固有天縱之才資，但聖人之所以爲聖人，並不在才資，而在德性。聖人是德性人格之目，不能只限於氣性一層。故必須開出超越之理性領域，纔能建立人性之尊嚴，纔能說「人人皆可爲聖賢」。以是，要使人性論眞正站得起，則必歸宗於孟子。宋明儒卽承此路而前進，而將兩漢傳統所注意之氣性、才性，吸收而爲「氣質之性」，此是論中國學術之綱脈，不可不知。

第五節　附論：揚雄之太玄與法言

溯自武帝中期以後，學術活動以五經爲骨幹，而儒生以陰陽五行之說，附會於經，以言天人感應，言災異政事。又以陰陽爲天道之內容，而作方技性的推演，混融旣廣，龐雜益甚。進而復以天象律曆爲天道之具體表現，並視此爲儒家天道之具體內容。漢書翼奉傳載其上封事云：「天地設位，懸日月，布星辰，分陰陽，定四時，列五行，以示聖人，名之曰道。聖人見道，然後知王治之象，故畫州土，建君臣，立律曆，陳成敗，以示賢者，名之曰經。賢者見經，然後知人道之務，則詩書易春秋禮樂是也。」此一段話，正可概括西漢學者之共同觀點。在五經中，易本天道以言人事，最易於爲言陰陽曆數者所附會，漢代的象數易，便是如此衍展而成爲一代顯學。（漢代易是一套專學、繁瑣穿鑿，可不具論。）

揚雄（西元前五三—西元後一八），字子雲，成都人。先作太玄，晚年作法言。

「太玄」是摹易之作，符號結構，看似構思甚巧，實則不免於鑿，不如易經圓通合理，其演算系統也多强爲牽合。但其論「玄」則承老子之意，故以玄爲貫通天人之基本原理。他似乎想以老子之道德爲體，以儒家之仁義爲用，雖然事實上連結不上，但却代表他的意向。同時他趨避禍福的態度，亦本於老子。故太玄賦云：「觀大易之損益兮，覽老氏之倚伏」。禍福無常，互相倚伏，故以柔退爲趨避之方。解嘲一文之末句云：「故默然獨守吾太玄」，亦正表示一種退藏避禍的人生態度。

「法言」是擬論語之作，代表揚雄晚年之反省。他所謂「法」，是以孔子五經爲中心所樹立的做人立言之準則。但觀其所說，如「聖人之材，天地也」。「觀乎天地，則見聖人」。「通天地人謂之儒，通天地而不通人曰伎」。「道也者，通也，無不通也」。「道若塗若川，車航混混，不舍晝夜」。「君子於仁也柔，於義也剛」。「自愛，仁之至也」。凡此，皆屬外在通泛之言，說不上有內在眞實生命之契應與體悟。

他亦推尊孟子，認爲孟子闢楊墨有大功。但他對孟子之性善，全然不解。修身一篇云：「人之性也，善惡混。修其善則爲善人，修其惡則爲惡人。氣也者，所以適善惡之馬歟！」氣是生命發出之力量，如同一匹馬，可載着善念惡念向前行，而選擇善惡則須由學由師。學行篇云：「學者所以修性也。視聽言貌思，性所有也。學則正，否則邪。」「務學不如務求師。師者人之模範也。」此皆落於後天的外在的教育上說話，仍然不出荀子「化性起僞」、「重師法」之義。

揚雄承述儒家仁義禮智信之通義，而其立足點則是落在「智」上。故問明篇云「或問人何尙？曰，尙智」。問道篇云：「智也者，知也」。學行篇云：「學以治之，思以精之」。由於他有「智」的自覺，所以對於秦以來流行之占星術，五德終始說，巫醫神怪，符瑞讖緯，皆加以批駁，而表現了合理的理智主義之態度。

第三章　王充的性命論

第一節　王充思想之特點

王充（西元二七—九六），字仲任，會稽上虞人。所著「論衡」，大體爲辯議之文。他對漢儒的天人感應、讖緯術數、五行災異等，皆採反對之立場，很能表現理智主義的批評精神，但對先秦各家思想之深切處，却無相應之了解，其識見與理解力並不很高。徐復觀先生曾說王充學術思想之特點有三：

一、**重知識而不重倫理道德**——對於五經，他只當作歷史材料看，而不了解經過孔子整理與孔門傳承的五經，不再是史料，而已成爲社會政教之常道、人倫道德之規範。漢代經學雖有駁雜，但經儒生之努力，五經實已成爲規範朝廷政治之大經大法。當時大臣對政事提出「不合經義」之諫爭，就如同今日所謂「不合憲法」，而王充却不了解漢儒「通經致用」之精神，亦不了解先秦儒家「知識必歸宿於人倫道德」之總立場。

二、**否定行爲與結果之因果關係**——凡重視倫理道德，必重視行爲。而漢儒尤其重視皇帝之行爲。統治者行爲之善惡，造成吉凶禍福之結果，國家失道，天以災害譴告之，不知自省，天以怪異警懼之。天人感應之說，正欲在「經義」之外，再以天意夾持人君，要求人君對生民之吉凶禍福負責。而王充不解此一苦心，竟說「人之生死在於人之夭壽，不在行之善惡，國之存亡在於期之長短，不在政之得失」。他否定「行爲善惡與吉凶禍福」之因果關係。其理智主義竟與定命論相結合，可見他的憂患意識與道德意識甚爲薄弱。

三、反博士之學術傳統——五經博士，一面「專經」，一面「重師法」，而形成博士的學術系統與以章句爲重的學術風氣。而另一批博士系統以外的學者，則主張「通」而不主張「專」，主張義理而貶視章句，像揚雄、劉歆、桓譚等皆是此一系之傑出人物，王充「疾虛妄、貴博通」，亦是屬於反博士系統之人物。

王充認爲「信聞見於外，不詮訂於內」，乃「以外效立事」，是「用耳目論」而「不以心意議」。故主張「開心意」以檢索考察，方能論定是非，此便是他判定虛妄與否的方法。但他只消極地批評虛妄，而對虛妄之形成與消解却未有積極之理論。「疾虛妄」以求「眞實」，本是學術活動之通則。但所謂眞實，其對象與界域各有不同，不可以知識上之眞實，否定道德上或文學藝術上之眞實，譬如漢儒以災異術數爲眞實，而且以生命殉其所信，雖然在知識上可判災異術數爲虛妄，但却不能直指漢儒爲虛妄。

以下試看王充之性命論。

第二節　用氣爲性

一、言性兩路

言性有兩路，①順氣而言者，性爲材質之性，亦曰氣性、才性，乃至質性，宋儒總括爲「氣質之性」。②逆氣而言者，則在「氣」上逆顯一「理」，此理與心合一，指點一心靈世界，而以心靈之理性所代表的「眞實創造性」爲「性」。孔子之仁、孟子之心性、中庸之中與誠，皆屬之，宋儒綜括爲「天地之性」或「義理之性」。

由「用氣爲性」而上溯性之根源，是爲「元一之氣」，氣迤邐下委則爲「成個體」之性。於是而有分化之差異：①由稟氣之强弱，而說壽夭之命。②由厚薄說貧富。③由淸濁說貴賤，進一步說才不才、智與愚。④合淸濁厚薄而說善惡。

二、氣性與善惡

但既用氣爲性，則其所謂善惡，實乃氣質之傾向，而成「善惡兩傾」，說善可，說惡亦可，並無「定然的善」可說。孟子之性善，是道德性本身的定然之善；而荀子之性惡，則就動物性而言。告子「生之謂性」是中性說，下及漢儒，①董生「如其生之自然之質謂之性」、

「性情相與爲一瞑」，②劉向之「性不獨善，情不獨惡」，「性情相應」(性之接於物卽爲情，故曰：性生而然者也，情接於物而然者也)，③揚雄之善惡混，④王充之三品說，則皆「用氣爲性」者。皆可各成一說。惟王充以爲「孟子言性善，中人以上者也。荀子言性惡，中人以下者也。揚雄主人性善惡混，中人也」，是根據自然生命之差異强度性而分性爲三品。其實，此差異之强度性亦不止善惡二端，智愚才不才以及清濁强弱厚薄等亦在其中，而王充只從善惡說「性三品」，尙欠周備。

三、氣性與心

凡用氣爲性，皆當接觸到心。如告子雖未直接言心，但所謂「不得於言，勿求於心，不得於心，勿求於氣」，表示他已自覺到心之地位。荀子則賤性而尊心，董生揚雄亦言及心，但皆未能「就心而言性」——故論禮義、仁義之善，皆成爲後天之人爲(喪失其先天超越性)。另如道家就自然生命之渾朴以言性，其對性之態度，在養不在治，工夫落在心上做，清心靜心虛心一心以保養原始渾朴之性，不使發散，此卽所謂養生。養生卽是養性，在心上做工夫，在性上得收穫。但道家亦不就心以言性，故其清虛一靜之心，並無超越之根據。只是靠「道、無、自然」來提鍊，只有後天工夫，無有先天工夫。不過由於道家不講「道德性」，問題比較單純。但亦正因爲不能安放道德性，不能開出人文世界之人文價値，而形成道家系統之嚴重缺陷。而王充則根本未能覺識心之地位與作用，此所以流爲材質主義，命定主義。

第三節　性成命定

王充所謂「用氣爲性，性成命定」，又說「人生受性，則受命矣。性命俱稟，同時俱得。非先稟性，後乃受命也」。性成則命定，此是內在於氣性之直貫的命定，可曰「垂直線之命定」。王充所謂「强弱壽夭之命，死生壽夭之命」屬之。而與環境相關涉的「所當觸值之命」「貴賤貧富之命」，則可曰「水平線之命定」。

然「命」既皆決於父母施氣之時，則水平之命定，實亦可收攝於垂直命定之中而有其根，不過藉遭逢而顯示耳。父母施氣之「性成」，同時卽是「命定」。就自然生命强度之等級性而觀，則命定義尤爲顯明。故「用氣爲性」之底子是材質主義，而父母乃至天地之施氣，皆自然而然，並非有意而然。故材質主義必函自然主義，而同時又因「性成命定」，則亦必函命定主義。

王充能以徹底的材質主義、自然主義、命定主義，將自然生命之領域（差異强度之等級性）顯括出來，此卽王充思想在學術上之價值所在。因爲負面之自然生命括不出，則正面之精神生命亦不易眞切反顯彰著。（按、儒聖對此負面不多說，而是對此無可奈何之參差缺憾深致憂患之情，以轉出道德意識，自正面之精神生命言性，故主張盡性以參贊化育，此則王充所不及知。再如荀子以心治性，亦將心上提於客觀之道——禮義之統，而不肯泯心廢道，下委於自然生命。而王充則只氣性一層，無有眞正之道德意識，根本接不上先秦儒家之學脈。）

第四節　氣性領域之全幅意義

王充用氣爲性，但對氣性之領域，猶未盡其全蘊。玆將氣性領域之全幅意義，略述如下：

甲、在材質主義之下，言自然生命强度之等級性，此爲命定主義。

乙、在美學欣趣下，對氣性或質性而予以品鑒，此則開藝術境界與人格美之境界。

丙、在道德宗教意識之籠罩下，在仁心悲情之照臨下，實然之氣性（自然生命之强度）只有生物學之先天定然，而並無理性上之先天必然。由此而觀其底蘊，又可開出：

①印度人之「業力」觀念——佛教依此說「業識流轉」。

②基督教之「原罪」觀念——但耶教對此未予展開與剖析。

③宋儒之「氣質之性」——在「天地之性」（義理之性）之照臨下，氣性才性或質性，收斂爲氣質之性。

對業識流轉，佛教說「轉識成智」，對氣質之性，儒家說「變化氣質」，（對原罪，耶教則不從自力說，而說上帝救贖），皆表示有氣性以上之領域。由此可知，甲項之命定，實只是實然的、暫時的，是不能自足的。而在乙項之品鑒下，氣性、才性或質性，則是可欣賞的；但在「超越者」之照臨下，又成爲可憂慮的，而令人致慨。如此觀氣性才性或質性，方能盡自然生命强度之全幅意義。

第四章 人物志的才性系統

漢末魏初有劉劭作「人物志」，其內容是品鑒才性，開出人格上之美學原理與藝術境界。其目的是在實用：知人用人。書中的論述自成系統，但却是品鑒的系統。這種品鑒的論述，可稱爲美學的判斷或欣趣判斷。

對於了悟全幅人性的學問，在中國是站在主流而核心的地位，其討論的線索有二行：①是先秦人性善惡的問題，從道德上的善惡觀念來論人性。②是「人物志」所代表的「才性名理」，從美學的觀點（不是道德的觀點），對人之才性或情性的種種姿態作品鑒的論述。

第一節 才性之特徵與姿態

才性的特徵有二：

一、用以說明人之差別性或特殊性（包括橫說之多采與縱說之多級）。

二、此差別性皆是生命之天定者，由此可以說明人格價值之不等與天才之實有。

順此二個特徵，魏晉人多有氣質高貴的飄逸之氣，同時，美學境界中的貴賤雅俗之價值觀念，亦成爲評判人物之標準，而落於現實則成爲門第階級之觀念。此表示藝術性的才性主體之發見，並不足以建立眞正的普遍人性之尊嚴，亦不能使人成爲皆有良貴的精神上之平等存在。

人物志九徵篇云：

「凡有血氣者，莫不含元一以為質，稟陰陽以立性，體五行而著形。」

才性之理，有藉於①元一之質（材質之先天性），②陰陽之性（性情剛柔之差異），③五行之形（個體生命之姿采）而始立。「質、性、形」三者連貫而一之，則人之情性可得而明。質、性、形皆屬材質。故元一、陰陽、五行亦皆屬氣或質，皆是氣化宇宙論中的詞語。九徵篇又云：

「凡人之質量，中和最貴矣。中和之資，必平淡無味；故能調成五材，變化應節。是故，觀人察質，必先察其平淡，而後求其聰明。」

按：「質量」即質性之容量或涵量。人之質性和諧渾融，不偏不依，謂之中和。此是聖人之資，是材性之最高者。九徵篇由五行論五質、五常、五德，次由五質五德之表現不能中和，而論偏至（五行之偏），再由九徵以徵知人之九種質性（由神、精、筋、骨、氣、色、儀、容、言，以徵知平陂、明暗、勇怯、強弱、躁靜、緩急等之質），最後論才性人格之層次。如三度（兼德、兼材、偏材）與五等（聖人、大雅、小雅、亂德、無恒）。其詳，請參看牟先生著「才性與玄理」第二章第五節。

第二節　才質與德性（英雄、聖人）

繼「九徵」之後，人物志又言「體別」，所謂體別，即每人之體性各別（如剛毅、柔順、雄悍、沉靜、清介……），其意在說明人之殊異性。殊異性依才性氣質不同而來。故各人皆有偏至，而「偏材之性，不可移轉」，體別篇雖說到「進德」與「學」，但卻說不出如何學方能進德。因為進德之學唯在「變化氣質」。只順才氣觀人，則進德之學無法建立。其根本原因，是入道進德之學與周遍及物之恕，並不能在「才性」領域中獲得可能之根據；而必須逆其材質情性之流，而覺悟到成德化質所以可能的「超越根據」，以開出「理性領域」，才性氣質之偏始可轉化，成德之學始有可能。

才性可欣賞，亦可憂慮，從品鑒立場說，才性之多姿多采，雖是偏至之格，亦可欣賞，但從成德立場說，則是可憂慮的。魏晉之時代精神與學術精神，是取其可欣賞之一面而品鑒之，此是才性之積極意義，「人物志」即是其開端之代表。但人物志既開不出超越的義理之性的領域，故不能建立成德之學。因而亦對聖人無相應之理解。

聖人是德性人格，不是才性人格之目。其根基在超越的理性，不在才質或天資（人物志卻正是以才性來了解聖人，其所謂中和中庸，亦是才質義的）。聖人之天資才性所呈現的姿態，在成德之學中為其德性所化所潤，而轉為聖人之「氣象」，故宋儒總說觀聖人氣象，無人說觀聖人之風姿或神采（風姿神采乃原始的，故非人格價值之觀念）。

順才性觀人，雖不足以論聖賢，而論英雄則甚為恰當而相應。英雄篇云：「聰明秀出謂之英，膽力過人謂之雄。」先秦典籍中不見「英雄」一詞，東漢末開品題人物之風。許劭謂曹操乃「治世之能臣，亂世之奸雄」。而曹操亦與劉備煮酒論英雄。至人物志正式提出英雄而品鑒之，且著之於篇章。然既開不出超越領域，則照察不出生命之非理性，故只見英雄之可欣賞，而不知英雄之禍害。至宋儒建立成德之學，方能識英雄之病。故推尊聖人，以德為本。而漢唐英雄之主，在宋儒之照察下，遂成卑不足道。此所謂理境既寬，眼目自高也。

第三節　藝術境界與智悟境界

由「體別」進而言「流業」——順體別而言其特別相宜之表現，是卽流業十二家：清節家、法家、術家、國體、器能、臧否、伎倆、智意、文章、儒學、口辯、雄傑。進而再言「材理」——順其才質情性之能盡何種理，而卽依理以定體性之各別與得失。材理篇謂「理有四部，明有四家」：

①四理——道之理、事之理、義之理、情之理。道理屬形上學，事理屬政治社會，義理屬禮樂教化，情理則屬人情屈伸進退之幾微。

②四明（四家）——凡契會客觀之理，須有智悟之明。人之才性不同，故其燭理之機能亦異，或有適於「道理」而不適於「事理」者，或有適於「義理」而不適於「情理」者。理有四，明亦有四，表現明以把握理，常不能兼四者於一身。故明有四家：有道理之家、有事理之家、有義理之家、有情理之家。

品鑒此才性之姿態形相，可開出人格上之「美學原理」與「藝術境界」。由「四理、四明」等復可開出「心智領域」與「智悟境界」：

一、由美趣轉出智悟境界——智悟使品鑒達於明澈，而品鑒則是智悟之具體化（其所用之品鑒詞語有如：姿容、骨骼、風神、器宇……）

二、美趣與智悟結合，開出二系名理——①才性名理系：劉劭與論才性「同、異、合、離」之傅嘏、李豐、鍾會、王廣，皆屬之。②玄學名理系：此系人物，稱爲「名士」，以談易談老莊爲主。其言爲清言、清談，其智思爲玄智、玄思，故其理爲玄理，其學爲玄學。依時間之先後，可分爲：「正始名士」，以王弼、何晏、荀粲爲代表，皆談老易。「竹林名士」，以阮籍、嵇康爲主，從老易轉莊子。「中朝名士」，以向秀、郭象、樂廣、王衍爲主，莊學最盛。

三、自然與名教之衝突——魏晉人①在美趣智悟上很不俗，一面開出純文學論、創造美文、書畫、音樂等之藝術，一面善名理、能持論，以老莊之玄理，接引佛教之般若學。②在德性上則顯得庸俗無賴（有聰明而無眞心肝，有美感而無道德感），而形成「自然與名教」「自由與道德」之矛盾。（必須開出德性領域，乃能構成「德性、美趣、智悟」三度向之立體統一。）

第五章 王弼之易學與老學

東漢末期之清議，至魏晉轉爲清談，清談即是談玄。魏晉人之玄言玄論，一洗漢儒之質實，而歸於虛靈，將漢儒客觀的「氣化實有之宇宙論」，扭轉而爲以道家爲矩範的「主觀的境界虛靈之本體論」。魏晉人雖在人品上仍推尊儒聖，實則高看老莊，以爲老莊方能知言知本（本、指無而言）。故玄學名理實只是「哲學名理」，而不足以言聖證。聖人立教（體無），哲人明理（言無），言之而不能體，則教與學不能合一（道家與道教有距離），故聖證必須開出「教下名理」（儒學與儒教、佛學與佛教則能合一），而道家於此實有欠缺，然其智悟玄思則甚高也。（魏晉之玄理，當以王弼、嵇康、向秀、郭象爲大宗，而阮籍則格調有不同。以下試分別加以論述。）

第一節 易學三系與王弼易學之淵源

王弼雖是道家心靈，而費全力以治易，自漢以降，易學可列爲三系：

一、管輅之術數系——由步運之術（步三光、明災異、運蓍龜、決狐疑），連屬事物，乃有某種特殊定數之預測的確知。此種直接的確知，基於具體的感應之幾，靠心智之靈明與感覺之敏銳，而達於「術足數成」（數謂定數命數）。此為「善易者不言易」（參看「才性與玄理」九八、九九頁），故不疏解經文，無章句，此可謂「經外別傳」。

二、漢易之象數系——以陰陽災異為底子，以爻象互體注經文，（互體，始自京房，就一卦之二至五爻，互結其上下二體以成卦象。例如中孚䷼，三至五互體見艮。謂之互艮。又如兌䷹，內外互體見離巽。謂二至四互離，三至五互巽。）增多卦象以推演經義，有章句。此亦可曰經外別傳而附會於經者。

三、「以傳解經」之義理系——此有兩系，一為王弼之玄理，一為宋儒之性理。

王弼（西元二二六—二四九），字輔嗣，山陽人（今山東地），王粲之孫，劉表之外曾孫，故其易學與荊州「後定」頗有淵源。（劉表使宋衷等撰定五經章句，謂之後定。王肅乃宋衷之門人，王弼易頗祖述之。）時荊州之儒，守故之習薄，創新之意厚，而王弼亦不遵漢易傳統而掃象數——此最足見其廓清之功與超脫之慧。王弼用費氏易（費直治易，無章句，以傳解經），但却是以玄理注易，故既與管輅之術數不同，又與漢易之象數相反，而且與易傳之義理綱脈亦有距離。

第二節 王弼玄理之易學

王弼易學的中心觀念，主要見於「明象」與「明象」。

①象、斷也，判斷（統論）一卦之體性。由明象而至「一多、體用」之觀念，是爲本體論之問題。一非數目之一，乃「統之有宗、會之有元」之一。故此一卽是本、卽是體，而「多」則指現象。由一而成就多，卽是由體而成用。唯此「一」之爲體爲本，乃以道家之「無、自然」爲背景，故王弼實乃以老子之玄理談易，並非以孔門之天道性理談易，他對易道生生之義，並未有相應之闡發。

②由明象而至「立象以盡意」再至「得意而忘象，得象而忘言」。（言生於象，故可尋象以觀意，意得而象忘，忘象者，乃得意者也。）此乃方法論之問題。言與象皆工具，只用以「得意」，意旣得，則言與象皆可忘，故王弼「掃象數」。

按、「得意忘言」之說，影響甚大，是卽所謂「言意之辨」（牟先生「才性與玄理」第七章論之甚詳，請參看）。大體而分，①歐陽建主「言盡意」（就事實概念、邏輯概念而言，言可盡意，此爲言意境）；②荀粲主「言不盡意」；③王弼則是所謂「盡而不盡」者（其實荀粲亦然）。已盡者是與名言相應之意，未盡者是與名言不相應之意（故得象而言可忘，得意而象可忘，此爲超言意境）。至於儒經則言「盡」——盡倫盡制、盡心盡性。盡，有解悟上之盡，有踐履上之盡；解悟是在踐履上解悟，踐履是在解悟中踐履，解悟踐履通而一之，此則須由玄理而進到性理之學。

關於王弼易學之得失，試分條舉述如下：

一、解「乾道變化，各正性命」——雖能明乾健之德，却失去乾道（天道）生化萬物成就萬物之密義，乃使天道不能落實地貫於個體，以「各正」性命而得利貞，故成物之終始過程，亦彰顯不出。

二、解「復其見天地之心」——只以「寂然至無」之本爲心，解「復」爲反本（無），而不知「天地之心」乃乾元之創造性，遂使「天地以生物爲心」之義歸於泯失。

三、解「大衍之數五十，其用四十有九」——以四十九乃數之極，「五十」非數，而是指體（無）而言，故不用。（不用，而用以之通；非數，而數以之成。）由「有」之極以顯「無」，以明不用之體卽是「太極」。此解全是「體無用有」之義理觀念，而非象數觀念，於此極見王弼智思心靈之簡潔精微。（又馬融解：太極、兩儀、日月、四時、五行、十二月、二十四節氣，共五十，而太極不用。此是就天地造化而言。漢儒解太極爲太乙、北辰，居中不動，其餘四十九轉運而用。此乃「氣化宇宙論」之思想。王弼以其虛靈之玄思，將此圖畫式的氣化宇宙論扭轉而爲純玄理之形上學，乃思想上之一大進步。）

四、解「一陰一陽之謂道」——以「一」爲「體」（無），陰陽是有、是殊，而其體則是無、則是一。由陰陽之極而見無之一，此一卽是道。此解完全不合儒家思理。

五、其「體用、有無」義——王弼泛言體用、有無，皆玄微而深透。謂至變至精至神者，超有而通於無，資無而歸於有。通於無，故忘象而遺數，歸於有，故制象而立數。此圓融之唱，千聖同證。蓋有無乃是共法，有無圓融則是共證。（以無爲體與聖人體無，未必不可說；唯儒聖之學在天道性命相貫通，而不在說有說無耳。）

六、其「聖人體無」義——「體無」是造道之境界。無之爲體，乃境界上第二序之體（從體現上說）；仁之爲體，方是存有的第一序之體（本有、實有）。在孔子，此二者實通而爲一（聖人之所以能體無，正在於仁體之呈現流行）。然王弼之意，是以老子之「無」爲體，此是本；而孔子只是在用上作之，此是迹。本迹分而求合，乃以爲道在老氏，孔子只是顯迹以體之。如此會通孔老，結果是陽尊儒聖而陰崇老氏，不能算是眞會通。（又，道家言無，亦本是作用義，却又直以之爲體，遂入於虛而不能實，故是境界形態，非實有形態。魏晉人實不解儒聖之道。如西晉中裴頠作「崇有論」，力反崇尚虛無。然徒以物類存在之有，以抵堵道家之無，乃根本不相應者。）

七、其「聖人有情」義——謂聖人茂於人者神明也（故能通無），同於人者五情也（故能應物。唯聖人能應物而無累耳）。然王弼不知聖人不只是體無而應物無累，而且能在情中表現義理之當然（當惻隱羞惡則惻隱羞惡，當喜怒哀樂則喜怒哀樂，皆能各當其可而表現仁義禮智，此方是應物無累之眞實義。）

總之，魏晉人雖推尊聖人，而仍高看老莊，此表示其心靈靈魂是道家的，他們對聖人之推尊不是發自生命深處之本質的眞誠，故不能進而言道德創生義。反之，魏晉人雖高看老莊，却仍須推尊聖人，亦表示徒有道家之心靈靈魂，並不足以獲致安身立命之道。沒有內在的本質的眞誠，則尊聖人亦尊不起來。於此，可以見出魏晉人實有無法消解之悲劇。「美趣、智悟、德性」之統一，須至宋明儒始能完成。

第三節　王弼之老學

王弼以玄理注易，雖有不諦當處，而其注老，則能得老子之玄旨。茲依王弼之了解，分三小節以略說老學之基本義旨。

一、本體論的體悟

甲、形式的區分（名號與稱謂）：老子曰「道可道，非常道，名可名，非常名」。王弼指出，可道可名之道，是定名，是道之名號。不可道不可名之道，則非定名，而是對道之稱謂。如道、玄、微、大，皆稱謂之詞。老子又曰「無名天地之始，有名萬物之母」。「始」與「母」皆指道而說，前句是向後返以顯本，後句是向前伸以見用。「無」與「有」乃是道之兩相，亦可說是道之雙重性、對偶性。兩者「同出而異名，同謂之玄。玄之又玄，衆妙之門」。「玄」非定名，乃不得已而用之的、言不盡意的稱謂之詞（強字之曰道的「道」，亦同）。它既非定名，故亦不可定於一玄，而必曰「玄之又玄」，乃能導生出衆妙之有。

乙、道之三性：①主宰性——道爲萬物之宗主。唯此宗主並非有意之主，乃不主之主，故曰「生有不有，爲而不恃，長而不宰」。此三語表示，道之爲宗主乃是不生之生，無爲之爲，不主之主。它是以沖虛妙有之「玄德」而爲萬物之主，此是境界形態之宗主（非實有形態之宗主）。②常存性——道永存而不可變。道，似有而非有（故曰無），似非存而實存（故又可曰有）。蓋道乃超乎存與不存之常存，是沖虛玄德之永存。此種存，乃是境界形態之存。③先在性——道在一切物象之先。道之玄德先於天地，然此所謂先，乃是境界形態之形上的先在，而非實有形態之實體的先在。在此，道只是一片沖虛無迹之妙用，故其先在性是消化一切實有形態之先在性；若說它是形上實體，亦是境界形態之形上的實體。此是作用地顯示道之境界（以玄智玄理開顯之境界）。

此外，亦可以「客觀性、實體性、實現性」說老子之道。

丙、道之自然義：老子以「自然」規定「道」。第一序的自然，是依條件而存在的自然物。此種自然實只是依他而然，乃他然而非自然。而道之自然，則是沖虛境界上之自然，此乃「不着於物」者（不依條件而存在）。故王弼曰「自然者，無稱之言，窮極之辭」（連稱謂之詞都沒有，何況名乎，故曰窮極之辭）。這是直下認取「道」以「自然」爲性。道非獨立之實物，而是沖虛之玄德，故又曰「道法自然」——無意念造作加於其間，故能在方而法方，在圓而法圓，而顯示無爲而無不爲之妙用。

二、宇宙論的體悟

老子曰「天地萬物生於有，有生於無」。凡有皆始於無，「有」由「無」而開出，而無即是道。道之生是「無生之生」，只表示實現性，不表示創生性。所謂「道常無爲而無不爲」，卽表示道是實現原理。「無爲」開「無不爲」，「無不爲」以「無爲」爲本（超越根據）。有「無爲」之本，自有「無不爲」之用。王弼以「不塞其源」注「道生之」，以「不禁其性」注「德蓄之」，甚爲恰當。不塞其源則物自生，不禁其性（萬物以自然爲性）則物自濟。沖虛無爲之道，只是不塞不禁以開源暢流，讓物自生。此仍然是無生之生。

故道之「生」萬物，非柏拉圖之「造物主」之製造，非耶教之「上帝」的創造，亦非儒家「仁體」之生化。道，只是暢開萬物「自生自濟之源」的沖虛玄德。而道之爲體，亦非實有形態之實體，而只應就「沖虛玄德」而言。故道之「實現性」，亦只表示是境界形態之實現原理，其宇宙論乃「不着之宇宙論」「觀照之宇宙論」（非實有形態之創生的宇宙論）。

三、實踐進路的體悟

老子之道，本是由遮而顯。遮撥「有」以顯「無」，遮撥「有爲」以顯「無爲」。此卽所謂爲道日損，損之又損，以至於無，無爲而無不爲。人間之大弊，在有爲造作、干擾把持。王弼注「爲者敗之，執者失之」曰：「萬物以自然爲性，故可因而不可爲也，可通而不可執也。物有常性，而造爲之，故必敗也。物有往來，而執之，故必失矣」。必須遮此「爲」與「執」，而後乃能暢通而自然。依老子，卽使聖智仁義亦是「有」，故絕聖棄智，絕仁棄義。王弼曰：「既知不聖爲不聖，未知聖之爲不聖也。既知不仁爲不仁，未知仁之爲不仁也。故絕聖而後聖功成，絕仁而後仁德厚。」此表示一切工夫皆在「遮有爲，顯無爲」以達於「無不爲」。以爲聖仁只是功，而道（無）方是母，故主張「守母以存子」。於此亦可見儒道宗趣之異。

對於道德價值，①道家是作用地保存：詭辭以通無，而即視無爲體。此乃玄理玄智。道家以此接引佛教之「般若」。（般若亦是蕩相遣執、詭辭爲用之精神。）②儒家是眞實地呈現：仁是實體，不只是功。仁在經驗世界曲曲折折之表現，是「功」，而不安不忍悱惻之感的仁心，則是「體」。踐仁以成聖，同樣亦無意必固我、無適無莫、無爲無執，此亦同樣是沖虛之德（自然、玄、遠、深、微）。但儒家以生生之仁爲本，而不以沖虛之無爲本；故重在呈現眞實之仁體，以承體起用，創造道德價值，而不走作用地保存之路。

第六章　向、郭之莊學與阮籍、嵇康

第一節　向、郭之莊學

向秀，字子期，河內人，與嵇康交好。此前，注莊子者數十家，莫能究其旨統，向秀爲之解義，發明奇趣，振起玄風。晉惠帝時，郭象又述而廣之。郭象（西元二五二—三一二）字子玄，河南人，有才理，好老莊，能清言，王衍每加稱賞。莊子之玄理，數百年湮沒無聞，演至魏晉之際，向、郭始大暢玄風。今有郭象注，而無向秀注，實則「向郭二莊，其義一也」。玆約述其主要義旨於後：

一、逍遥義——①從理上一般說：必須破除「量」的形式關係中之依待（如大小之比較），與「質」的實際關係中之依待（如列子御風而行之風），而後乃能達於無待之逍遙。由超越依待之限制以言逍遙，此乃逍遙之「形式的定義」。②分別說：逍遙是修養境界上的事，屬於精神生活之領域，不屬於現實物質生活之領域，此是逍遙之眞實定義。能體現形式定義之逍遙而具體化之，以成修養境界上之眞實逍遙者，是至人、聖人。「人」能自覺地作虛一而靜的工夫，故可上達於至人聖人之境界；但就「物」而言，則並不能客觀地達於眞實之逍遙，而只是一藝術境界（非修養境界）。凡藝術境界皆繫屬於主體之觀照，隨主體之超昇而超昇，隨主體之逍遙而逍遙。若脫離此主體中心，則實無自得逍遙之可言。以是，「物各付物」，「放於自得之場，逍遙一也」此一普遍的陳述，若就萬物而言，實只是一觀照之境界（以至人之心爲根據來觀照），所謂「萬物靜觀皆自得」是也。又、六祖惠能云「不是風動，不是旛動，是仁者心動」。心動，則風旛皆動，一切皆落於實際條件之依待中。心不動，則一切皆超越此依待之限制，而當體卽「如」，當下超越因果對待，所謂「心止則一切皆止」是也。（佛家雖是緣起性空寂滅之超渡意識，但心止一切止之「主體中心」方式，固不相異。）③融化說：此言聖人至人無爲而治之功化。在至人的「去礙」之下，渾忘一切對待，使萬物各適其性，則天機自張。到此，一切浮動皆止息，依待之限制網亦歸於消解。一切渾然相忘，有待無待亦渾然融化，有待者亦不失其所待（故道家是作用地保存價值）。無論至人之無待與芸芸之有待，皆渾化於道術之中，而同登逍遙之域。（觀照、開藝術之境界，功化、則顯渾化之道術。）此卽所謂一體而化，一起登法界。——按：向郭分三層次說逍遙，實與莊子原旨恰當相應。故當時言逍遙者，「不能拔理於向郭之外」。支道林所謂「逍遙者，明至人之心也」。若在有待中足其所足，則無與於逍遙。此實卽向郭第二層之義，而世說新語謂「支卓然標新理於二家之表」，非是。

二、齊物義——道家言「自然」，乃一虛靈觀照之境界。此境界之絕對自然卽是逍遙，而亦由自然、逍遙而通於「齊物」。齊物，是平齊一切大小、長短、有無、始終、是非、善惡、美醜，以及各種依待、對待，而至於「一切平平」。惟有一切平平，乃能一切圓足（無虧欠、無剩餘），故逍遙、齊物，其義一也。

三、迹冥（迹本）**論**——「無爲而無不爲」是道家之普遍原則。「無爲」是本是冥，「無不爲」（有爲）是末是迹。有「迹」必有「所以迹」（本、冥、無、道）。聖人作之，故不說。作者謂之聖（迹冥通而爲一），述者謂之明（述而不能作，是哲學家）。向、郭推莊生之意，以抉迹發本，終歸於迹本之圓融（和光同塵，體玄極妙）。蓋莊生「假許由以明本，藉放勳以明圓」（成玄英疏語）。堯舜有天下而不與，雖在廟堂，不異山林，是以不治治之，以無爲爲之，此是「圓照」——迹卽冥，冥卽迹，是無對而圓融。許由薄天下而不爲，廟堂山林，隔而爲二，此乃「偏溺」——迹歸迹，冥歸冥，在高山頂上與人世爲對，是有對而偏溺（落於一邊）。按：莊生「未始藏其狂言」，而亦唯聖人能容受其狂言。向郭以「寄言出意」以明莊生之狂言，而顯迹本之圓融，可謂得之矣。

四、天籟義——天籟卽自然。此只是一意義，一境界，並非別有一物名之爲「天籟」。一切皆自生自在，是自己如此；無生之者，亦無「使之如此」者。化除因果方式下之「他生他在他然」，直就萬物之「自然」而言天（實然之天亦拆除），以顯示一自生自在之自足無待，此便是自然；就萬物之自然而言天，是之謂「天籟」。

五、養生義——生有涯而知無涯，人如陷於無窮之追逐中（生命之紛馳、意念之造作、知見之糾葛），則傷生害性。故道家主張致虛守靜之渾化（歸於冥極）工夫。玄冥之極則通于逍遙、齊物、自爾、獨化之境。雖有涯而可取得無涯之果（取得無限之意義），便是天人、至人、神人之境。此是道家「養生」之本義（向、郭宗此義）。至於通過修煉而至長生成仙，則是第二義（嵇康養生論，與抱朴子皆屬此）。然第二義必通于第一義，故嵇康終必言「清虛靜泰，去私寡欲」。又，「無知之知」乃由「歸于冥極」而得——以玄冥而滅此牽引馳騖與對待關係之撐架，而歸于無知之知（無知而無不知）。無知是止，無不知是照。不追逐而回歸虛靜，「卽止卽照」（非止而不照，亦非照而不止）。在此，無知之知無知相，無見之見無見相，無生之生無生相（若分爲有知與被知、有見與被見、有生與被生，則有知相見相生相矣），而是自知、自見、自生。是卽所謂：任足之行其自行，任手之執其自執，任耳之聽其自聽，任目之視其自視，任知之知其自知，任能之能其自能。總之，是「魚相忘于江湖，人相忘于道術」（自爾獨化）。

六、天刑義——天刑，卽隨迹而來的不可解免的桎梏。德充於內卽「冥」，應物於外卽「迹」。眞冥必有迹，迹隨冥而有，故不可解免；此孔子所以自稱「天之戮民」也。「游于方之內」而不拘限，不逃離，不以桎梏爲桎梏，安焉受之，承受一切，成就一切——是爲聖人境界。（據此而言，則各種類型之聖人，皆是天之戮民。莊生之智慧見得到，但言之太蒼涼、太陰涼。儒聖見到而不言，以德慧生命承擔之、消融之，故剛健陽明，平實中正）。

第二節　阮籍之莊學與樂論

阮籍（西元二一〇—二六三），字嗣宗，其獨特之風格，可約爲三點：①性情奇特：厭司馬氏而又虛與委蛇；聞母喪仍圍碁留決，而後又一號吐血；對嵇康兄弟作青白眼；驅車山林，途窮則哭。②行爲與禮法衝突：與嫂作別；醉臥估酒美少婦側；兵家女未嫁而死而往哭之；嘗云，禮豈爲我輩設耶？此皆浪漫文人之性格。③能嘯、善彈琴、希慕原始之諧和——禮法教法與嘯向洪荒蒼茫，皆不足安頓寄掛其生命，故藉音樂以通向原始諧和。

阮籍之莊學，實亦是其性情風格之反映。「達莊論」全文，並無精意。談理粗疏而不成熟，措辭亦多文人之浮談，又因傳鈔而文字多脫誤，實不足望向郭之項背。「大人先生傳」以大人先生與域中君子對比，視君子之儀度爲虛文，以爲拘庸可厭（對此拘拘庸庸後面之支持點——道德意識，却不能觸及而正視）；乃塑造一個生命衝向原始混沌之大人先生，遂與禮法教法形成永恆而普遍之衝突。故曰：「無君而庶物定，無臣而萬事理」，「君立而虐興，臣設而賊生」。此種政治之虛無黨、無政府主義，乃由文人生命衝向蒼茫而發出。然老莊之嚮往渾沌，企慕玄古，只是一象徵之寓言，以表示道、無、自然與渾化之境。故道家之教，必「通無以達有」，「守母以存子」。此則必自心性之實以言個人修養，以期在工夫上有所凝成；並非只是文人不安之生命衝向渾沌蒼茫，而四無掛搭也。

對於莊學，阮籍之造詣甚淺。而其「樂論」，則企慕天地之和，而肯定政教禮法。可見其激憤與矯違之文人生命中，另有一古典禮樂生命之底子。其論樂，乃古典主義，屬形上學之思想。他以「樂」乃「天地之體，萬物之性」，直下指向天地之和以論人心之和，而不自和聲本身言和，不取客觀之純美主義，故其樂論之要旨，歸於崇雅樂而鄙曲樂。雅樂具有潔淨、和樂、簡易、平淡之特性，能平和淸淨人心，「去風俗之偏習，歸聖王之大化」，使禮教得正而天下平。曲樂則搖蕩人心而刺激縱肆，使人乖離分背，而不能上提使得性情之正。他以爲先王制樂，「必通天地之氣，靜萬物之神，固上下之位，定性命之眞」。「故達道之化者，可與審樂。好音之聲者，不足與論律」。此言意境甚高，純是古典主義之精神。

第三節　嵇康之名理與聲無哀樂論

嵇康（西元二二三—二六二），字叔夜，美詞氣，善談理，「學不師受」，「不好經學」，而好老莊，與魏宗室爲婚，拜中散大夫，以不能敷衍司馬氏，爲鍾會所譖害。

嵇康有一道家養生之生命，復有一純音樂之生命，此與阮籍不同。籍比較顯情，康則比較顯智，一屬文人型，一屬哲人型，其談名理之文，有「養生論」、「答難養生論」、「釋私論」，另有「聲無哀樂論」。

「養生論」承莊子養生之義而發揮，其大旨有二：①導養可以延年，②神仙不可力致。養生雖是生理之事，但工夫必在心上做。所謂「淸虛靜泰，少私寡欲」，亦卽虛一而靜之義。又謂「無爲自得，體妙心玄。忘歡而後樂足，遺生而後身存」。此卽由「淸虛靜泰」而來之玄理妙境。一方在心上做工夫，一方在生理上作導養，不但可延年，卽眞人至人神人天人，亦不外乎此。向秀與嵇康過從甚密，「與康論養生，辭難往復，蓋欲發康高致」。向之難養生，純就世間俗情而言，必是注莊以前之作，或是故作俗論，以引發嵇康高致之論，亦未可知。康之「答難養生論」，理致綿密，比原論更進一步。如論智用與欲動，須「藏於內」，勿「接於外」，如是，則「動足資生，不濫於物，智正其身，不營於外」。又謂「渴者飲河，快然自足，不羨洪流」，「不足者，雖養以天下，委以萬物，猶未愜也。然則足者不須外，不足者無外之不須也。無不須，故無往而不乏。無所須，故無適而不足」。此皆極美之文，極妙之理，此其所以爲「高致」。

「釋私論」以道家思想辨公私。人能坦蕩無措，渾化無心，自能公而無隱曲，無隱則無所匿，如有所匿，便是「私」。故工夫關鍵，唯在能忘。「氣靜神虛」，「體亮心達」，「越名教而任自然」，則可渾化而忘矣。此種「無心之用」，正是道家玄智之勝場。

「聲無哀樂論」，自和聲當身之純美立論，乃客觀的純美主義，有類於柏拉圖的「形式之美」。聲無哀樂者，「心之與聲，明爲二物」，「和聲無象，而哀心有主」。是以「託大同於聲音，歸衆變於人情」。「聲音自當以善惡（美惡）爲主，則無關於哀樂；哀樂自當以情感而發，則無係於聲音」。故善聽音樂者，當以內心不起漣漪，而與客觀純美之和聲冥契無間，方爲欣趣之極致。「和」以韻律之度而定，此卽聲音之體性。但聲音是否只有「和」之通性？是否尚有具體而各別之色澤？聲音本身固無哀樂之情，但並非沒有具體之色澤，如高亢、低沉、急疾、舒緩、繁複、單純、和平、激越等，皆是具體之色澤，亦皆是和聲之內容。

嵇康既承認「舒疾、單複、高埤」之色澤能起靜躁專散之應，又豈能抹去哀樂之應？嵇康之意，蓋謂人心中本有哀樂，故感於和聲而發，而聲音本身固無哀樂也；然當人心境平靜，心中並無哀樂，亦可因樂聲之特殊色澤（哀樂之質）而引發哀樂之情，尤其當喪禮哀樂之奏，不但當事人聞之而悲哭，卽旁觀者亦無不悽然而呑聲，此豈非因聲而哀乎？所謂「亡國之音哀以思」，固非虛語。嵇康對聲音之普遍性與特殊性未加分別，而謂「靜躁聲之功，哀樂情之主」，以爲聲音與哀樂全無關，乃非堅强之論。——唯其文似涉及存有、體性、關係、普遍性、特殊性、具體、抽象等所成之思想格局，此是「存有形態」或「客觀形態」之格局，乃西方之所長，中國之所短。後來范縝「神滅論」所引起之爭辯，亦是此一格局中之問題，而當時之論辯皆缺乏客觀獨立之意義。實因中國傳統哲學缺乏此一格局之故。

第四節　餘論：道家之不足及其自處之道

王、嵇、向、郭之玄理，雖於道家有貢獻，亦有學術之價値。然影響所及，①士大夫「祖尚虛浮」，「浮文妨要」，此卽西晉以後之官僚名士。②一般知識分子之生活放蕩，不遵禮法，此由竹林名士而來，入西晉而有所謂八伯八達。此二面之基本精神，乃是自然與名教（自由與道德）之衝突。

道家思想之不足處，是在政敎方面。其總癥結唯在道家學說立言之初機，外在方面是對周文之虛僞而發，故視仁義禮法爲外在之桎梏而直接加以否定，以期顯一人性之自然與天眞，因而形成一破裂或憤激之形態，遂使其思想與仁義禮法形成本質而且永恆之衝突。然自內在生命方面說，道家思想乃欲消化一切人爲造作（生命之紛馳，意念之造作，觀念之系統），以達於自由、自在、自我解脫的「自然無爲」之境界，此方是其眞正用心之所在。此一思想之定型，使道家永遠不能接觸到人之「內在道德心性」。因爲道家只能作用地保存價值（但必須工夫作到至人境界方有效），而不能創造道德以成就政教之價值。道家式的主觀修證，在客觀方面並無普遍的意義，其用於政治，亦只能用於帝王個人，此卽所謂人君南面之術。但官吏與各行各業，不可用此術。個人雖可作此工夫以嚮往眞人至人，但若作此工夫，便不應做官。若身處公務之位，而又宅心虛無，不親所司，則「老莊」與「政治」兩皆受害。如此，便是老莊之泛濫。順道家之本性，則其自處之道，有三方面：

一、作純哲學談（西哲卽是如此），做一徹底清談之哲學家，亦有其思想學術之價值。

二、向帝王個人用，使之行無爲之治，此則可以減殺君王權力之濫用，減少其對社會之騷擾。今日雖已無帝王，但民主政治實可視爲道家政治思想之客觀形態（物各付物，各當其分），以前向帝王用乃是主觀形態。但無論主觀與客觀形態，皆是道家思想之附帶，而非其當身之本質。就此附帶而言，亦自有對此附帶思想之本質的態度——此卽無爲而治，藏天下於天下，決不封閉社會，故必反極權。

三、順道家當身之本質，乃是服食養生，轉爲道敎。徹底消化人爲造作，而達至自由自在、自我解脫之至人眞人之境。王弼、向秀、郭象乃哲學家之道家，嵇康則兼向養生之路走，阮籍則是文人式之道家。

※附識：自才性玄理以下三章，其論述之依據，皆見於牟先生「才性與玄理」一書，請參看。

第三卷 南北朝隋唐：佛教介入——異質文化之吸收與消化

魏晉玄學，是中國文化生命自身的一步歧出，而玄理玄智復將佛教般若思想接引進來，乃使中華民族的文化生命，由於異質文化之加入而大開。這個「開」，是宗教信仰和人生方向之開，而且一開就延續六百年。由於佛教來自印度，就中華民族的內心來說，是不甘心受化於佛教的。所以一方面護持政教與家庭倫常，一方面則譯習佛經，以期消化佛教。到了隋唐之時，終於開出了天臺、華嚴、禪三宗，使佛教在中國大放異采。而中華民族能夠吸收而且消化一個外來的大教——一個文化系統，亦正表示「文化生命浩瀚深厚，文化心靈明敏高超」。

本卷所述，即是南北朝隋唐六百餘年中，盛行於中國的佛教哲學。

第一章 佛教的教義及其開展

佛教是印度介入的思想，但經中國之吸收與消化，實已成爲中國哲學之一部分。爲求明其本源，當先將其基本教義以及在印度之發生、演進，作一簡要說明。

第一節 原始佛教的基本教義

佛教自佛陀（約西元前五六〇—四八〇）證道弘法起，至回教入侵印度止，大約一千五六百年。其間教理之演變發展，大體每五百年代表一個階段，前期爲小乘，中期爲大乘，後期轉出密教，而前期又可分爲原始佛教與部派佛教兩階段。佛陀入滅後，弟子迦葉等着手結集佛法，可以四阿含經（長阿含、中阿含、增一阿含、雜阿含）爲代表。原始佛教之基本教義，皆出於此。茲就三法印、四諦、十二因緣，略作說明。

一、三法印

大智度論云「佛法印有三種，一者一切有爲法念念生滅皆無常。二者一切法無我。三者寂滅涅槃」。有此無常、無我、涅槃三印，卽是佛說；若無，則是魔說。此卽所謂三法印：

1. 諸行無常——一切有爲法，念念生滅，遷流無常。（有爲法，謂有因緣造作之法，而意念亦是造作，故一切意欲活動皆是「行」。「常」有二義，一爲不壞不滅之永恒義，一爲不依他之自足、自存義。）

2. 諸法無我——一切現象與心中所思之境，皆是法。「諸行」限於有爲法，「諸法」通於無爲法。（無爲法、謂離開因緣造作之法，如眞如、涅槃等），一切有爲無爲諸法中，皆無「自我」之實體，意卽無自性、無獨立實在性。「緣起性空」之理論，卽由此而立。

3. 涅槃寂靜——滅一切生死之苦，而爲無爲寂靜。亦卽由「流轉」而「還滅」。（按：另一說無「涅槃寂靜」，而有「諸行皆苦」。「苦」之觀念，見四諦。）

二、四諦

佛陀初轉法輪，卽說四諦（諦、眞實義），此乃籠罩大小乘之基本敎義。

1. 苦諦——①苦是佛敎最原始最根本之觀念：佛陀爲太子時出四門，首先打動他的心靈的，便是生老病死之苦。生苦、老苦、病苦、死苦、愛別離苦、怨憎會苦、求不得苦、失榮樂苦，還有業力輪迴，無明無常，無一而非苦。故苦業意識乃佛敎最本質之意識。（其餘三諦，亦由苦而引出，集是苦之集，滅是苦之滅，道是滅苦之道。）。②苦是普遍的：就主觀的感受說苦，可因人事時地而有不同，此種苦有差別性，是相對的，在此不能說諦。而佛家所謂

「苦」，乃就生命之現象與人生之根本苦惱不可分離而言，所以具有普遍的眞實性。③苦是先在的：苦對樂而言，有其存在的先在性。苦由欲求造成，欲求乃生命所自有，因而生命中的苦有先天的必然性。當欲求得到滿足時，固然有樂，但此樂實只是由於先在之苦之停止或解除而呈現的快樂感，故樂是後起的、暫時的。④總之，生命的欲求，旣不能樣樣得滿足，時時得滿足，則「人生畢竟是苦」。此卽所謂「諸行皆苦」「有漏皆苦」（一切皆苦。）

2. 集諦——苦是果，集是因，集諦卽是說明苦果所以產生的原因。一切苦皆由某些原因集合而成，主要的原因是二惑與十二緣生。二惑，一是心起煩惱、迷妄相續的「見惑」（見惑偏於外境），一是心着垢染、繫縛不脫的「思惑」（思惑偏於內境）。見思二惑由業力與無明而起，遂使人生成一苦集。十二緣生見後。此處只說明緣生乃由各種條件關係而生，其一是「同時互依」的關係。同時，故無先後，互依，故無因果，故此種因緣關係，只是互爲條件，無所謂前因後果。其二是「異時依生」的關係。此卽通常所謂因果關係。因果循環，六道輪迴（地獄、餓鬼、畜生、阿修羅、人間、天上），生死流轉，乃構成一痛苦煩惱深淵，此便是所謂「集諦」。

3. 滅諦——滅是滅苦，亦卽滅一切煩惱，破無明業力，以出輪迴生死海，以達於涅槃自在境界。佛教旣肯定世間一切皆受條件系列之束縛，故力求超離解脫。滅諦之提出，實含二層意義，①對現象界之虛妄而言「滅」，②對實相世界之眞實而言「如」。唯第②層意義須待大乘始有發揮，原始佛教則主要是就第①層意義、而言生死流轉之停止與一切煩惱之消除。若能證「滅」，則可使苦惱滅盡無餘，而達於大自在、大解脫。

4. 道諦——道是道路、方法。道諦卽是達成解脫的道路或方法。在阿含經中，有甚爲煩瑣之討論。要者是由八正道進入涅槃。①正見：明見四諦之理，以無漏之慧爲體。此是八正道之主體。其餘七項，皆由此出。②正思惟：旣見四諦之理，更加思惟以使眞智增長，以無漏之心爲體。③正語：以眞智淸淨口業（凡所作，皆謂之業）。④正業：以眞智淸淨身業。⑤正命：淸淨身口意三業，順於正法而活命也。以上三項，以無漏之戒爲體。⑥正精進：用眞智精修涅槃之道，以無漏之勤爲體。⑦正念：以眞智憶念正道而無邪念，以無漏之念爲體。⑧正定：以眞智入於淸淨之禪定，以無漏之定爲體。由八正道進一步便有「覺」之觀念，合戒定慧三學乃可達成「正覺」，由正覺而得解脫。（戒、是行爲之約束。定、指禪定之工夫，亦卽意志之鍛鍊。慧、是對生命與世界眞象之解悟。）

三、十二因緣

十二因緣，是對生死流轉的解剖，亦是對自然生命或生物生命之說明。由「無明」此一根因起，而逐次生出其餘十一項之果。①由因到果，是順觀。②由果到因，是逆觀。③就十二緣之循環不息此一事實而言，不過是說明「有情生命」之生死流轉，此可曰現象觀。④就十二緣的運行之理，在任何一刹那皆宛然存在、同時具足而言，則可曰刹那觀（或同時觀）。①②二點可說是對苦諦之說明，第③點可作爲集諦之理據，第④點則是日後大乘因緣觀之特色。

1. 「無明」（癡）——從非理性的生物生命看，生命本身根本沒有明，這是反面說。癡，是從正面說，指出生命本身根本卽是昏昧迷闇。「無明」以惑爲性，以行爲業，惑業乃本始卽有者，故曰「無始無明」。
2. 「行」——迷闇之生命，機械地實然地歧出紛馳，謂之「行」。行，卽指盲目的意欲活動而言。
3. 「識」——識卽了別。因着盲目的意欲活動，乃機械實然地顯現分別了知之識。此種了別之識，一般動物亦有（如了別利害而趨利避害），故在此不可說「覺識」，因爲佛教言覺與智皆由修證而得，此卽後來所謂轉識成智。
4. 「名色」——名色，卽「對象性」之呈現，所謂「根塵世界」是也。由心識活動變現對象，此開後來「唯識所變」、「境不離識」諸義。
5. 「六入」——此卽六根（眼、耳、鼻、舌、身、意）所顯現之感覺能力。
6. 「觸」——眼耳鼻舌身意等六根，與色聲香味觸法等六塵相接觸，此乃根（感覺官能）與境（所感覺者）相應而起之活動，亦卽感覺之活動。
7. 「受」——由觸而有感受，故曰「觸則有苦樂之感」。
8. 「愛」——因苦樂之感而躭着滯戀，是謂「愛」。
9. 「取」——因躭戀而執着不捨，是謂「取」。

10. 「有」——此有二義，一爲主觀得有義，一爲客觀存在義。故「有」是由生命之蘊蓄糾結而形成。

11. 「生」——「有」之滋長發展而成個體，是謂「生」。

12. 「老死」——個體由因緣而生，故有身心之老死，老死憂悲苦惱，實乃個體生命之果。

由此十二因緣之順生律（流轉），乃產生「有情生命」及其所對的虛妄世間。但人若能如實照察，認定它是無常，卽可證其本性是空，而出離生死苦海。到得破無明之時，生死輪迴卽告斷滅而能趣入實相世界（涅槃）而得解脫——出離因果。此卽十二因緣的還滅律。

第二節 小乘部派佛教

小乘部派佛教，上承原始佛教而下開大乘佛學。佛滅百年頃，佛教發生部派之分裂，各部派歧異的說法見於各部派之論書。論書舊譯爲阿毗達磨或阿毗曇，其任務是解釋佛教的教法。（以後經、律、論名爲三藏）由於解釋不同，故分裂爲不同的部派。最先分爲上座與大衆部。之後上座又分裂出一支，名爲「分別說部」，未分出的（先上座部）後又鬧分裂，是爲「說一切有部」與「犢子部」。上座部分裂後的三部加上「大衆部」，稱爲四大部。這四大部後來又各自繼續有分裂，茲從略。

關於各部派的思想立場與要點，首先，應就上座部與大衆部的根本歧異略作說明。長老的上座部重視傳承，而較爲保守；大衆部則比較重理想，而較爲進步。兩者雖皆以原始佛教所揭示的「苦集滅道」爲根本教法，但上座部主要是究明苦集二諦的問題，偏重現實界成立的原因。大衆部則着重滅道二諦的問題，致力於論究由修行實踐而達到涅槃解脫的理想。

再就四大部來說：

一、上座分別說部——只承認經典爲佛陀之教理，嚴禁離經而走極端，又整理經中之重要思想，對其特質一一加以定義分別，故自稱爲分別說部。而對於大衆部與說一切有部之歧異論點，則常居於一折衷之態度。同時偏重於詳說三法印中的諸法無我印。其主要化區是由中印度而南行，遍及南印度各地。

二、說一切有部——其主要論點爲「三世實有，法體恆有」。又特重法相之分析，對生滅因果論究甚多。較偏重於詳說諸行無常印。其主要化區由西方深入西北印各地。

三、犢子部——與說一切有部關係密切，二者思想亦很接近。其根本歧異是犢子部安立一實有而不可說的「補特伽羅」，意譯「數取趣」（謂數數往來諸趣。趣有六，衆生各依其業因而趣之。六趣卽六道）。又譯爲「我」，此我非個體我，亦非靈魂，乃指身心之流轉活動而言。此部之化區多在西北印與恆河上游。

四、大衆部——主「一切法假名無實」、「諸行不過是死灰」。又主「心性本淨」，對三法印之涅槃寂靜印特多發揮。其化區遍及東印度與東南印。

第三節　大乘佛學三系

部派佛教四分五裂，漸漸失去原始佛教的精神，於是在小乘的經律論三藏之外，陸續有大乘經典之出現。大乘經典在根本思想上不外三系。印順法師判爲性空唯名、虛妄唯識、眞常唯心，實卽般若學、阿賴耶緣起、如來藏緣起之三系也。首先消化般若系經典之思想而開宗的是南印之龍樹（西元二、三世紀之間，當東漢末）。繼之而消化唯識系經典之思想的是彌勒（三、四世紀之間），而奠定此系之思想規模的是無着、世親兄弟（四世紀後半，略與鳩摩羅什同時，無着稍前）。至於眞常系之經典，印度缺乏大論師加以發揮，傳到中國始發生大影響。

一、般若系

龍樹之般若學，宗「大般若經」、他作「大智度論」以釋經，又另作「中論、十二門論、百論」，在中國稱爲三論宗，亦稱空宗。此系思想可從兩方面說。

從客觀方面說，①緣起性空——一切法皆因緣生，由諸條件之和合而現起，故一切法皆無獨立不變之實在性。此卽所謂無自性，無自性故當體卽空，此是套套邏輯地分析地必然的。②空與有——「空」是一切法之本性、實相。但此只是對「計執一切法有獨立之實在性」之否定，却並不意謂一切法不存在或無。就一切法之本性去看，說空；就一切法之現象去看，則說有。此「有」乃因緣所生，只是如幻如化之有，而非實有。③假名有與畢竟空——佛陀爲教化衆生，有種種名，但這只是假施設，故爲假名或假名有，此是就一切法之爲「事」而說。若就一切法之爲「理」而說，則因無自性，故畢竟是空。畢竟空（理）與假名有（事）相卽不離，如如朗現；不落二邊而如實明了之，卽是中道。故中論有一偈云：

「因緣所生法，我說卽是空，亦為是假名，亦是中道義。」

就主觀方面而言，①般若是特殊的心能——般若學肯定有情生命能轉出一特殊的心能，是卽般若智。般若智能就「幻有」而證顯「眞空」。②以般若觀實相——因緣所生之一切法，在般若智之照了下，是以眞實面目（實相）而呈現的，此眞實面目卽是空。「般若」與「實相」相應如如，故名「實相般若」。③主客空有之消融——如此一來，主客觀之分別對立，乃在此智證之中而得其消融。此便是龍樹思想之中心要旨。其他種種說法，皆由此引申而出。（如八不中道「不生亦不滅。不常亦不斷，不一亦不異，不來亦不去」，卽是表示「生、滅、常、斷、一、異、來、去」，皆無自性，皆無獨立之意義。八不，不過描述緣生無性而已。）

綜觀此系經論之一大特色，可知其對一切法之根源並無有一存有論之說明，而只就着一切法而做開地說緣起，再就般若智之「蕩相遺執」以通達於此緣起法之空性。而空與般若，實爲一切大乘佛學之通義、共法。故般若學實不具備一特別之系統性格。

二、唯識系

唯識系宗「解深密經」、「阿毗達磨大乘經」、「密嚴經」。此係由彌勒開其端，但就其「大乘莊嚴經頌」、「辨中邊頌」看，除了唯妄識，亦有唯眞心之傾向。而虛妄唯識的思想規模，實由無着正式確立。其主要論著有「攝大乘論」以及「顯揚聖教論」、「大乘阿毗達磨集論」。其弟世親（少於無着約二十歲）的主要論著是「十地經論」、「唯識三十頌」、「佛性論」、「辨中邊論」、「攝大乘論釋」。此系之主要思想，是建立一切法唯識。在六識（眼耳鼻舌身意）之外，增加第七末那識，第八阿賴耶識。尤其是以第八識爲主體而展開其對現象世界之解釋。一切法皆統攝於此虛妄之識。由此識而變現了虛妄世間。一切法可分爲染淨兩面去說。阿賴耶識直接地統攝染法，間接地經由正聞熏習統攝淨法。

「攝大乘論」引「阿毗達磨大乘經」之偈云：

「無始時來界，一切法等依，由此有諸趣，及涅槃證得。」

此偈中之「界」，卽指一切法共同依止的阿賴耶識（藏識）。六道衆生之生死流轉可由此識而直接的說明，而涅槃解脫道亦可以此識爲中心而間接的證得。而其所以爲間接，是因爲識屬妄心，與涅槃淨不同質，故須「轉識成智」而後乃可直接地說涅槃證得。但無論如何，總是以此識爲中心而說出去。一切法皆是識所變現，此表示對一切法有了一根源之說明。是卽所謂阿賴耶緣起之系統。但此系在轉識成智之理論上實有困難（參見第三章起信論一節）。是同時其種姓決定論，亦與「一切衆生皆可成佛」之教義違異不合。

三、眞常系

眞常系之大乘經典，如「華嚴經」「法華經」「大般涅槃經」「大方等如來藏經」「勝鬘夫人經」「楞伽經」等，其思想之發揮，在印度並無著名之論典，傳到中國乃開出天臺、華嚴、禪三宗。此諸經所透顯的主要思想，如①法華經一乘（佛乘）之觀念，乃反對唯識學之三乘（聲聞、緣覺、菩薩）而發。三乘乃引導衆生之方便說法，故非究竟。②「如來藏自性淸淨心」與「佛性」之觀念，此是成佛之超越根據。佛性問題在中國論者甚多，在印度則只在涅槃經有詳細之辯說。此不空之如來藏心與佛性，乃針對般若學之專言空而發。③「法身」之觀念，涅槃經言「常樂我淨」，我者佛義，常者法身義，樂者涅槃義，淨者法義。就隱而不顯的超越主體說，是不生不滅的淸淨心與佛性；就此主體性之全幅彰顯與完成而言，即是法身。④華嚴言「佛境界」與「法界」之觀念。一切境界皆不能外於「佛境界」，故佛境界能對一切法各予安立。此境界乃主體最高自由之境界，故不能對象化（客化）。「法界」包羅一切眞妄染淨諸法，故各層次之各種法皆可視爲屬於一總領域。

以上四點，皆在闡發眞常之思想。屬於如來藏緣起系統，它攝歸於眞常之心性上說一切法。而其說明之方式，則由此眞常心性直接地開展出一切涅槃無爲淸淨法。至於虛妄世間法，則歸因於此主體之迷蔽或在纏去說明。又因其着重自力解脫，故爲中國人所喜。

以上已略說佛教之教義。茲下當分章略述佛教在中國的傳衍，以及佛學在中國之新開展。

第二章　佛教在中國之傳衍（上）

第一節　佛教東傳的初期概況

佛教傳入中國，是通過西域諸國而流入內地。在東漢明帝時獲准在洛陽建佛寺，但直至桓帝在宮中祀「浮圖老子」以求福，仍只作神仙方技看，而不知佛教之教義。桓帝時有安息人安世高在洛陽譯述小乘經。桓帝末月支國人支婁迦讖首先譯般若道行品、首楞嚴、般舟三昧等經，皆般若系之經典，是爲大乘經傳入中國之始。

三國時，魏與吳皆有佛教之流行，支讖之再傳弟子支謙入吳，譯經三十部。又有康僧會，康居國人，世居天竺，後移交趾，再至建業，譯有六度集經等。魏晉間有朱士行入西域，取梵本般若經回，乃中國人西行求經之始（直抵天竺者，則以東晉法顯爲第一人）。

西晉時有竺法護，本月支人，世居敦煌，因從師爲竺姓，後至長安，又至洛陽，前後四十年，譯經甚多，有光讚（大品）般若、維摩經、正法華經、華嚴十地品等大乘經，又譯小乘經多種。另有帛遠（字法祖，中國人）與竺法蘭等在北方講般若，然撰述甚少。

初期佛教之流傳，大抵「宗教重於學術，信仰重於理智」，尚未進到「佛學」之階段。

第二節　釋道安與六家七宗

西晉亡，中國分裂，南方是東晉，北方是五胡十六國，佛教在北方以般若學爲主流，其最重要之人物，先爲釋道安，後爲鳩摩羅什。

道安（西元三一二至三八五）首先以釋爲姓，其學以般若爲主，又倡導禪定工夫，整理戒律，注釋經論。他是佛圖澄之弟子，澄善誦神咒，嘗顯神異以感化石勒石虎。而道安「無變化伎術以惑常人之耳目，無重威大勢以整群小之參差，而師徒肅肅，自相尊敬」。中年在荆襄，分張徒衆，往各地弘化。晚年在長安主持譯經，是中國佛教史上極爲重要之人物。

佛教傳入中國，最初只依附神仙方技，活動於宮庭民間。至魏晉玄學興起，成爲接引佛教教理之津梁，佛學乃漸次進入中國士人之心靈。於是出現「格義」，以中國之思想（老莊易理）比擬配合，以說般若性空之義。道安早歲亦用格義，中歲以後，謂「先舊格義，於理多違」，棄而不用。然六家七宗中仍有道安。玆略作介述：

一、**本無宗**——以道安爲主。「謂無在萬化之前，空爲衆形之始」，以爲「人之所滯，滯在末有，若託心本無，則異想便息」。「一切諸法，本性空寂，故云本無」。其說大體以「無」與「空」爲同一事。

二、**本無異宗**——以竺法深（琛）爲主。謂「從無出有，卽無在有先，有在無後，故稱本無」。「壑然無形，而萬物由之而生也。有雖可生，而無能生萬物。故佛答梵志，四大從空而生」。此宗與本無宗共爲一家。

三、卽色宗——以支道林（名遁，西元三一四—三六六）爲主。支著卽色遊玄論，以爲「色不自色，雖色而空」，「卽色是空，非色滅空」。意謂一切現象皆無實在性，色卽是空，不待「色滅」而後爲「空」。

四、識含宗——以于法開爲主。謂「三界爲長夜之宅，心識爲大夢之主，今之所見群有，皆於夢中所見。其於大夢旣覺，長夜獲曉，卽倒惑滅識，三界都空。是時無所從生，而靡所不生」。此宗受早期識變觀念之影響，有唯識學之傾向。與般若性空之義則不相應。

五、幻化宗——以釋道壹爲主。謂「世諦之法，皆如幻化。是故經云：從本以來，未始有也」。此宗以一切現象爲幻化，唯「心神猶不空」，故可修道、隔凡、成聖。

六、心無宗——以支愍度、竺法溫爲主。法溫謂「有、有形也，無、無像也。有形不可無，無像不可有」。「無心於萬物，萬物未嘗無。經中說諸法空者，欲令心體虛妄不執，故言無耳」。此是就禪定一面說空。以爲空只是一境界，而不涉對象，所謂「內止其心，不空外色」是也。世說新說謂支愍度與傖道人渡江時「共立心無義」，依劉孝標注云「種智之體，豁如太虛，虛而能知，無而能應，居宗之極，其唯無乎」。其論近道家。此宗當以竺法溫之說爲主。

七、緣會宗——以于道邃爲主。謂「緣會故有，名爲世諦，緣散故無，稱第一義諦」。此以緣會解釋萬法皆空，但只重在說現象之空，與般若性空尚有間。

以上六家七宗，大體以玄學、形上學之觀念說般若性空之教，此種初期試探之說，只有過渡之歷史價值，並無本質上的義理價值，雖名爲宗，實則不成其爲宗派。

第三節　鳩摩羅什與肇論大意

鳩摩羅什祖籍天竺，其父移居龜玆。羅什幼習小乘，在沙勒遇大乘僧，受般若學，四十許至涼州，居十七年，於西元四〇一年至姚秦京師長安，四一三年卒，年七十一。

羅什廣譯經論，最重要者，經有大、小品般若、金剛般若、法華、維摩、首楞嚴等，論有大智度論、中論、十二門論、百論、成實論等。又經十餘年之講論，使般若性空之眞義大顯於世。故佛學在中國之正式弘揚，當自鳩摩羅什始。

羅什門人甚多，最傑出者爲僧肇，京兆人，後羅什一年卒，年三十一。所作「物不遷論、不眞空論、般若無知論」，世稱肇論。（另有涅槃無名論，似係僞託。）羅什見其般若無知論，曰：「吾解不謝子，辭當相揖耳」。肇論說理極精熟，尤顯「文妙」。然就實義看，則只是幾個基本觀念之反覆引申。

一、「物不遷論」之主旨，在說明萬法無去來、無動靜。「必求靜於諸動，不釋動以求靜」，「雖靜而常往，故往而弗遷；雖往而常靜，故靜而弗留。」總之，卽動卽靜，實無遷流。然其意不在證明事物之「常」，而在破除往來變化之觀念（時空變化與動靜本身，皆非實有），由此以反顯法性眞如實無生滅去來可說。唯其論證是將時間拆成「今、昔」二態，又將「物」與「今、昔」二態關聯在一起以辯說不往不來，因此顯出詭辯相。實則，依「緣起性空」之義，卽可證成「不遷」之意。由因緣生起卽可直接分析出定相不可得，只是如幻如化，當體卽空。要說法有去來有動靜，亦只是如幻的去來動靜，當體畢竟是空。因此所謂「無去來，無動靜」，其實意是說，無決定的去來動靜。看似決定的去來相、動靜相，只是由於不了悟一切法是因緣生而幻起的執着而已。

二、「**不眞空論**」，**是以「不眞」界定「空」**。「空」卽是「不眞」，此亦中論「因緣所生法，我說卽是空」之旨。不眞空論中有「緣起故不無」與「待緣而後有」之句，以詮表緣起性空之義，顯示「空」非「無」義，亦非「有」義。蓋一切法依因待緣而起現，既起現則並非「無」而是「有」，但依因待緣而起現的「有」，是無自性而當體卽空的，故此「有」並非實有，只是如幻有，所以說爲「不眞」。此如幻而不眞的一切法，中論名爲「假名有」，假名非實，當體卽空，故僧肇以「不眞空」爲論題。此論與物不遷論皆發揮般若學緣起性空之義，二文只是一義之展轉引申。

三、「**般若無知論**」，**是另起一義**。蓋般若學在客觀方面所肯定的中心論旨是「緣起性空」，而「般若智」則是在主觀方面所肯定的一種特殊之心能，是佛菩薩透過實踐的進路而呈現的殊勝之智慧。般若智不同於一般認知的主體。主客對列之認知活動，乃雙方互爲限制者，故有滯執。有滯執故爲惑取之知。而般若智則「虛不失照」，「照不失虛」。虛則不滯，照則又能就因緣所生的一切法，而證顯其實相（空）。般若之知無有知相，故曰「般若無知」。僧肇之辯說，皆是分析地必然的。由於義理精熟，故能反覆申說以成文，實則多說少說皆無所謂。要者他能相應大乘般若學之中心思想而著論。故羅什許爲「中土解空第一」。

第四節　北方四宗略述

僧肇四一四年卒，四三九年北魏完成北方之統一（南方則劉宋已開國二十年），四四六年又毀佛法，故自什肇之後，北方之般若學實已日漸衰落，然自北魏至北周亡於隋，此百數十年間，北方仍有佛教各宗派之流行。其重要者有四宗：

一、毗曇宗——阿毗曇或阿毗達磨本指論藏，而六朝時期則專指小乘一切有部之學，簡稱毗曇，此宗最有成就者是慧嵩與志念師徒（慧嵩，高昌國人，早年來中國，晚年居彭城，卒於北齊時，志念卒於隋煬帝時——六〇八年，其弟子慧休爲玄奘之師）。其主要教義是宣說一切法皆有自性，但又說諸法因緣生，故亦不同於外道之自性見，此乃上座部之舊說，可視爲唯識妙有之前身。一切法因緣生，但既經呈現，卽皆有一定之體性，故北齊慧遠（南道地論師慧光之再傳弟子，卒於隋開皇十二年——五九二）又名之爲「立性宗」。

二、成實宗——羅什譯成實論，是爲利便初學。其門下僧嵩、僧導、道猛等大加弘揚，齊梁之時遂風行大江南北，竟掩蓋般若三論之旨。弘成實之學者，最初亦兼弘三論，後來偏弘成實，又與法華、涅槃合流，乃成所謂成論大乘師。實則，①成論雖反毗曇之一切有而言我法二空，然未能卽就諸法而言當體卽空，此則未能捨小入大。②其言眞俗二諦相卽，其相卽究爲一體或異體，成實學者亦有異說，故成實論乃一過渡性之思想，對眞空與妙有皆無究竟解說。故重振三論宗之吉藏大師嚴加貶斥，又經天臺智者之融攝，此宗遂衰落無聞。唯其義旨略近三論，能破「自性」見，故慧遠又名之爲「破性宗」。

三、般若宗——般若之學，自什肇卒後，在北方日漸衰微。北齊慧遠乃地論涅槃一系之僧徒，故以爲般若言空，不如眞常之義。所謂「雖說無相，未顯法實」。故名般若學爲「破相宗」。

四、地論宗——慧遠心目中之「顯實宗」，是以地論宗爲本。南道地論言「眞性緣起」，以爲生死涅槃出於同一眞心，有似於起信論之一心開二門（生滅門與眞如門）。

所謂「地論」卽世親之「十地經論」，本爲解釋華嚴十地品之作，代表世親早年之思想。世親之成熟思想是虛妄唯識學，其路數是「妄心爲主，正聞熏習是客」。但「十地經論」却有導至自性清淨心之傾向。西元五〇八年，印度僧人菩提流支與勒那摩提在洛陽譯出地論，但二人議論却不相合。至流支弟子道寵與摩提弟子慧光，遂各立宗派。智寵一派稱相州北道，慧光一派稱相州南道。兩派爭論之焦點是阿賴耶識之眞妄問題。①南道派以阿賴耶識爲眞，認爲阿賴耶識能生一切法卽是眞如法性生一切法。②北道派則以阿賴耶識有眞妄二義，一切法從阿賴耶識生，而阿賴耶識是眞妄和合的。此則走向「眞心爲主，虛妄熏習是客」的路數。北道派之說，與後來攝論師眞諦之說相近。（但北道之地論師說阿賴耶通眞妄，而重在說眞，——攝論師亦主賴耶通眞妄，而重在說妄，故眞諦又另立第九阿摩羅識爲眞。）至於智者、吉藏指地論師以阿賴耶爲眞淨，大抵是指南道派而言。但無論南道北道，皆盛弘眞常唯心之學，而成爲北方佛學之主流。

當時除地論師外，眞常系之經典如華嚴、涅槃、勝鬘、法華等亦先後譯出而廣爲講論。另有菩提達摩之南天竺一乘宗（一乘卽第一義乘，又稱佛乘），亦唱眞常唯心（楞伽印心）之說。

第三章　佛教在中國之傳行（下）

第一節　東晉慧遠之佛教運動

晉室南渡，名士巨族亦隨而過江，雖經喪亂，而玄談之習依舊，故東晉之玄風依然不衰。而南方之僧徒，亦多與玄談之士交往，比附道家之玄理以立論，如支道林即其最著者。此類弘法之僧人，並不眞能契合印度佛學之旨。

東晉一代最有代表性的人物，當推釋慧遠（西元三三四至四一六）。慧遠二十餘從道安出家於恒山，三六五年至襄陽，三七八年辭別道安東下至匡廬，數年後建東林寺，三十餘年，影不出廬山，八十三歲卒於東林寺。

慧遠之貢獻在推行佛教運動，而不在理論之建立。他承道安之學，自以般若教爲本。但並不固執宗派立場，對於佛教各支之活動，皆予支持鼓勵，如僧伽提婆講小乘阿毗曇學，至廬山，慧遠即請他釋「阿毗曇心論」。又邀請受羅什一派排擠之覺賢來廬山譯出禪經與華嚴經。此外，他對禪法、阿彌淨土、念佛亦極力提倡，又遣弟子西行求經。其一生之表現及其所以自處，實非一宗之論師，而是一佛教運動之領袖。他繼承道安重戒律之教，門風精嚴，蔚爲時望。故桓玄沙汰沙門，亦謂「廬山道德所居，不在搜簡之例」。

第二節 竺道生與涅槃佛性

竺道生，彭城魏氏子，幼從竺法汰出家，從師姓。道生卒於西元四三四，生年不可考，約在三六〇年以後。道生三十餘往廬山從提婆習小乘。及羅什至長安，乃與慧叡慧嚴慧觀等前往從學。不數年(四〇六頃)退席南返，止廬山，四〇九年又東下建業。四一七年頃，法顯攜來六卷泥洹譯出。道生「孤明先發」，悟佛性義，乃據經意宣說一切衆生皆有佛性，一闡提(斷善根者)皆可成佛。但經無明文，引起軒然大波。「守舊學者以爲邪說，譏憤滋甚，遂顯大衆，擯而遣之」。道生於大衆前正容誓曰：「若我所說反於經義者，請於現身卽表癘疾。若於實相不相違背者，願捨壽時據獅子座。」言竟拂衣而去。初投虎丘，於四二八年左右居廬山，創立涅槃宗。時四十卷大涅槃經已在涼州譯出，四三〇年傳至建業，證明道生所說符合經文，衆復推崇，譽爲「涅槃之聖」。四三四年在廬山精舍升講座，忽見麈尾紛然而墜，端坐正容隱几而卒，完成「據獅子座」之願言。年約七十餘。

道生思想之主要論點：

一、**佛性我**——其維摩經注云「無我、本無死生中我，非不有佛性我也」。是以佛性我爲眞我，表示主體性。

二、法身無色——維摩經注「若有人佛者，便應從四大起而有也。夫從四大起而有者，是生死人也，佛不然矣」。其意以「佛」乃一理境，而非「人」。人是經驗性之對象，故「人佛」之觀念不能成立。法身非色身，「佛」亦非釋迦其人。凡對「佛」所用之一切雜有經驗詞義或時空詞義之描述，皆非究竟眞實。由此乃又有「佛無淨土」之論（其文不傳）。意謂「國土」之詞義，屬於「有」之範圍，「有」表「迷惑」，不得爲淨。唯有覺解，方得爲無爲淨。所謂淨土，只是方便權說。此自顯道生之慧解。然涅槃經中謂「法身有妙色」。則法身無色之說，亦與敎義有不合也。（唯若說妙色無色，則道生之說亦仍可通耳。）

三、闡提有佛性——六卷泥洹無「一闡提皆可成佛」之義。道生據理推之，以爲「闡提是含生之類，何得獨無佛性？蓋此經有未盡耳」，此卽所謂「孤明先發」也。從此講論涅槃佛性者風靡一時，而有種種說法，直到智者消化涅槃經之思想，而提出三因佛性之說，各種爭議始告結束。（按，正因佛性是法佛性，亦卽客觀地說的主體佛性。緣因、了因佛性是覺佛性，亦卽主觀地說的主體佛性）。

四、頓悟——慧達肇論疏言及道生之「頓悟」義。「夫稱頓者，明理不可分，悟語極照，以不二之悟，符不分之理。……見解名悟，聞解名信。信解非眞，悟發信謝。」理不可分，悟亦不二。信解乃悟以前事，非眞悟。其意蓋謂修有階段，故修必漸；悟無階段，故悟必頓。對頓悟之義，謝靈運作「辨宗論」力加支持。然其說仍不脫「格義」，又強拉攏儒佛，並非精嚴之作。

第三節　三論宗之復興與嘉祥吉藏

南朝佛學，涅槃宗於宋時繼般若而興，至於齊、梁，自北南來之成實論合涅槃而盛行。再至於陳，三論奪成論之席。陳隋之間，而有天臺興起，玆先略述三論宗之復興。

先是高麗僧朗，有得於關河古義，於齊末入南吳，止攝山。僧朗傳僧詮，詮傳法朗。法朗於陳時（五五八）入都，勅居興皇寺，盛弘三論般若，表彰關河古義，門徒甚盛，遠布荆襄巴蜀。門人嘉祥吉藏（五四九—六二三），本安息人，少從興皇法朗出家，善承其學。陳亡，避地會稽嘉祥寺。隋文開皇末（六〇〇）詔居揚州慧日道場，又北遊洛陽長安，隋煬唐高皆加優禮。卒於武德六年。

吉藏以發揚關河古義，紹繼山門正統為己任（僧朗往攝山，傳至法朗，大弘三論，其學稱山門義）。學識博洽，號爲「文海」。著作甚多，有中觀論疏、三論玄義、大乘玄論等，是三論宗集大成者，但其學後繼乏人，著作亦散佚，直至清末始由日本傳回，國人乃能得其思想之要旨。吉藏較明顯之主張，如：

一、「**二諦是教，不二是理**」：眞俗二諦乃如來爲化度衆生而說，故爲教。但雖說爲眞俗二諦，實意是表不二之道，故不二是理。

二、「**於諦**」**之說**：意謂於凡，以俗諦爲諦，於聖，以眞諦爲諦。聖心中初無俗諦，凡心亦不知眞諦。故俗諦於凡爲實，眞諦於聖爲實。二諦之說，乃聖心見眞諦後，更欲化度衆生而方便建立。故二諦法亦名「教諦」。

三、「四重二諦」：A、第一重，對阿毗曇立「實有、實無」二諦而發，以明「有」爲俗諦，「無」爲眞諦。B、第二重，對成論師立「假有、假空」而發，以明「空、有」皆俗諦，「非空有」方爲眞諦。（以「非」字表般若蕩相遣執之精神，所謂詭辭爲用也，下同。）C、第三重，對大乘師立「分別空有二諦爲俗，空有不二爲眞」而發，以明「二、不二」皆俗諦，「非二、非不二」方爲眞諦。D、第四重，對大乘師立「三性爲俗諦，三無性非安立諦爲眞諦」而發（按三性：遍計執性、依他起性、圓成實性。三無性：相無性、生無性、勝義無性），以明「安立諦、非安立諦」皆俗諦，「言亡慮絕」方爲眞諦。

吉藏之思想：大體是羅什所傳般若之舊，本質上並無改變。但憑其玄思，發爲玄論，使三論宗之思想更爲豐富多采，在佛學史上自有不磨之功。

第四節 攝論與攝論師眞諦三藏

攝論卽無着所造之「攝大乘論」，乃虛妄唯識之典型作品。印度僧人眞諦於梁武帝末年先至南海，二年後抵建業（五四八年，時五十歲），前後譯唯識系之經論甚多。五六三年譯出攝大乘論，五六九年卒於南海。（二十年後，隋一統天下）眞諦在中國二十餘年，展轉南京、江西、廣東各地。時南方三論宗盛行，故其學「終歷陳朝，通傳無地」。梁陳之時，北方地論宗大盛，及慧光再傳弟子曇遷，靖嵩南來，見攝論師之學可補地論師之所未知，乃大加宣揚，轉弘北方，至隋初成爲顯學，而曇遷遂成爲攝論宗之主要人物。

唯眞諦之思想，實與無着之攝論有距離。①攝論之思想是「妄心爲主，正聞熏習是客」。而攝論師眞諦却引之走向眞心。他譯「無着造、世親釋」之攝論時，加入自己之思想而所增益。此自翻譯言爲不忠實。②他對作爲「界」的阿賴耶識增加「以解爲性」的解釋，而成爲「解性賴耶」。接着又說「此界有五義」：體類義、因義、生義、眞實義、藏義。此皆隋代達磨笈多與唐代玄奘二譯本所無之義。③玄奘譯爲「法身」者，眞諦則譯爲「聖人依」，並說「聖人依者，正聞熏習與解性和合，以此爲依，一切聖道皆依此生」。此則明顯地將眞心思想注入攝論，使妄心系之攝論，轉變成如來藏眞心系統。

既將賴耶說爲以「解」爲性。則此「解性」便是賴耶的超越之性，而成爲解脫成佛的超越根據。如此乃與「妄心爲主，正聞熏習是客」之攝論思想，形成嚴重之衝突。而且凡說到「轉依」之處，眞諦皆將之拆成「滅阿賴耶識」以「證阿摩羅識」。於是八識轉變爲九識，而建立了第九阿摩羅識爲眞常無漏之識心。此是眞諦學最明顯的特色。

但立阿摩羅（淨識）爲第九識，不免拖泥帶水，又不如直接講「自性清淨心」。所以眞諦之九識義，只是過渡到起信論的方便之言。

第五節 眞常心系的代表論典：起信論

「大乘起信論」標名爲馬鳴造，眞諦譯。印度無此書，後由玄奘倒譯爲梵文。但如來藏眞心之思想，則已見於勝鬘夫人經、楞伽經、密嚴經。起信論很可能是以眞諦爲代表之攝論師與地論師合作而成。（其書出時不可考，大約在陳隋間，而智者未正視此書。）然卽使是僞書，亦不影響它在中國佛學史上之地位。

一、一心開二門：起信論立論之主旨，是肯定一超越的眞心，以爲頓悟成佛所以可能的超越根據。此超越眞心卽名「衆生心」。由衆生心開出「生滅」「眞如」二門，是卽所謂「一心開二門」。①心生滅門，生死流轉地說明了一切虛妄汚染法，②心眞如門，涅槃還滅地說明了一切清淨功德法。——但須知，一切清淨功德法乃就着汚染法之當體寂滅而朗現，並不是離開汚染法而另有一套清淨功德法。

二、心眞如與眞如心：此自性清淨的衆生心，乃是「心與眞如理合一」的眞心——心卽是眞如，眞如卽是心，無二無別。①依「眞如門」，此眞心一面是空，一面又是不空。「空」是顯示眞心遠離妄念計執所起的一切差別相。「不空」是顯示眞心法體恆常而又具足無量清淨功德法。此是依勝鬘夫人經「空如來藏」、「不空如來藏」而說。②依「生滅門」，此眞心忽然不覺而起念，卽成阿賴耶識。但起信論以爲阿賴耶識「不生不滅與生滅和合，非一非異」。不生不滅是此識之超越的眞實性（覺性），生滅卽是此識之內在的現實性（虛妄性）。阿賴耶識旣具此雙重性，故與無着世親正宗唯識學謂「賴耶是妄」有不同。

三、眞心是生死依，亦是涅槃依：一般雖以「阿賴耶緣起」與「如來藏緣起」對言，實則，生死流轉的直接因仍是阿賴耶，眞心只是憑依因。故如來藏緣起只是間接地緣起生死流轉法，由於「無明」之插入，眞心忽然不覺，故有生死流轉，此卽勝鬘經所謂「不染而染」。但眞心之本性並不因此而改變，雖染而虛現爲妄念，其自性恆淸淨離染，此卽勝鬘經所謂「染而不染」。不染而染，故有生死流轉；染而不染，故有涅槃還滅。以是，此眞心一方面是生死依——間接地爲流轉之憑依因，一方面又是涅槃依——直接地爲無漏功德之生因。故一切法皆以此心爲依止。

四、阿賴耶之覺與不覺：關於阿賴耶識之覺性與不覺性，①依起信論之說，離念卽是覺，在念卽是不覺。就覺性爲眞心所本有而言，說「本覺」，就衆生眞性之始顯而言，說「始覺」。始覺有漸次，故又分立「始覺、相似覺、隨分覺、究竟覺」。覺而透至心之本源的究竟覺，卽表示眞心之眞實性已在具體實踐中全幅彰顯而無遺。但眞正問題是在如何由「不覺」而至「覺」，此則須靠「熏習」。②依正宗唯識學，此乃轉識成智之問題。而其主力則靠正聞熏習。但妄心爲主，正聞熏習是客，是卽熏習乃由外緣而非由內力。於是覺之熏成是經驗的後天的。（至於眞如則只是理，只言眞如理，不言眞如心。故眞如不能熏，亦不受熏。又般若學言眞如，亦就空如之理說。）故其轉識成智並無必然性，此是其困難處。在起信論，則言「眞如熏習」。眞如是空如之理與眞心合一的「心眞如，眞如心」，心有活動義，故能熏，亦受熏。「受熏」是受無明所熏（不染而染）。「能熏」是眞心具有內熏力，亦可以熏無明以化念歸心，由不覺而變成覺（染而不染）。若在此說轉識成智，便順適。

唯識學傳入中國，前期由地論宗攝論宗而歸結於起信論，其最後圓成之高峰是華嚴宗。而後期則是玄奘所傳譯輯成之成唯識論。平常所謂唯識論或唯識宗，皆指奘傳之妄心唯識而言。實則其思想遠不及眞常心系之高明也。

第四章　對佛教教理之消化：天台判教及其思想

第一節　天台宗簡史

北齊慧文悟龍樹卽空卽假卽中之旨，立爲心觀，傳於南嶽慧思，更弘法華。（託名於慧思之「大乘止觀法門」一書，不可信。牟先生「佛性與般若」下冊第二分第二章附論言之甚詳，請參看。馮友蘭據此書講天台學，大誤。）

慧思之弟子智顗（五三一—五九七，生於荆州華容，其先潁川陳氏），卽智者大師。智者於陳初（五六〇）北上見慧思於大蘇山，旋卽受命代師說法，「智方日月，辯類懸河」。思曰「可謂法付法臣，法王無事者矣」。時慧曠律師亦在會座，思曰「律師嘗聞賢子講耶」？曠曰「禪師所生，非曠子也」。思曰「思亦無功，法華力耳」。此見智者初出，卽不同凡響，七年後，思遷南岳，智者轉金陵，聲光大顯。五七五年入天臺山，爲終身道場。後因陳宣帝前後七使，並帝手疏，請出山至金陵說法，講法華經。陳亡於隋，策杖遊匡廬荆湖，五九一年應晉王請爲受戒師而至揚州，晉王尊稱曰智者。次年至荆州，五九五年自荆下鄴，次年重入天臺。隋開皇十七年（五九七）晉王又請，出至石城，謂徒衆曰：吾命在此，不復前進。遂安禪而化，卒於天臺山大石像前，年六十七（據高僧傳）。有東土小釋迦之稱。（以捨己利人故，自述位居五品）。

智者總括群籍，歸宗法華，著述甚富，其「法華玄義、法華文句、摩訶止觀」，爲天臺宗三大部．弟子章安灌頂，能傳其學，著有涅槃經玄義及疏。唐興，天臺宗漸趨衰微。五傳至荆溪湛然（七一一—七八二，常州荆溪人，住妙樂寺，人稱妙樂大師），時當盛唐，唯識、華嚴、禪宗，先後興起，荆溪一面廣爲疏釋智者之作品，以弘本宗，一面精簡別圓，判華嚴爲別教，不得爲圓教。知禮曰「此宗若非荆溪精簡，圓義永沉」，可見其貢獻極大。荆溪卒後之六十三年（八四五）有會昌法難，除禪宗外，各宗皆衰，天臺亦然。自荆溪六傳至義寂，始有復興之機緣。寂之弟子義通（高麗人）得二駿足，一爲遵式，一爲知禮（九六〇—一〇二八，四明人，宋眞宗賜號法智大師，又稱四明尊者）。知禮盛闡智者與荆溪之原義，辯破山外之謬誤，天臺乃得中興，而山家遂爲天臺正宗。

第二節　五時判教

判教之判，乃分判義，亦卽安排之意（大小經論，不容相斥，皆須安排。）判教之目的，一在釐清種種教說之分際，二爲徹底明瞭最後之宗趣。判教是消化之事，隨時學習，隨時消化，其功在點醒學者，不令拘蔽與遺失。

智者將佛陀一生之教化，分判爲五時八教，「五時」是佛成道後說法弘化的五個階段。「八教」分化儀四教（教化衆生之方式）：頓、漸、秘密、不定。化法四教（所說之法的內容）：藏、通、別、圓。

第一、華嚴時——佛成道二七日，在莊嚴道場，顯毗盧遮那佛法身（意爲光明遍照），以「頓」之方式說圓滿修多羅，即華嚴經。但只攝大機，不攝小機，故爲別教（就佛本身言，則爲圓）。如日初出，只照高山，未照平地幽谷。

第二、鹿苑時——小乘在第一時如聾如啞，不了佛意，故離莊嚴道場，遊鹿苑，脫佛法身，現老比丘相，俯就小乘根性，依「漸」之方式說四阿含經。但不攝大機，純爲小乘教。

第三、方等時——引小入大，以「漸」之方式說諸方等經，如維摩、楞伽、金光明、勝鬘等經。彈偏折小，歎大褒圓，四教俱說。但大小不融，猶是權說，雖言及圓教，亦是隔離之圓，非眞實圓教。

第四、般若時——復以「漸」之方式說般若經。般若之精神爲融通淘汰，「融通」是會歸於大乘而融化於實相一相所謂無相，「淘汰」是蕩相遣執。但此中之圓教，實只是般若之作用的圓，尚未「開權顯實，發迹顯本」，以暢「佛之本懷」。

又，①第一時爲化儀之「頓教」，②二三四時爲化儀之「漸教」。③在前四時中，或爲此人作頓說，或爲彼人作漸說，彼此互不相知，皆令得益，是謂化儀之「秘密教」。④若於前四時中，佛以一音說法，衆生隨類各得解，此乃如來不思議力，能令衆生於漸說中得頓益，於頓說中得漸益，因得益不定，是謂化儀之「不定教」。

第五、法華涅槃時——經般若之融通淘汰後，大小諸根成熟，乃直說法華，開權顯實，發迹顯本，開決前說之頓漸，令入非頓非漸。此表示法華經不是第一序之頓漸，亦不是第一序上的藏通別圓之具體內容，而是精熟內容之後的批判性之總消化，是經過開決了的第二序上非頓非漸的圓實教。此圓實教可說一無內容，只是開發決了第一序上之藏通別圓，而顯示的圓妙、圓滿、圓足、圓頓、圓實之教。第五時亦說涅槃經，以顯立「如來藏恒沙佛法佛性」一觀念，窮法之源而至於「遍、滿、常」之無限之境。

進而再說明化法四教。

一、藏　教

藏乃三藏之簡稱。智者依印度習慣，名小乘為三藏。①就觀法言，為析色入空之「析法空」，此與色敗空皆為方便權說，乃對鈍根人之拙度（以期慢慢悟人）。②就功行言，為獨善取滅，恩不及物（悲願不足），功齊界內，智不窮源。③就佛果言，為灰斷佛（色身灰滅），只留舍利為人福田。藏教之聲聞乘，其極果為阿羅漢，緣覺乘之極果為辟支佛（小乘佛名，樂獨善寂），菩薩乘之極果為佛，此佛亦是灰斷佛，只有修得之無常佛性，而無理性本具之眞常佛性，未至如來藏恒沙佛法佛性（不能使一切衆生得度）。其所言之四諦，乃有量之生滅四諦。

二、通教

通前藏教，通後別圓，引小入大。①就觀法言，爲「體法空」，卽諸緣生法無自性而當體卽空，其度爲巧度。②就解脫言，通教中之聲聞、緣覺、菩薩，證果雖異，而「同斷見思，同出分段，同證偏眞」：A、同斷見思二惑與藏教同，但因行大乘菩薩道，不捨衆生，故可出離界內塵沙惑（但不能斷界外根本惑）。B、同出離界內分段身，但不能出離界外變易身而法身常住。（分段身，謂不離六道輪廻之分限與段別，卽生死之身。變易身，謂由悲願力改變身命，無定齊限）。C、只證得偏空之眞，不能證至「空而不空」之中道第一義空（中道第一義空，乃就佛性說，指不空之眞常。此與空宗只從「體法空」觀法上所說之「中道空」不同。前者是體證而得，後者是照了，不可混視）。其言四諦雖因體法空而爲無生四諦（當體卽空，不生不滅），但仍是有量四諦。③就佛果言，仍是灰斷佛。

按、智者以般若部與龍樹之空宗爲通教。牟先生以爲，般若與中論可有二義：

①它是共法——般若「不壞假名而說諸法實相」，與中觀「體法空」之中道觀，是「共法義」。依此說它是觀法之教，是究竟了義之無諍法。

②它有限定相——龍樹學在表現體法空之中道觀上，似亦顯示一特殊之教相（只滅度界內分段身，不能滅界外變易身，以未進至第七第八識故。由遮「自性定性佛」而說衆生可依因待緣而成佛，但未進至如來藏恒沙佛性佛性，則所謂「可」成佛，只是形式上的可能。凡此，皆顯示一有限定意義之特殊教相），依此特殊教相，卽可說龍樹學是通教。

如此分開說明，一方面可以滿足「尊般若、宗龍樹」者之以般若與空宗爲究竟了義，一方面亦可滿足天臺宗之視空宗爲通教與華嚴宗之視空宗爲始教。如果①只就其爲共法義而說它是究竟了義，而謂其他種種說，皆是不知般若妙用之圓滿，不透澈中論之緣起性空（一切法自性空），這對其他各宗是不公平的。反之，②如果只就其限定相而直判之爲通教或始教，而不知其行於一切大小乘之共法義，這對般若空宗亦是不公平的。——依於上述之意說般若空宗爲通教，乃有限定意義而無特定內容之通教，實際上它乃觀法之教，是無諍的作用的圓教（亦可曰共教）。

三、別　教

不同於前之藏教通教，亦不同於後之圓教，獨明菩薩位，故名別教。小乘滯於六識，因智不窮源，只限於界內有量生滅四諦。通教雖可至無生四諦，但亦是有量。只有別教能窮法之源，故可至無量四諦（無量法門），能窮法之源，徹至界外無限無量境（無明無限，理性亦無限），在佛性觀念上能至如來藏恒沙佛法佛性。

在窮法之源的問題上，就第一序言，實只有二系統：一爲阿賴耶緣起，一爲如來藏緣起。此二系皆是別教。在智者時，尚無成唯識論與華嚴宗，對起信論，智者只偶一提及而未予正視，他只就攝論染性賴耶說「梨耶依持」，就眞諦之解性賴耶說「眞如依持」。今牟先生借用華嚴宗始教終教之名，判二系爲「始別教」與「終別教」，實甚諦洽。

1.「始別教」（賴耶緣起）之性格：①就觀法言，是體法空，依此而言無生四諦。②就解脫言，由正聞熏習而至出世清淨，可通至界外，斷及無明。但既是熏習漸教，則其斷無明不必卽是究竟斷。雖可通至界外開無量四諦，但清淨種子乃由後天熏習而成，其爲無量是經驗地說，並無定然性，只是敞開一無限之門而已。③就佛果言，凝然眞如（賢首判成唯識論之言）只是眞如理（與心不合一），此固是無爲法，然一切憑依眞如理而起的加行，却是有爲，佛智亦是生滅有爲——屬清淨依他攝（依他言音，熏習而至），不能達到眞常，故如來藏恆沙佛法佛性不能充分證成。智者視之爲「界外一途法門」（界外方便法門），荆溪指其不是界外通方法門，是卽表示賴耶緣起不得爲別教之典型，故牟先生名之爲「始別教」。

2.「終別教」（藏心緣起）之性格：①就觀法言，亦是體法空，亦是無生四諦。②就解脫言，由始覺而究竟覺，還歸於本覺，其斷及無明而至究竟斷有必然性。由一眞心開二門，流轉與還滅皆函無量法，故至於無量四諦亦是決定的。此表示窮法之源已至其極。③就佛果言，通過還滅後，眞常心之全部朗現卽是佛。恆沙佛法佛性、法身常住、空不空，皆可充分證成。——但此一系統是由眞心之「不變隨緣、隨緣不變」而展示，說如來藏眞心空而不空（不空之空）時，此「空不空」之中道只是「但中」之理，緣但中之理斷九法界以成佛，是之謂「緣理斷九」（荆溪判華嚴宗語），故仍是別教，非圓實教。（卽九法界而成佛，方是「圓中」之理，徒是但理隨緣，不得爲圓教。知禮謂「別理隨緣」，卽表示別教之但理可隨緣，然隨緣不能決定是圓實教。）

第三節　天台圓教及其思想

四、圓　教

圓教者，圓妙，圓滿、圓足、圓頓、圓實之謂。圓教自是就佛而說。然佛有三藏佛、通教佛、別教佛，而不必是圓實佛。只有相應法華圓實佛而說者，方爲眞圓實教。

天臺「以法華爲宗骨」（荆溪語），再以性具爲綱，止觀爲緯，此卽天臺宗之宗眼。但法華並無特殊的教義與法數，它沒有第一序上的系統內容。①般若經教吾人以實相般若，②涅槃經教吾人以法身常住，無有變異，③解深密經教吾人以阿賴耶系統，④勝鬘、楞伽、密嚴諸經教吾人以如來藏系統，⑤維摩詰經教吾人以不二法門，⑥華嚴經教吾人以法界圓融。以上各經皆有鮮明之內容，唯獨法華經所說，則非第一序上之問題，而是第二序上的權實問題，迹本問題，是要開權顯實，發迹顯本，以明佛意，以暢佛之本懷，而成立圓實教。（此圓實教乃是不諍法，其系統無有系統相，其說明亦無說明相。）此圓教之性格：

A、一心三觀

①就觀法言——爲「一心三觀」，由此而開出三眼、三智、三諦。

三觀
- 觀空——慧眼——一切智（籠統地知一切法之空如性以及其平等性）
- 觀假——法眼——道種智（分別地知各種法門之差別性）
- 觀中——佛眼——一切種智（直覺圓實地知實相無相，亦知差別相）

三諦
- 空
- 假
- 中

分而言之，說空假爲方便，說中爲圓實。而「中」不離空假以爲中，故以急辭連之而說爲「卽空卽假卽中」，是謂圓融三諦。復次，三觀又互相統攝，每一觀可統攝其餘二觀。（①若說「空」，則無假中而不空，一切法趣空，是趣不過，此爲總空觀。②若說「假」，無空中而不假，一切法趣假，是趣不過，此爲總假觀。③若說「中」，無空假而不中，一切法趣中，是趣不過，此爲總中觀。）此是將龍樹中觀吸納於圓教中來說，亦是般若融通淘汰之精神在圓教中行，故由體法空而當體卽是無生四諦，卽是無量四諦，卽是無作四諦（恒沙佛法皆是本具如此，不由造作而成）。

B、不斷斷與一念三千

②就解脫言——爲圓伏、圓信、圓斷、圓行、圓位、圓自在莊嚴、圓建立衆生。此非緣理斷九之斷斷，而是「不斷斷」卽預設「一念三千」——一念無明法性心，卽具世間三千法，此是「性具」系統。（性具、亦卽一念心具。）三千世間法，皆是本具，皆是性德，無一可改，無一可廢。法性必卽無明以爲法性。無明須斷，而無明中之差別法則不須斷（除病不除法，故一切法皆佛法），故曰「不斷斷」。此亦卽維摩經所謂「從無住本立一切法」——①法

性無住、法性卽無明，無明用事，識具三千，念念執着。（於此說執的存有論或現象界的存有論）②無明無住，無明卽法性，法性作主，智具三千，法法常樂。（於此說無執的存有論或本體界的存有論）

C、卽九法界而成佛與三因佛性

③就佛果而言——爲法身常住，無有變易，是「如來藏恒沙佛法佛性」之圓滿的體現。圓滿體現必卽三千法而體現之，三千法無一可損，每一法皆通往解脫之門，是卽所謂「卽九法界而成佛」。如此，方是圓實之佛。

在此，當就智者消化涅槃經而立之「三因佛性」作一說明。三因佛性（正因、緣因、了因）本是一整一佛性，析而爲三。①緣因佛性指斷德而言，緣因斷德與解脫相應（解脫德）。②了因佛性指智德而言，了因智德與般若相應（般若德）。③緣、了旣已單提，則正因佛性卽指中道第一義空，正因中道與法身相應（法身德）。顯名之曰法身，隱名則曰如來藏。是則正因佛性卽是「如來藏我」。

又，正因佛性雖遍及一切（故曰恒沙佛法佛性），但須有緣了二因以顯之。草木瓦石有正因佛性，但不能自顯緣了二因佛性而具斷德與智德，故實亦不能自顯其正因佛性而爲法身，而是由於吾之法身可攝及草木瓦石，而使之一起在「中道空」中呈現耳（一起登法界）。故荆溪所謂「無情有性」（單指正因）之有，與一般說「有情有性」（兼具三因）之有，含意並不同。

D、天臺圓教之特色：開權顯實

總之，天臺圓教乃相應法華之「開權顯實，發迹顯本」而建立，爲要表達這個佛乘圓教，它必須依法華經所謂「決了聲聞法」而決了一切分別說的權教。

1. 它決了藏教與通教而暢通之，使之不滯於六識與界內。
2. 它決了始別教阿賴耶而暢通之，而不分解地說阿賴耶緣起（妄心系統）。
3. 它決了終別教如來藏自性清淨心而暢通之，而不分解地說如來藏緣起（眞心系統）。

它經過這一切決了，而說出「一念無明法性心」即具十法界。此「一念無明法性心」，①從無明方面說，它是煩惱心、陰識心、是妄心，但天臺圓教却不分解地「唯阿賴耶」。②從法性方面說，它就是眞心，但天臺圓教亦不分解地「唯眞心」。此卽所謂決了一切分別說的權教，而成圓教，天臺教之性具系統是存有論的圓具，配上般若之作用的圓，一縱一橫，有綱有緯，遂成眞實圓教。

附按：再究極言之，佛教之圓，仍是別教——別世間，其不捨衆生，只是發願，只是理，實未達至理事圓融，未能顯發道德意識以成己成物，化成天下。故究極之圓盈教，唯儒聖之教足以當之。

E、六卽階位

在工夫次序上，天臺宗又以「六卽」綜攝從凡夫至佛之階位（見後表），玆據荆溪「摩訶止觀輔行記」略述於下：①理卽——一切衆生，皆有佛性，在「理」上與佛不相離（卽，不離也）。此是原則地說。然理雖卽是，日用不知，未聞三諦，不識佛法。故只是有此「理」耳。②名字卽——從經卷知識上知有此理，知一切衆生皆有佛性，然只聞名口說，如蟲食木，偶得成字，離正覺階段尚甚遠也。③觀行卽——由知名字，而起觀行，心觀明了，言行相應。是能在實踐中守此理矣。④相似卽——愈觀愈明，愈止愈寂，止觀日益有得，六根得清淨，近似正覺。⑤分眞卽——初破無明，見佛性，開寶藏，顯眞如。此是已悟境界（等覺），但未至圓滿無上境界，只得部分之眞，故名分眞卽。此是從客觀之所證說。若從主觀之能證說，其證未能全盡，乃部分之證，則曰分證卽。⑥究竟卽——等覺一轉，入於妙覺。智光圓滿，不復可增，大涅槃斷，更無可斷，此便是佛果位（佛境界）。

1. 理卽：唯具佛性者	外凡	
2. 名字卽：唯解佛性之名者	外凡	
3. 觀行卽：五品弟子位——外品	內凡	聖因
4. 相似卽：十信位（六根清淨位）——內品	內凡	聖因
5. 分證卽：十住位	三賢位	聖因
十行位	三賢位	聖因
十迴向位	三賢位	聖因

十地位……………………十聖位

等覺位……………………有上士

6. 究竟即：妙覺位……………………無上士聖果

附按：如此層層上升，可謂難乎其難。故禪宗不耐（更不耐唯識漸教），而揭示即心是佛，頓悟成佛。

第五章　佛教回歸運動的反響：華嚴宗

第一節　玄奘回歸印度之佛教運動

佛教傳入中國，發展至天臺，而完成一綜括性之消化。然唐興之後，天臺宗轉衰。三論宗自吉藏以下，亦後繼無人。唯攝論自隋初以來，盛行各地。玄奘（五九六至六六四）青年時期所從諸師，皆攝論宗人。然所說各異，是非莫定。乃發憤誓遊西方，以問所惑。於唐貞觀三年（六二九，三十四歲）私發長安，出玉門，達高昌，停月餘，又西行，度葱嶺，展轉各地，於貞觀五年頃至摩揭陀國王舍城，入那爛陀寺，參禮戒賢法師。戒賢為護法弟子，時已耆年，學博望重，玄奘師之，勤學五六年，又遊歷南北印各地，遍參餘師，數年返寺，戒賢命講攝大乘論。時有師子光論師，持中論、百論空義，力破瑜伽有義。玄奘和會空有，造「會宗論」三千頌（書不傳），以呈戒賢諸師，無不稱善。旋戒日王於曲女城設大會，與會者十八國王，僧衆與外道數千，以玄奘為論主。揭示「眞唯識量頌」，十八日無人能破。此時之聲譽如日中天。

貞觀十九年（六四五）玄奘返抵長安，年正五十。三數年間，重釋經論多種。至高宗時，居慈恩寺，專事譯務。其所譯之經論，除大般若經（全譯）與俱舍論（重譯）外，主要為唯識系之論典。六世紀時，印度有十大論師盛弘唯識，而集大成於護法。玄奘承護法之學，增益已見，輯譯為「成唯識論」，實可說是妄心唯識系之集大成者。此系以無着世親為宗師，當初眞諦譯攝論而不忠實，注入眞心思想。玄奘力返印度之舊，經二十年之講論而形成一大勢力。弟子窺基（六三二至六八〇）大弘其學，乃造成一回歸印度之佛學運動。

關於妄心唯識系之基本思想，在介紹大乘三系、起信論、以及始別教時，已分別有所說及，今不多述。（欲知唯識學之內容，慈航法師之「相宗十講」，可供參閱。）奘傳唯識不但名相甚繁，重解略行，非國人之所好，又立「緣起不空、賴識唯眞、漸歷階位，三乘究竟，闡提無性」諸說，與般若系、眞常系之學說皆相違反。其門人阻止那提三藏譯性空論，手段暴劣，引起參加譯場之道宣法師等之不滿。玄奘以親傳西方眞義為藉口，有統一教界之雄心。終以傳統學者之且攝且破，西來大德之日傳異聞，遂使奘傳唯識之發展遭受阻力。窺基之後，雖尚有一二傳之延續，然不待會昌法難，奘學已漸衰而失傳矣。

按：唯識宗之思想，對中國哲學史、對中國之文化心靈，其影響皆甚淺鮮。自中唐至清末，幾無人講述。直至清末，唯識文獻自日本傳回，內學院歐陽竟無大加弘揚，始又盛行。然彼等宣稱「藏密禪淨，天臺華嚴，絕口不談」，又以天臺華嚴為俗學。此則心量淺狹，非弘通之論。佛之教義，豈可限於印度原有之唯識，而排斥其他？又豈可只停於印度之舊，而不容中國之發揚開展耶？

對玄奘學統最有力之反應，是來自與玄奘同源異流之賢首法師。相傳賢首曾參與玄奘譯場（奘卒時，賢首二十二歲），以不滿虛妄唯識，乃別承地論系而宗華嚴。對於當時足與奘學抗衡者，皆加以獎掖，對眞常系之譯師，亦常與過從，參助硏討。而且開立華嚴宗，使眞心系之思想，發展至最高峰。

第二節　華嚴宗：別教中的圓教

一、簡史

杜順（五五八至六四〇）於隋開皇十三年（五九三）依華嚴立說，著有「法界觀門」等書。弟子智儼（六〇二至六六八）著「搜玄記」、「一乘十玄門」等，華嚴教義漸備。再傳至法藏賢首，正式開立華嚴宗。賢首（六四三至七一二），其先爲康居人，自祖父起歸化中國。賢首著作甚多，有「華嚴經探玄記」「華嚴一乘教義分齊章」（又名五教章）「華嚴旨歸」「金師子章」等，並據梵本補足晉譯「六十華嚴」之缺文，又與人合譯華嚴經，稱「八十華嚴」。除本宗教義外，亦致力其他經論之疏解。

華嚴宗宗華嚴經，賢首晚年著「華嚴經新疏」，未畢而逝。弟子慧苑繼之作成「續華嚴略疏刊行記」，自立異說，主要有二點：①取消小始終頓圓中之頓教，②改十玄緣起爲法相十玄、業用十玄兩種。後來華嚴家貶爲異系。至清涼澄觀（七三七至八三八，越人，一百〇二歲，七七五年曾從荊溪習天台止觀）以恢復華嚴正統爲己任，著「華嚴大疏鈔」，破斥慧苑之異義，發揮賢首之眞意，後世尊爲華嚴宗四祖。弟子圭峯宗密（七八〇至八四一，蜀人）爲五祖。宗密本神會禪之法裔，故倡禪教一致之論，著有「禪源諸詮集」「原人論」等。宗密卒後之四年，會昌法難，華嚴宗遂衰。至北宋初有長水子璿（九六五至一〇四〇）重講華嚴，弟子淨源（一〇一一至一〇八八）著有「華嚴經疏記」等，致力於中興華嚴，然亦未能大盛。

二、華嚴五教

賢首判教不分「時」，而依「義」判爲小始終頓圓五教：

1. 小乘教——相當天臺之藏教。重在說「人空」，對「法空」尚不能盡說。
2. 大乘始教——以般若空宗爲「空始教」，瑜伽唯識爲「有始教」。二者皆爲大乘之初門。
3. 大乘終教——以眞常心系諸經及起信論屬之，立「眞如隨緣」義（不同於「凝然眞如」。）
4. 頓教——始教終教皆有階位次第，故爲漸教。頓教則不說法相，不立法門，無階位次第之限制。一念覺卽佛，一念迷卽衆生。此應指「絕相離言」之禪宗。然賢首每舉維摩經爲例。
5. 圓教——此指華嚴經而言，經中有「圓滿因緣修多羅」之語，故稱圓教。圓教當然是一乘教。賢首又分「同教一乘」與「別教一乘」。以爲法華言及「三乘」，但爲方便誘引，最後皆引歸一乘，其教義爲三乘人說，故爲「同教一乘」。華嚴則只說佛境界，不立三乘之說，故爲「別教一乘」。

賢首之判教，實有不妥不盡處。①頓教無具體內容，似不宜立爲一教。天臺列頓教爲化儀四教之一，是也。②既自居圓教（別教一乘圓教），却又承認天臺亦爲圓教（同教一乘圓教）。若別圓教可涵攝同圓教，則天臺不得爲圓教，若兩圓並存，不能攝天臺，便是判教不盡。如此各圓其圓，正表示未能消化天臺宗之思想，其判教理論對天臺宗無法作一妥善之安排。③華嚴宗自稱別教一乘圓教，其所謂別教，是專就「毗盧遮那佛法身」而說之教義——以此佛法身爲圓極，由佛法身說法界緣起；佛法身法界無盡之法，是在海印定（海印三昧）中一起頓現，意卽、於佛之智海中印現一切法，妄盡心澄，萬法齊現。此乃一最高之禪定境界。「佛法身」本無不圓，今單就佛法身說圓教，是凸顯一高不可及之佛法界，故必與九法界隔絕而不相卽。隔而不卽之圓，乃本末不融之圓（九法界皆未脫離無明，仍然是無明中的法），此乃權圓，而未達到眞正的圓。必須如天臺宗卽九法界而成佛，方是眞正的圓實教。

三、眞如心「不變隨緣、隨緣不變」

華嚴宗以華嚴經爲標的，以起信論爲義理支持點。起信論代表如來藏緣起，乃「眞心爲主，虛妄熏習是客」之系統。眞如能熏亦受熏，眞如理卽眞如心，心與眞理乃合一者。賢首據此眞心而說二義：①不變義，②隨緣義。以眞心之「不變隨緣、隨緣不變」爲中心，即可吸收唯識宗之三性（遍計執性、依他起性、圓成實性）。此種吸收，可名曰三性之升位，使由阿賴耶識處所說之三性，升位到從眞心隨緣處說。

按：依牟先生之分疏，①由眞心不染而染、隨緣作諸法，即是「依他起」。②於依他起法而生執着，便是「遍計執」。③而眞心即是眞實性，相當於「圓成實」（此名是奘譯，眞諦只譯爲眞實性）。三性本是觀因緣生法上之事，可到處應用，只是隨問題之升轉而升轉耳。例如：龍樹時說「緣起性空」，只是以之觀因緣法，而未對緣起作一根源說明。至唯識宗將一切法統攝於阿賴耶，正式說三性，此便是三性由只就緣起性空之觀法上說，提升到從阿賴耶說諸法緣起之根源。但阿賴耶緣起並不圓滿（染識何以能生清淨法），故再提升而爲如來藏緣起，而三性亦隨之而提升。至華嚴宗之眞心隨緣，則是更進一步的說法。

眞常心之「不變」，是就其自性清淨說，自性清淨即含不變，故是分析的；「隨緣」義則由「不染而染」說，故是綜和的。「隨緣」義是其經驗的現實性（現實的染污性），「不變」義是其超越的理想性（超越的眞性）。眞常心通過無明而隨緣起現一切法（心有活動義，故可隨緣起現，若只是眞如理——凝然眞如，便不能隨緣），既是隨緣而後起現，故不即具（不是性本具），以是爲「性起」系統，而非「性具」系統。故荆溪評其「偏指清淨眞如」、「唯眞心」，不誤也。（華嚴宗之唯眞心，與天臺宗之一念無明法性心即具三千世間法，不同。）

四、法界緣起與四法界

眞如心隨緣起現生滅流轉法，是就現實面說。就理想面而言，則說還滅，即由眞心之染而不染，隨緣起修，由始覺還歸眞心之本覺，此便是般若智德滿與解脫斷德滿而證顯法身。此法身，乃是具有恒沙佛法佛性的如來藏性證顯以後的法身，在法身上的恒沙佛法，即是無量無漏功德（此功德是通過還滅而轉成者）。若以法界名此法身，則曰佛法界。佛法身曰功德聚，佛法界亦可曰無量無邊之功德界。

佛法身若不示現，則寂然無相，無「法」可言，「法」乃是因地之緣起法因着佛法身之示現而透映過來的果。此一法界，就佛之示現言，可曰「性起」，就其隨衆生根欲樂見法相而起現言，亦可曰「緣起」（隨客觀的染淨緣而起現染淨法，如明鏡之現染淨相。雖現染淨，而鏡之明淨不失）。在此，起現即示現，所謂「法界緣起」，實即佛之示現也。（故佛法身法界之法，實只是佛在海印定中展示之實德，此所以法界緣起又曰實德緣起。雖名緣起，實則起而無起，只是如如實相。）既是佛之示現，自然圓融無礙，圓滿無盡。而賢首之種種說法，亦無非是對於佛所示現之法界緣起而展示之「相」而已。

法界緣起是就萬法之起現作一說明，而對於法界之劃分，則有「四法界」之說：

1. 事法界——以差別爲特色，專就現象本身而言之。事事物物各維持它的特色，有如波波之相狀，千差萬別。

2. 理法界——以無二無差別爲特色，乃就現象所依之「理」而言。無盡之事法雖千差萬別，而實同依一眞如理，恰如波浪之相狀雖有差別，其體唯是一水。

3. 理事無礙法界——此是觀現象與實相（眞如）之不離，眞如卽萬法，萬法卽眞如。卽理是事，卽事是理，理與事不一不異，圓通無礙。恰如水與波互相融通，無礙一體。

4. 事事無礙法界——一一之現象，由於同依一眞如理，故雖顯差別，亦是彼此融攝。任一萬法，皆可顯眞如本身，亦可顯其他萬法（一事理可通至其他事理），此之謂「一攝一切，一切攝一」，一卽多，多卽一，舉一則一切隨之，主件具足，重重無盡，恰如波波相融相卽。此一法界是眞法界，亦卽華藏世界。

依此法界觀，到最後，塵塵法法，皆同時具足此四法界。一塵卽法界，法界卽一塵，塵塵法界，重重無盡。（此乃般若玄智之妙用，亦是說法上之展轉引申。）

五、十玄門

法界緣起，必有緣起之法。「法」是因地中隨緣起現隨緣修行以至成佛之長串過程中，所顯示的種種差別事。這些事當初只是隨緣起現，至還滅成佛後，復由佛心映現，卽於佛海印定中映現爲法界緣起。（此是通過修行，捨染轉淨，一起收於果海上說，所謂「因源果海」，在佛果上映現一切法）。爲說明此法界緣起，華嚴宗開爲十玄門（亦曰十玄緣起，卽說明法界之十個論點，主要是說事事無礙。）賢首在「五教章」中，是承智儼之說，後來在「探玄記」中有二點修改，次序亦有調整（在金師子章中，用名同五教章，次序則同探玄記）。後來稱智儼之說爲古十玄，賢首之說爲新十玄，玆依探玄記之立名與次序略加分述（各門名下所附之(1)(2)……乃古十玄之次序）。

1. 同時具足相應門(1)——凡理事、解行、因果諸事，同時成立，圓滿自足，彼此相應，在海印定中映現成一法界之大緣起。無有前後始終之差別。

2. 廣狹自在無礙門(7)——本名「諸藏純雜具德門」，謂諸法互相攝藏，純雜自在具足。純則純一普遍，故廣；雜則雜多特殊，故狹。純雜自內涵說，廣狹自外延說。純之與雜，同時具足無礙，故曰純雜具德。此門又通一切法，卽諸法皆成一法，名爲純，一法具一切法，名爲雜。賢首改純雜爲廣狹，並不見得更明顯。

3. 一多相容不同門(2)——一中有多，多中有一，互相含受，一多無礙。然此一多雖然相容，而體仍不相同，故諸法相容，又有同體異體二門。

4. 諸法相卽自在門(3)——諸法或異體相卽，或同體相印，皆圓融自在，無障無礙。前者如因之待緣而與外緣相卽；後者如因不待外緣而自具德以表現爲果，其與果之相卽便是同體相卽。

5. 秘密隱顯俱成門(6)——秘密者，甚深微妙義。一切諸法，甚深微妙，無論隱覆、顯了，俱時成就。

6. 微細相容安立門(5)——諸法不壞大小之相，而於一門內，同時具足顯現。一微塵，是小相，無量國土，是大相，雖大小異相，而能互相容入，彼此同時安立無礙。

7. 因陀羅網境界門(4)——諸法相卽相入，不唯一重，重重無盡。「帝釋天」之宮殿中懸因陀羅網，網中懸無數明珠，一一珠中各顯其餘一切珠影，一切珠影復入一珠，重重累現，了了分明。

8. 託事顯法生解門(10)——託事顯法者，託現象差別之事法，表現一乘無盡緣起之法門。蓋一切事事物物，卽是無盡緣起之法門，除現前之事物外，別無所顯之法門。

9. 十世隔法異成門(8)——過去現在未來三世，又各有過去現在未來，而成九世。此九世又迭相卽相入，攝爲一念，前九爲別，一念爲總，總別合論，故云十世。此十世各別有區分，故曰隔法。十世隔法，雖隔而又彼此相卽相入，雖相卽相入而又不失先後長短差別之相，故云異成。

10. 主伴圓明具德門(9)——本名「唯心迴轉善成門」，謂一切法唯是一如來藏自性情淨心迴轉善成。賢首改爲「主伴圓明具德門」，較佳。澄觀華嚴經疏鈔分說十玄門，先正辨十玄，再明其所以。「唯一眞心迴轉」乃玄門之所以（所因），故賢首改立主伴一門，蓋澄觀以爲「圓教之法理無孤起，必攝眷屬隨生，如一方爲主，十方爲伴，餘方亦爾。是故主主伴伴各不相見，主伴伴主圓明具德」。

總之，一切諸法，皆各具足十玄門，而無礙於相涉相入，以成一大緣起，故云十玄緣起，又云十玄緣起無礙法門。

六、六相圓融

十玄緣起事事無礙之法門，由六相圓融之教門成立。六相之說，一在示緣起實相，一在示法界緣起圓融無礙。一切諸法，無不具足六相，彼此圓融，相卽無礙。六相之名如下：

1. 總相——一含多德故。
2. 別相——多德非一故。
3. 同相——多義不相違，同成一義故。
4. 異相——多異相望，各各異故。
5. 成相——由此諸義，緣起成故。
6. 壞相——各住自法，本不作故。

玆以屋舍爲例加以說明：①屋舍，是「總相」。②梁柱瓦石，是「別相」。總與別，卽全體與部分，二者交互決定，總別互依。③梁柱瓦石，調配合成（互不相違）以成屋舍，同與屋舍有因緣條件關係，是「同相」。④而此梁柱瓦石等，有各自之形相，相望差別，是爲「異相」。各緣彼此互異，乃能「同」爲一「舍」之緣，此表示同異互相涵攝。⑤梁柱瓦石各各作緣（皆是建造屋舍之條件）。成一屋舍，是「成相」。⑥雖成一屋舍，而各住自法，不失本來面目（性質），是「壞相」。成壞之論與同異大致相近。梁柱瓦石所以能爲「成舍」之條件，因各有一定性質（自法）之故，既有一定性質，故各是各，並未「變成屋舍」，依此而說屋舍未成（壞）。故賢首最後總結云：「總卽一舍，別卽諸緣，同卽互不相違，異卽諸緣各別，成則諸緣辦果，壞卽各住自性」。

此六相中，總、同、成三者爲圓融門，別、異、壞三者爲行布門。圓融不礙行布，行布不礙圓融，相卽相入，互不相礙，故一切諸法，無不圓融自在。

第六章　佛教內的「教外別傳」：禪宗的異采

第一節　中國禪宗簡史

中國禪宗以達摩爲初祖，梁時至金陵，後至北方。達摩楞伽傳心，實屬眞常之教。據續高僧傳，達摩以楞伽授慧可，慧可「從學六載，精究一乘（一乘卽所謂南天竺一乘宗）。慧可傳僧璨。周武法難（五七四），璨南下，棲隱舒城皖公山，傳道信。道信（卒於六五一）開始立寺院，設佛像，開創道場，法席大盛。信傳弘忍（六〇二至六七五），是爲禪宗五祖，籍黃梅，又住黃梅東禪寺，故亦稱黃梅大師。五十歲在雙峰山之東，建立寺院，接引學衆，因稱「東山法門」。門下有慧安（武后時爲國師）、神秀、慧能。神秀（卒於七〇六）移住荆襄，復北上京洛，爲北禪。慧能南下韶州曹溪，爲南禪。另有在金陵牛頭山之法融（卒於六五七），得四祖道信開悟，傳法頗盛，是爲牛頭禪。數傳至徑山道欽（代宗賜號國一），約與馬祖、石頭同時，此系後來終爲南禪所融化。

慧能（六三八至七一三），本籍河北，生於嶺南。二十餘參五祖，見神秀之偈（身是菩提樹，心如明鏡臺，時時勤拂拭，勿使惹塵埃）而不可，另呈一偈云：「菩提本非樹，明鏡亦非臺，本來無一物，何處惹塵埃」。五祖印可，授予法衣。四十左右在曹溪弘法。弟子四十餘人，最著者有青原行思，南嶽懷讓，荷澤神會，永嘉玄覺，南陽慧忠。門人法海，集錄其言行，爲施法壇經。元代有宗寶者校定異本，修定爲「六祖大師法寶壇經」。

荷澤神會於開元中北上南陽，天寶間復至洛陽，著「顯宗記」，大顯南禪，指北禪爲漸，南禪爲頓。後爲神秀門下所謗，移徙荆州。安史之亂，以香火錢助軍費，亂平，肅宗爲造禪宇於洛陽荷澤寺，終於達成以慧能爲禪宗六祖之願望（北禪以神秀爲六祖）。神會卒於肅宗末（七六〇）。圭峰宗密即其四傳弟子。

青原行思，江西吉州人，承六祖命分化一方，住吉州青原山，卒於開元二十八年（七四〇）。弟子石頭希遷，廣東高要人，初參六祖，後參行思，思深許之曰：「衆角雖多，一麟足矣」。往南嶽，結庵於大石上，人稱石頭和尚。卒於德宗貞元六年（七九〇），著有參同契、草庵歌。弟子有藥山惟儼、天皇道悟等。藥山下開出曹洞宗，天皇下開出雲門宗、法眼宗。

南嶽懷讓，陝西人，先參安國師，後至曹溪，侍六祖十五年。六祖寂，往南嶽弘化，卒於天寶三年（七四四）。弟子馬祖道一，四川人，至南嶽，得懷讓開悟，侍奉十載，往江西弘化，門庭最盛，人稱馬大師，卒於貞元四年（七八八）。弟子最著者有百丈懷海、南泉普願（趙州之師）等。百丈下開出溈仰宗、臨濟宗。

第二節 如來禪與祖師禪

在南禪未開宗派之前，圭峰宗密已有三宗之判。①四祖下牛頭法融一脈，弘法於江東。此一地區受玄學與般若三論影響特深，法融之學遂亦以「虛空爲道本」、「不須立心，亦不强安」爲宗要，側重非心非佛，故圭峰判爲「泯絕無寄宗」。②五祖下神秀一脈，化行京洛，多承楞伽舊義，主「清淨自心現流，漸而非頓」，故圭峰判之爲「息妄修心宗」。③六祖下神會唱頓禪於京洛，以「立知見」直顯眞心（靈知眞性）爲主，圭峰爲其四傳法裔，自判爲「直顯心性宗」。然直顯心性之南禪正統，實不在神會一系，而在於湘贛中心興起之新禪風。六祖云「若欲求佛，卽心是佛，若欲會道，無心爲道」。此乃融合眞常唯心與般若性空之新禪風。故青原南嶽下之禪師，或說「卽心是佛」，或說「非心非佛」，或說「不是心，不是佛，不是物」，對於眞心眞空，能不落二邊，中道不住。

南方禪師有「如來禪」與「祖師禪」之分，但其實指，不甚明確。依牟先生之疏解，其基本關鍵是在「卽心是佛」一語如何解釋，這亦就是對如來藏性的了解與說法之問題。對如來藏性可有三種說法：

1. 如來藏自性清淨理，亦卽理佛性——此是相應阿賴耶系統而說者。
2. 如來藏自性清淨心——在此，眞心與眞性是一，此是眞常心系統之如來藏。

3. 一切法趣色趣空趣非色非空，只點實相爲如來藏——此時，那有實體意味的眞心卽被打破，而復歸於佛法眞相，此是天臺性具系統下之如來藏。

一、神會之如來禪：頓悟眞心，直顯靈知眞性

以上述第二個說法來解說「卽心卽佛」以及「直指人心、見性成佛」，乃神會禪之立場。其所著重者是就如來藏眞心（眞性）而講直下頓悟以成佛。「歷代法寶記」謂神會每月作壇場爲人說法，「破清淨禪，立如來禪」。所謂「破清淨禪」，卽破斥假藉「看心、看淨」之方便以「息妄修心」之漸教禪。所謂「立如來禪」，是立「頓悟如來藏性以得如來法身」，此卽圭峰所謂「直顯心性宗」。「直顯」卽頓悟（不假漸修），「心性」卽靈知眞性（眞如心、靈知性、心性合一）。這仍是荆溪所說的「唯眞心」「偏指清淨眞如」。神會禪所不同於華嚴宗者，不過偏重在頓悟眞心，而不甚重視此眞心之「不變隨緣隨緣不變」（如來藏緣起）之教說耳。故神會之頓悟禪如來禪，實同於起信論華嚴宗之唯眞心。此一系統必須預設一超越的分解，以顯示一超越的眞心（靈知眞性）。①就華嚴教說，是別教一乘圓教。②就神會頓悟禪說，是如來禪。圭峰唱禪教合一，便是以華嚴宗「顯示眞心卽性」之教，會合神會「直顯心性」之禪（宗）。但六祖及青原南嶽下的禪者並不同於神會禪。（圭峰亦知直顯心性宗有二類，但他只講第二類神會禪，對第一類則引而不發。圭峰與百丈門下溈山同時，溈山早圭峰九年生，而後卒十二年）

二、六祖之祖師禪

A、無所住而生其心——直指本心，見性成佛

當初六祖半夜聽五祖說金剛經，至「應無所住而生其心」時，六祖言下大悟：一切萬法不離自性。他對五祖說：

「何期自性本自清淨！何期自性本不生滅！何期自性本自具足！何期自性本無動搖！何期自性能生萬法！」

依此看六祖所悟，「自性」卽自己的本性，卽「本來無一物」的空寂性。但此空寂性，必須通過「無所住而生其心」始能如如呈現，不住着於色聲香味觸法而生其心，此卽般若心、清淨心、無念心。般若心呈現，空寂性始呈現。六祖並不像神會就無住心分解成一個靈知眞性，分爲空寂之體與靈知之用而成眞心卽性；而是無任何住着之般若心照見空寂性。空寂性「本來無一物」，而「般若非般若，是之謂般若」，般若亦本來無一物，此之謂智如不二。不二而二，亦可說如如智與如如境。如如智卽心，如如境卽性。故五祖謂六祖曰：「不識本心，學法無益。若識自本心，見自本性，卽名丈夫、天人師、佛。」句中之「本心」卽無所住的般若心，「本性」卽空寂性。「若識本心」數句，卽「直指本心，見性成佛」之義。必須直就着「無念無住的般若清淨心」而無心，始能見「本來無一物」的空寂性而成佛。——

念念住着卽是生滅緣起的萬法，念念不住着卽是般若。自性若迷，卽是衆生，自性若悟，卽是佛。故曰「佛向性中作，莫向身外求」。

B、自性生萬法——「性生」並非本體論的生起論

然則，五何期句中最後一句「何期自性能生萬法」，應如何了解？曰：「生」是依前句「自性本自具足」之意而來，「自性能生萬法」，卽「自性能含萬法」之轉語，故「生」乃含具義、具現義，實則其本身實無所謂「生」也。自性眞空，故眞如本性本無所謂起不起、生不生。生起變化而成萬法，是由於思量（心識活動）。心識萬法不離空如（自性眞空），以如爲相、以如爲位，於是而有「自性生（含具）萬法」的漫畫式的正表詞語。實則乃是含具不捨不着無生無滅的萬法實相而爲功德聚（法身佛）。六祖之說，正是智者所謂「點空說法」也。六祖全靠自悟，他並無經院式之訓練，對經院式之分析與敎相之分判亦無興趣，故必須以天臺圓敎「一念心卽具十法界」加以規範，方能對他有恰當相應之了解。

圭峰①以敎方面之空宗配禪方面之「泯絕無寄宗」（牛頭禪）。②以敎方面之唯識宗配禪方面之「息妄修心宗」（神秀禪）。③以敎方面之起信論華嚴宗配禪方面之「直顯靈知眞性宗」（直顯心性第二類之神會禪）。但對直顯心性第一類却無交代，而又將法華經涅槃經與其他眞常經論混在一起，此表示圭峰對天臺敎亦無安排。牟先生以爲，④當以天臺敎配六祖之圓悟禪或圓頓禪，亦卽後來所謂「祖師禪」。

C、無念、無住、無相——不捨、不着、不斷斷

六祖又有「以無念無宗，以無住爲本，以無相爲體」之說，尤可見出其精神正與天臺圓教相應。壇經機緣品載臥輪禪師偈云：「臥輪有伎倆，能斷百思想，對境心不起，菩提日日長」。六祖認爲此偈未明心地，因示一偈：「惠能無伎倆，不斷百思想，對境心數起，菩提作麼長？」臥輪屬「息妄修心宗」，自以爲有伎倆，實則爲法所縛而陷於滯執。「惠能無伎倆，不斷百思想」，正是天臺宗所特重之「不斷斷」，於百思想中無住無着，乃是思而不思，此便是解脫。「本來無一物」是一法不可得；「不斷百思想」，則是不壞假名而說諸法實相，三千宛然卽空假中；兩者似相反而實相成。

至於「無念」乃境界語、工夫語，不是存有論上的有無語。「無念」乃「於念而無念」。「於念」是存有論地有念，「而無念」是工夫的無執無着，亦卽「於諸境心不染」之意。「無念」是宗旨，故曰「以無念爲宗」。「無住」是所以實現此無念之宗旨者，「於諸法上念念不住」卽無縛矣，此便是「以無住爲本」。無念、無住，卽是「無相」。「無相者於相而無相」，亦卽般若經所謂「實相一相，所謂無相」。無相乃是它的體性，故曰「以無相爲體」。彼「看心觀淨，不動不起」者，是有相禪。離一切相，不着一切相，直從自性空寂處直心而行，則一切還歸於無相：禪、戒、定、慧、懺悔，一是皆無相，此卽是「一行三昧」。只此一行，別無餘行，此便是圓頓禪、祖師禪。

第三節　禪家五宗的宗風

六祖亦尊經重敎，只因重在心悟，不徒口誦，故不落知解言詮。後來南禪專重在「無心爲道」一語之撥弄，亦卽專重在「拈花微笑」此一主觀之領受。於是，「卽心是佛」是禪，「非心非佛」是禪，而「任他非心非佛，我只管卽心卽佛」（馬祖門下大梅法常語），亦是禪，「佛之一字，我不喜聞」（石頭門下天然丹霞語），同樣是禪。隨之而來的揚眉瞬目、擎拳豎拂、畫圓相、擧一指、棒打口喝，乃至呵佛駡祖，種種奇詭的姿態，都是順「無心爲道」一語而來，說穿了，卽是「作用見性，當下卽是」，根本還是般若經之「不捨不着」。此本是修行人之圓證圓悟，亦是共義。不惟佛敎，亦儒道之所共。所以，誇大「敎外別傳」而截取之以爲宗，以與他宗相抗，反而顯得自己小，而陷於孤單。一般公案話題，多說亦無益，只須如維摩詰之「當下默然」卽可。但禪門五宗之宗風，須當略爲一說。

一花開五葉，本是一根生，而風姿各別。

一、潙仰宗——由潙山靈祐（七七一至八五三）仰山慧寂（八一四至八九〇）師徒開宗，化地一在潭州，一在袁州。先開先謝，僅三四傳而絕。其禪風體用圓融，師資濟美，父慈子孝，上令下從。

二、臨濟宗——由臨濟義玄（卒於八六六）開宗。臨濟曹州人，化地在鎭州（河北），爲南禪北行之始。在五宗中傳燈最盛。至北宋回化南方，分流為楊岐、黃龍二派，至南宋黃龍派轉衰，楊岐復臨濟宗名。此宗禪風以棒喝見稱，峻烈莫比。至南宋大慧宗杲（臨濟下十一傳），唱看話禪。自此以後，禪流皆以看話頭為入門。

三、曹洞宗——由洞山良价（八〇七至八六七）曹山本寂（八四〇至九〇一）師徒開宗。其禪風回互丁寧，親切綿密，頗重傳授。化地一在高安，一在臨川。曹山一派二三傳而斷，賴雲后道膺（曹山同門）單傳至南宋而興盛，天童正覺（即宏智）並唱默照禪以與看話禪對抗，然為大慧所貶（蓋以其有偏空寂之嫌歟）。後傳入日本。

四、雲門宗——由雲門文偃（卒於九五〇）開宗，化地在廣東乳源。後北行江浙，更入京洛，北宋時最盛，入南宋而微。此宗禪風，如奔流突止，頗為急切，而亦簡潔明快。雲門弟子德山緣密連成雲門三句：①涵蓋乾坤，②截斷衆流，③隨波逐浪。

五、法眼宗——由清涼文益（八八五至九五八）開宗，住金陵，卒後諡號法眼，因以名宗。其禪風先緩後急，古稱巧便。一傳天臺德韶（八九一至九七二），再傳永明延壽（卒於九七五），著宗鏡錄一百卷，導唯識、臺、賢教入本宗。又以禪融淨，開後代禪淨一致之風。北宋中絕於中土，而轉行於高麗。

第四節 公案話頭舉例

禪宗分派，實只是接引手法不同，而基本宗旨並無差別。公案話頭，有時能顯示一規路，有時則只是當機之表現手法，局外人之揣想，常不免刻舟求劍，强作解人。但中國人特別喜歡這一套，又特別善於這一套，今亦不得不介紹一二。請參看拙撰「禪宗話頭證會舉隅」一文（編入拙著「儒家思想的現代意義」頁三九八—四一五），其目如下：①誰縛汝？②石頭路滑。③野鴨子。④卽心是佛。⑤平常心是道。⑥黃檗佛法無多子。⑦龍潭紙燭。⑧雲門敲門。⑨初生月。⑩日日是好日。

第四卷　宋明時期：
儒家心性之學的新開展

從魏晉到隋唐這八百年中，中華民族的心智力量並沒有衰竭。魏晉階段，文化生命有歧出，有虛脫，但亦有道家玄智之開顯與玄理之暢發。南北朝階段，文化生命進入睡眠狀態，但社會風教與家庭倫常持續不變，而對佛經之譯習，亦仍然是一種心智的活動。隋唐之時，天下一統，文化生命開始有第一步的豁醒——表現於政治制度以定國安邦，心智力量則表現於對佛教之消化、分判、自開宗派。但就民族文化的原生本命而言，仍然在歧出失軌之中，還欠缺一步思想義理的豁醒，以昭顯文化理想，端正文化生命的方向和途徑。

中唐之時，雖有韓愈提揭道統之說，力倡孔孟仁義之教，其門人李翺亦有「復性書」之作，但或者只是外部的呼聲，或者只是先機之觸發。在主觀方面，振動文化心靈之力量既有所不足，而客觀方面，佛教（尤其禪宗）正如日中天，文化生命返本歸位的契機尚未到來。而且還有一段黎明前的黑暗（五代）必須通過。經歷了唐末五代的刼難，而後纔能剝極而復，否極泰來。這就是宋明儒學的復興。

宋明儒學有六百年之發展。他們重建道統，把思想的領導權從佛教手裏拿回來，重新挺顯了孔子的地位，使民族文化生命返本歸位，而完成了第二度的「合」。他們最大的貢獻，是復活了先秦儒家的形上智慧。道家講玄理所顯發的「無」的智慧，以及佛教講空理所顯發的「空」的智慧，雖皆達到玄深高妙的境地，但由玄智空智而開顯出來的「道」，畢竟不是儒聖「本天道為用」的生生之大道。儒家之學，一面上達天德，一面下開人文，以成就家國天下全面的價值。這樣的道，當然比佛老更充實、更圓滿。

宋明儒者之學，通常被稱為「理學」，這個「理」字當然有它的實指，而不只是平常所謂義理、道理的意思。道家講「玄理」，佛家講「空理」，而宋明儒所講的則是「性理之學」。①所謂「性理」，並不指說是屬於性的理，而是卽性卽理、性卽是理。但伊川和朱子所說的「性卽理也」，却並不能概括「本心卽性」的「性理」義。以是，與其稱為性理之學，又不如之為「心性之學」，或許更為恰當。②但心性不是空談的。一個人要自覺地過精神生活、作道德實踐（表現道德行為），便不能不正視心性。念茲在茲，時時講習省察，豈能視為空談？縱或有人空談，魚目又豈能混珠？空談者自是空談，豈可因此而忽視心性之學的本質和價值？③心性之學亦就是「內聖之學」。內而在於自己，而自覺地作聖賢工夫（道德踐履），以完成自己的德性人格，這就是所謂「內聖」。儒家之教，立己以立人，成己以成物，它必然要由內聖通向外王：外而達之天下，行仁政王道以開濟事功。但宋明儒講習學問的重點，畢竟偏於內聖一面，外王一面則沒有積極的開發。這就是所謂「內聖強而外王弱」。④內聖之學又可名爲「成德之教」。成德之最高目標是「聖」，是「仁者」，是「大人」。而其眞實的意義，是要在個人有限的生命中，取得無限而圓滿的意義。這就是「卽道德卽宗教」的儒家之教。依照儒家的教義來說，道德卽通無限。道德的行爲雖有限，而道德行爲所依據的實體，以成就其爲道德行爲者，則無有限極。人隨時體現這個實體以成就其道德行爲之「純亦不已」，便可以在有限之中獲致無限的意義。有限而無限，性命天道通而爲一，這就是儒家的宗教境界。

這內聖成德之教，亦可名爲「道德的宗教」，它既與以捨離爲首要義的「滅度的宗教」（佛教）相異，亦與以神爲中心的「救贖的宗教」（耶教）不同。這是自孔孟以下先秦儒家本有的弘規（孔子「踐仁知天」與孟子「盡心知性知天」便是這個弘規的基本模型），並不是宋明儒者的憑空新創。宋明儒者所講習的，便是順着這個本有的弘規而引申發揮、調適上遂。以是，世俗所謂「陽儒陰釋」一類的言詞，根本是不知學術之實的顢頇語、鶻突話。（我看不出宋明儒學中有任何一個可以視爲中心義旨的觀念、或有本質之相干性的工夫話頭，是來自佛老的。）

北宋諸儒，上承儒家經典本有之義，以開展他們的義理思想；其步步開展的理路，是由中庸易傳之講天道誠體，回歸到論語孟子之講仁與心性，最後纔落於大學講格物窮理。到了宋室南渡，胡五峯消化北宋儒學而開出湖湘學統，朱子遵守伊川之理路而另開一系之義理，象山則直承孟子而與朱子相抗。理學之分系，於焉成立。到了明代，王陽明呼應象山而開出

「致良知」教，劉蕺山則呼應五峯而盛言「以心著性」之義；接着蕺山爲大明之亡絕食而死，六百年之理學亦隨之而告終結。

本卷所述，即是宋明六百年的儒家哲學。（各章所陳述的義理根據，皆見於牟先生「心體與性體」，請參看。）

第一章　北宋前三家：周濂溪、張横渠、程明道——由易庸回歸論孟，完成圓教之模型

北宋儒學初起時，胡定安、孫泰山、石徂徠皆卓然有儒者之矩範，這一輩學者的精神企向，主要可以歸結爲三點：一是恢復師道尊嚴、重視人格敎育，二是重建道統的呼聲，三是文化意識的覺醒。但他們只是文化生命復甦回向的先驅人物，對於義理心性之學，還沒有達成開光挺顯的使命。

另有邵康節，亦是北宋一大家，但就心性之學或內聖成德之敎而言，他只能算是理學別派。其人屬曾點一流，道德意識與文化意識不顯，與文化生命的脈動，相關性不大。關於這幾位，皆暫闕不論。

第一節　濂溪默契道妙：豁醒儒家形上之智慧

一、以誠體合釋乾元

宋明儒學的開山人物是周濂溪（西元一〇一七至一〇七三）。周子通書開宗明義第一章，便以中庸之「誠體」說易傳之「乾元、乾道」。這種合釋，可謂天衣無縫。因爲中庸和易傳顯發儒家形上智慧的思路，實在是相同的。

中庸講到天地之道時，說是「其爲物不貳，則其生物不測」，又說「誠者物之終始，不誠無物」，又說：誠則形、著、明、動、變、化。這已明白表示，「誠」能起創生、改變、轉化，有生化萬物的作用，一切事物皆由「誠」成始而成終。在這成始成終的過程中，物得以成其爲物，成其爲一個具體而眞實的存在。如果將這個誠體撤消，物便不能成始成終，而將歸於虛無。

二、乾道變化即是誠體流行

若將這個創生的終始過程應用到乾卦彖辭，則所謂「乾道變化，各正性命」，亦正顯示一個誠體流行的終始過程。再就乾卦卦辭而言，「元、亨、利、貞」，亦同樣表示誠體流行的終始過程。濂溪說「大哉乾元，萬物資始，誠之源也」。便已指出乾元就是誠體發用流行的根源。又說「乾道變化，各正性命，誠斯立焉」。乾道變化是指說誠體之流行，而誠體流行的實體即是乾元，所以「誠體」就是「乾元」。

濂溪又從元亨處說「誠之通」，於利貞處說「誠之復」。復、由立而見，通、承源而來。誠之「源立通復」，正就是乾道（天道）之「元亨利貞」。二者皆是表示天道誠體之無間朗現、終始貫徹。就誠體自身說，或就誠體流行之終始過程（亦卽天道之生化過程）說，都是「純粹至善」的。所以濂溪又引易繫傳上云：「一陰一陽之謂道，繼之者善也，成之者性也」。在乾道變化之中，於元亨處便見有陽之申，於利貞處便見有陰之聚。所謂一陰一陽之謂道，卽是表示：道，乃是誠體之流行，是一個有「陽之申、陰之聚」之軌迹的終始過程。人能繼續這個無間歇無流逝的生化之道，而不使它斷滅止絕，便是「善」。能在自己的生命中成就這個道，這個道便成爲個體的「性」。人有了這個至善的誠體以爲性，纔能完成這個道於自己生命之中，以莊嚴充實我的生命，並成就我的德性人格。所以通書首章又總贊一句：「大哉易也，性命之源乎」！意思是說，易之一書，是眞正能參透性命之根源者。

據上所述，可知濂溪之「默契道妙」，是從中庸易傳悟入。所謂「千載不傳之秘」，他劈頭便把握住了。乾象與繫傳諸語，只須用一個「誠」字點撥，便實義朗現。乾道之變化，實只是一誠體之流行，這是儒家最根源的智慧。握住此義，便綱領在手，而可無所歧出，無所走作。

三、誠體與寂感

濂溪對於誠體的體會，確甚精透而明澈。易繫傳上云：「易無思也，無爲也，寂然不動，感而遂通天下之故，非天下之至神，其孰能至於此！」所謂「寂然不動，感而遂通」，乃是先秦儒家原有的、亦是最深的玄思（形上智慧）。濂溪便通過這句話來把握誠體，所以說「寂然不動，誠也；感而遂通，神也」。寂是就誠體之「體」說，感是就誠體之「用」說。總之，誠體只是一個寂感眞幾。說天道、乾道，猶是形式的抽象的朧侗字，所以落實說個「誠體」，誠體仍覺朧侗，所以落實說個「寂感」。

照濂溪的體悟，這個作爲寂感眞幾而能起創生之用的誠體之神，又實卽「太極之理」（義見通書動靜章與理性命章）。它動而無動相、靜而無靜相，它神感神應，妙運生生，所以陰陽氣化的混闢（幾微之始與生成之著），實際上卽是誠體之神的流行與充周（周遍充滿）。他的「太極圖說」，由太極陰陽五行之生化萬物，敍述一個由宇宙到人生的創化過程，以彰顯「由天道以立人極」之義：便是根據通書言誠體寂感的義旨推衍出來。（太極圖說全文之解釋，請參閱拙撰「宋明理學北宋篇」第三章。）

四、作聖工夫

濂溪又引尚書洪範「思曰睿，睿作聖」之句，指出思以無思爲體，以通微爲用，故「思」爲聖功之本。而思之功在「幾」上用（知幾）：幾一動，則誠體之思與知，便照臨於幾之動而隨感隨應，所謂「幾動於彼。誠動於此」，纔動卽覺，纔覺卽化。這樣說工夫，已很深微而中肯，亦已落在「心」上說內聖工夫。

但體現誠體的工夫，不能只注意心之思用，而應進一步更內在地注意到心之道德的實體性之「體」義，此便是孟子所說的「本心」。濂溪言作聖工夫，不知直承孟子之本心說，反而迂曲尋其根據於洪範，不免捨近而求遠。由於濂溪之默契道妙是從中庸易傳入，因而對於孔子之踐仁知天與孟子之盡心知性知天，還沒有十分眞切的理解，他的不足夠處或不圓滿處，有待於後來之發展。但他對於誠體之神、寂感眞幾的積極體悟，使先秦儒家本有的形上智慧，得以蘇醒復活，實已爲宋明六百年的內聖成德之教，開啓了最佳之善端。

第二節　橫渠思參造化：天道性命通貫而爲一

一、天道性命相貫通

張橫渠（西元一〇二〇至一〇七七）的著作，以西銘與正蒙最爲重要。西銘所說，不外以乾坤爲大父母，繼天立極，踐形盡性，以開展其主客觀兩面之道德實踐。這是儒家的通義，所以自二程以下，皆推尊西銘。

但就思參造化，自鑄偉辭而言，則正蒙一書纔更足以代表橫渠的思想。而且首先自覺地表示「天道性命相貫通」這個基本觀念的，亦以正蒙書中的若干語句最爲精切而諦當。如像誠明篇所謂：「天所性者通極於道，氣之昏明不足以蔽之；天所命者通極於性，遇之吉凶不足以戕之。」就是最爲明顯而又最爲精要的語句。前句指出「性」與「道」相通，後句指出「命」與「性」相通。而前後兩句又皆有表有遮，首句表示通極於道的「性」，是以「理」言的性，所以稟氣之昏濁或清明，皆不足以蔽塞它，它是粹然至善的性。次句表示通極於性的「命」，亦是以「理」言的命，所以命遇命運的吉凶順逆，皆不足以戕害它，它是可以內在化而作爲吾人之大分的性之所命（亦卽天之所命）的命。

這「天道性命相貫通」的意識，本是宋明儒者所共同的（亦是先秦儒家本所函蘊），但自覺地如此精要的說出來，橫渠是第一人。而且這亦是正蒙書中最爲中心的觀念。橫渠之足以作爲「儒家之法匠」，亦主要就在這一點上。

二、對道體的體悟：太虛無形，氣之本體

正蒙共十七篇，而太和篇言道體義，誠明篇言性體義，大心篇言心體義，尤爲重要。橫渠言「道體」，主要有下列諸義：

1. 就天地大生廣生之充沛豐盛而說「道」（太和所謂道），這是描述地指點。
2. 再就道而分解爲「氣」與「神」，由神之清通不可象而建立「太虛」一詞；氣之本體卽是太虛之神，故可曰太虛神體。
3. 氣或聚或散，或虛或實，或清或濁，這是氣所顯現的「兩體」（兩面之體相）。能兼合各體各相而不偏滯於一體一相、不爲氣之相迹所累的，是清通虛體之神。所以橫渠以「兼體無累」說「道」，又以「兼體不累而存神」說聖人之「盡道」；一是客觀地說，一是主觀地說，實則，其義一也。
4. 可知太虛之爲氣的本體，並不是一個抽象的靜態之體，而是遍運乎氣而妙運之的、動態的神用之體。太虛神體之妙用不能離氣而見，而氣化之不滯是由於有虛體之神以

貫之；虛不離氣，卽氣見神，這就是橫渠所謂「虛空卽氣」「太虛卽氣」的眞實語意。

5. 故言虛言神，不能離氣化。氣化是實事，就化之實、化之事而言，說「氣化」；就卽用以明體、通體以達用而言，說「神化」。天道神化，不能掛空虛懸，所以必然是虛不離氣、卽氣見神，必然是「神體氣化之不卽不離」。實理主宰乎實事，乃是立體直貫地成其爲道德的創造，亦卽本體宇宙論的道德創生之充實圓盈。——（按、若不知「本天道爲用」，徒以「空」「無」「虛」三字相差不遠，「遂使儒佛老莊，混然一途」，此便是義理之混淆與悖繆。又或以橫渠爲唯氣論、或直接說爲氣化的宇宙論，則更是不究實義的隨意比附與妄斷。）

三、對性體的體悟

合虛與氣以成化，可以說「道」，而「性」則必須超越分解地偏就虛體而言。凡言天、言道、言虛、言神，皆結穴於性。神是天德，亦卽太虛神體之德。此太虛神德妙通於萬物而爲萬物之體，此便是萬物之「性」。①從「超越地分解以立體」而言，性同於太虛神德，這是性的本義。②從「性必函道德的創造」而言，性便同於生化之道。而性體的具體意義，則必須就太虛神德之寂感而言。至寂之虛卽是感之體，神感神應卽是寂之用，而這個寂感眞幾，實際上就是「性」。

而性體寂感之神，卽由「總合貫通虛實、動靜、聚散、清濁之兩體而不偏滯」而見，亦卽由通貫形氣以成化而見。這是由氣見性，而不是以氣言性。天地萬物皆在一神感妙合（不是物感氣合）之中呈現，這就是性體之妙運，亦卽性體之創生。性體純然至善，乃人人所固有；善反而復之，則呈現而起用；不能善反而復，則潛隱而自存。

橫渠又分別「氣質之性」與「天地之性」，變化氣質中的偏雜，以彰顯性體本然自存之善；使它成爲具體的善、呈現的善，這就是盡性、成性的工夫。

四、對心體的體悟：心能盡性

橫渠說：「心能盡性」。心是主觀性原則，性是客觀性原則，從本心之眞切覺用以盡此性、以充分地形著此性。到了此眞切覺用調適上遂而全幅朗現，則性體之內容全在心，心亦全體融於性，於是心性通而爲一，而主客觀兩面亦遂獲致其眞實之統一。

橫渠言「心」，實本於孔子之仁與孟子之本心。所以說「大其心，則能體天下之物」，「天大無外，故有外之心，不足以合天心」。這足以「合天心」的無外之心，實卽本心、仁心。客觀面的天與性之無外，必須通過主觀面的心之無外而得其眞實義與具體義。所以橫渠又說「天體物不遺，猶仁體事無不在」。所謂仁體事無不在，①就仁心而言，是感通一切、遍潤一切而不遺；②就仁道而言，是顯現一切、遍成一切而不遺。

據此可知，橫渠不但正式說出「天道性命相貫通」，而且實已通澈到「心性天是一」的境界。只因太和、太虛、氣等等一套詞語所造成的烟霧，掩蔽了他的義理之實，所以使人覺得他客觀面之意味重，而主觀面猶不免有虛歉之感。其實主客觀兩面之合一，固已函於正蒙的義理之中。當然，正蒙多滯辭、蕪辭，因此說到義理之清澈圓熟，橫渠自非明道之比。

第三節 明道盛言一本：完成儒家圓教之模型

一、一本論的總意指

程明道（西元一〇三二至一〇八五）雖亦客觀地本於中庸易傳而言天道、天理，但識仁篇與定性書（拙撰「宋明理學北宋篇」第十二章對此二文有詳細之疏解，請參閱），皆已主觀地言仁體、心體、性體；又以其圓融之智慧盛言一本之義，則主觀面與客觀面皆已充實飽滿而無所虛歉。既以「一本」爲究竟了義，則「心性天是一」之模型——所謂圓頓之教，便已澈底朗現。這是由濂溪開始、通過橫渠、所體悟的天道性命所必然要進到的境界，明道便是這個圓教模型的完成者。

明道說：「道，一本也」。意思是說，「道，一本而現也」。至誠之形、著、明、動、變、化，卽是天地之化。聖人之心與天地之化如如爲一，所以明道認爲不可離「人」而言天地之化。若天地之化是天地之化，人只是從旁去參贊，這便是二本，而不是一本而現、一體而化。故所謂「一本」，乃是表示：無論從主觀面或客觀面說，總只是這「本體宇宙論的實體」之道德創造、或宇宙生化之立體地直貫。

這本體宇宙論的實體有種種名：天、帝、天命、天道、太極、太虛、誠體、神體、仁體、中體、性體、心體、寂感眞幾、於穆不已之體等等，皆是。這個實體亦可總名之曰「天理」或「理」。這個理，靜態地爲本體論的「實有」，動態地爲宇宙論的生化之理，同時亦卽道德創造（道德行爲之純亦不已）的創造實體。它是理，同時亦是心，亦是神，所以是「卽存有卽活動」的。

二、「天理」的涵義

這統名曰理的「天理」，①就其自然的動序而言，亦可曰「天道」；②就其淵然有定向而常賦予（於穆不已地起用）而言，亦可曰「天命」；③就其爲極至而無以加之而言，亦可曰「太極」；④就其無聲無臭、清通而不可限定而言，亦可曰「太虛」；⑤就其眞實無妄、純一不二而言，亦可曰「誠體」；⑥就其生物不測、妙用無方而言，亦可曰「神體」；⑦就其道德的創生與感潤而言，亦可曰「仁體」；⑧就其亭亭當當而爲天下之大本而言，亦可曰「中體」；⑨就其對應個體而爲個體所以能起道德創造之超越根據而言，或總對天地萬物而可以使之有自性而言，亦可曰「性體」；⑩就其爲明覺而自主自律、自定方向，以具體而眞實地成就道德行爲之純亦不已、或形成一存在的道德決斷而言，亦可曰「心體」。總之，它是「卽存有卽活動」的寂感眞幾——寂然不動，感而遂通，而爲創生感潤之實體，亦卽「於穆不已」之奧體。

這個實體，①就其爲「性」而言，它具有五義：性體、性能、性理、性分、性覺。它是理，是心，亦是神。②就其爲「心」而言，亦具有五義：心體、心能、心理、心宰、心有。它是心，是理，亦是神。在這直貫創生的「一本」之下，心神理是一，心性天亦是一。

三、一本義之圓融說，與分解說互不相礙

「一本」義的表示方式，必是圓頓的。在明道的言詞中，如像：「只心便是天，盡之便知性，知性便知天，當處便認取，更不可外求」。「窮理盡性以至於命，三事一時並了，元無次序」。「居處恭，執事敬，與人忠。此是徹上徹下語。聖人元無二語」。這些話，都是「一本」義的圓頓表示。

在圓頓之「一本」中，並不是體用不分、形上形下不分；雖則分之，亦不是如朱子般心神屬於氣，而性則只是理。又如明道所謂「道亦器，器亦道」，「氣外無神，神外無氣」，亦只是直貫創生的體用不二之圓融說，而並不是體用不分、道器不分；雖則分之，亦不是如朱子般心神屬於氣，而道則只是理。

由此可知，在明道的「一本」義下，分解地說的「形而上者爲道，形而下者爲器」，與圓融地說的「道亦器，器亦道」，二者實相含攝而不相礙。

四、明道的造境與地位

由濂溪而橫渠而明道，是一步步由中庸易傳回歸落實於論孟，至明道而充其極。但明道還不是如象山之純爲孟子學。象山純以論孟爲提綱，中庸易傳之境則已不言而諭。而明道生當北宋，畢竟還處於「先着眼於中庸易傳」之學風中，因此尙未純以論孟爲提綱；但亦正因爲先着眼於中庸易傳，所以客觀面的天道性命之提綱，纔能十分飽滿而無虛歉，此則又爲象山所不及。明道對於主觀客觀兩面之提綱，同樣充實飽滿，而又以圓頓之智慧成就其「一本」之論，這就是明道之所以爲大、而得以成其爲儒家圓頓之敎的模型之故。

第二章 程伊川之轉向與洛學之南傳

第一節 伊川不自覺地義理之轉向

一、二程異同

平常說到二程之學，好像明道與伊川（西元一〇三三至一一〇七）並無不同。實則兄弟二人不但一般性格有差別，心態與思路亦有不同。明道妙悟道體，喜作圓頓表示；伊川則質實，喜作分解表示。

二程一同講學之時，主要觀念發自明道，明道既卒之次年，伊川爲侍講，此後有二十年獨立講學之時間，終於使他自己的生命與思路逐漸透顯出來，而着重於分解表示，並轉而從大學之格物致知以表示下學之切實。在伊川當時，並不覺得自己之所說，與明道所談論的本體有衝突或不相應，亦沒有如朱子般視明道之言談爲太高、近禪、而生忌諱。但由於伊川以大學表示下學之切實而引發的不自覺的轉向，却導致他對道體性體的體悟、漸漸有了偏差與迷失，而不能保持明道所透悟到的意義與境界。

二、伊川之義理轉向：天理「只存有而不活動」

伊川依著他質實的直線分解的思考方式，將北宋前三家所講論的太極眞體、太虛神體、於穆不已之體，只分解地體會爲「只是理」，將性體亦清楚割截地直說爲只是理（性卽理也）。他所說的「性」，既與廣泛的存有之理（不活動的）合流，又與格物窮理之理接頭（故以「由實然推證其所以然」的格物窮理的方式來把握，而不以「逆覺體證」的方式來把握）。於是伊川所說的理，便只成爲「靜態的本體論的存有之理」與「存在之然的超越的所以然之理」。如此一來，性理的觀念雖清楚而確定，但前三家講論「性體」以爲「道德實踐所以可能的超越根據」之義，便漸次泯失而不可見。這表示，伊川對於客觀地說的於穆不已之體，與主觀地說的仁體、心體、性體，都沒有明確而相應的體會，而有了歧出與轉向：①「於穆不已」之體既已收縮割截爲「只是理」，它便不是心，不是神，亦不能在此說寂感，而成爲「只存有而不活動」的理。於是，這本體宇宙論的實體的創生義，便脫落下來而泯失了。②伊川又將孟子的「本心卽性」離析而爲心性情三分：性只是理，理是形而上的。心與情則屬於氣，是形而下的。心是實然的心氣之心，是經驗的心（不是本心）；而心之所發的惻隱、羞惡、恭敬、是非之四端（以及愛、恕等）則只是具體情變之一相。

三、工夫入路：涵養、居敬、窮理

依於上述之分解，「心」與「性」遂成爲「後天的與先天的、經驗的與超越的、能知的與所知的」相對之二。依此而說道德實踐，道德力量便減殺，而喪失其自主自律、自定方向的「純亦不已」的必然性。所以伊川的工夫格局，終於歸結爲二句話：「涵養須用敬，進學則在致知」。這亦就是平常所謂程朱學中的「居敬窮理」。

伊川這個工夫入路，是從後天的實然的心上着眼，由涵養這個「由振作、肅整、凝聚而表現的敬心」，來漸漸迫近那本心，或漸漸迫近那於穆不已之體，以使實然的心轉爲道心。①就涵養工夫而言。是涵養敬心（不是涵養實然的心氣之心本身）；②就涵養之目的而言，是要使實然的心漸清淨而貞定，漸如理而合道，而轉爲道心。但卽使轉爲道心，亦仍然是「心理爲二」之心。

伊川雖說「涵養久，則天理自然明」，但他不能說心卽理。他不從先天的本心說，只從後天的敬心說；如此而發的道德力量當然不能沛然莫之能禦，沒有必然的强度性與普遍的穩固性。所以繼「涵養須用敬」一句之後，必須再說下一句「進學則在致知」。這是要以致知格物窮理來助强道德的力量，使之由「心理學地道德的」進而成爲「認知地道德的」。而認知的道德雖已能見到「義之所當爲」，亦能去「爲其所當爲」，但終究不是直接地發自道德本心的「純亦不已」，所以是「他律道德」。

四、伊川留下的問題

既認定道體性體只是理，則中庸所謂中和之「中」，只須以「性卽理」解之卽可。但伊川又似乎感到中庸所說的未發之中，不能說爲卽性卽理，其中亦含有「心」字之義，所以當他與橫渠弟子呂大臨論辯中和問題時，便顯得糾結而不順。他既反對「中卽性」，又反對以「本心」說「中」。中，到底是性還是心？心性是一還是二？如是一，如何一？如是二，如何二？在伊川，皆顯得不夠明澈而確定。

若照他的思理來看，「中」只應是指那不發未形之實然的心境而言，而不是指超越的性體或孟子的本心而說。中，既不是性體，自然無法於未發之前求個中，而只能在喜怒哀樂未發之時，以敬心來涵養它。所以最後的歸結，仍然是「涵養須用敬，進學則在致知」。中和問題，後來亦嚴重地困惑了朱子，費數年之苦思與論辯，終於爲他所釐清，而順成了伊川涵養用敬、進學致知的工夫格局。朱子所謂涵養於未發、察識於已發，以及卽物窮理的主張，皆是本此而來。最後，便開出了認知心下「致知究物」之認識論的「能所爲二」的橫列系統。

第二節　二程洛學南傳的線索

一、二程學脈的傳承

程氏門下有二大弟子，一是謝上蔡，一是楊龜山。南宋初期的洛學，便是通過他們二人而傳下來。二程門人論學，大體皆順明道的綱領走。上蔡以「覺」訓「仁」，龜山就惻隱說仁，以「萬物與我爲一」說仁之體，固然明顯地本於明道，就是論及致知格物窮理，亦不取伊川「能所對立」的方式，沒有以「知」認「所知」的認知之意義。龜山言「中」，主張驗之於喜怒哀樂未發之際。這是靜復以見體，亦卽逆覺體證的工夫。此仍然是明道義，而與伊川論中和之意不同。胡安國曾說，龜山之見在中庸，並指說這是「自明道先生所授」。可見程門高第實是遵循「以明道之義理綱維爲主的二程學」而發展。

不但謝楊二人如此，卽使專師伊川的尹和靖，亦只守護一個居敬集義工夫，而並未順着伊川所開發的泛格物論以爲「學的」。因爲內聖成德之教的本質工夫，本不在於格物而窮理。要到朱子出來，舍明道而極成伊川之學，纔落實於大學講卽物窮理，終於轉成另一系統。但亦因此而顯出其中的問題性，所以先有湖湘學者之致辯，後有象山之相抗。關此，見下文。茲先述洛學南傳之二支。

二、上蔡湖湘一系

胡安國初任湖北荆門教授，楊龜山來接替他的職事，二人從此相識。後再出任湖北提舉，謝上蔡正在湖北應城做知縣。安國尊師道，特請龜山寫介紹書，以高位修後進禮與上蔡相見而問學。此後並常有書信往返，故安國之學「得於上蔡爲多」。

安國以春秋學名於世，對於洛學而言，他的功績是在學脈之護持與承續。而眞能消化北宋諸儒之學而有所發明的，是安國的季子胡宏（五峯）。五峯年少時，曾隨長兄致堂問學於龜山，後數年，二程門人侯仲良避亂荆州，五峯又奉父命從之遊，這是他早年與洛學的直接淵源。後來他優遊衡山二十餘年，「玩心神明，不舍晝夜」，「卒開湖湘學統」。

五峯著「知言」一書，確能上承北宋前三家之規範而繼續開發，對於明道「識仁」之旨，體之尤為真切。故曰「欲為仁，必先識仁之體」，「一有見焉，操而存之，存而養之，養而充之，以至於大，大而不已，與天同矣。此心在人，其發見之端不同，要在識之而已」。就良心發現之端而警覺之，這正是逆覺體證的工夫。從逆覺體證之充盡上，以彰顯仁心之本來如此的眞體，則其永恆遍在，「與天同矣」，人能彰顯仁心眞體，便是「仁者」，便是「大人」。明道云「學者須先識仁，仁者渾然與物同體」，五峯承之，從逆覺以言「識仁之體」，亦可說善於紹述了。五峯門人胡廣仲、胡伯逢等，對於上蔡「以覺訓仁」之義，亦頗有發明，可見明道、上蔡言仁之旨，甚為湖湘學者所鄭重。

三、龜山閩中一系

龜山少上蔡三歲，而後三十二年卒，所以龜山門人亦遠較上蔡為盛。黃梨洲說「龜山門下，豫章最無氣燄，而傳道卒賴之」。又引劉蕺山之言曰：「學脈甚微，不在氣魄上承當。證之豫章而益信。」羅豫章是一個篤志躬行人。他從學龜山，摳衣侍席二十餘年，推研義理，必欲到聖人止宿處。他教人最切要的工夫，卽是於靜中看喜怒哀樂未發時作何氣象。這靜復以見體的體證工夫，是豫章眞得力處。

豫章門人李延平，與龜山、豫章同爲福建南劍州人，人稱南劍三先生。他二十四歲從學於豫章，自後家居四十餘年，簞瓢屢空，怡然自適。其學亦以「觀喜怒哀樂未發之大本氣象」爲入道之方。黃梨洲以爲這是「明道以來，下及延年，一條血路」。朱子亦說「此乃龜山門下工夫指訣」。朱子二十四歲初見延平，二十九歲再一見，三十一歲始正式受學，又三年而延平卒。延平不講學、不著書，賴朱子之扣問，錄爲「延平答問」，其學始見知於世。但朱子後來終於直承伊川而另走蹊徑，對於延平之學實不相契。論者雖說「龜山三傳而得朱子，而其道益光」，實則，龜山閩中一系，只到延平而止。

朱子既云「羅先生之說，終恐有病」，對於延平之教，亦以爲偏於靜而表示不滿。對龜山與上蔡亦時有微詞，於明道雖加推尊而又說其言渾淪太高。他眞能契切於心而無不愉悅者，只伊川一人而已。所以朱子實只承接伊川而光大之。朱子學之博大，直曰「朱子學」可耳。不必目之爲「閩學」。龜山一系不必有朱子而始立，朱子亦不必附於龜山豫章延平之門而始大。（朱子當然是延平弟子，此處是專就義理之脈傳而言）。伊川朱子是一系，而龜山南劍一支，實屬明道一脈。故南宋閩學，直歸之龜山豫章延平，可也。

四、逆覺體證的二種形態

洛學南傳，分二支結集於延平與五峯，二人皆精要中肯，而能開出確定之工夫入路：

①延平主靜坐以觀喜怒哀樂未發前之大本氣象，是「超越的逆覺體證」；這是靜復以見體，是愼獨工夫所必函者。②五峯就良心發見處直下體證而肯認之以爲體，是「內在的逆覺體證」；這是順孟子「求放心」與明道「識仁體」而來。靜坐以與現實生活隔離一下，此隔，卽是超越；不隔離現實生活而「當下卽是」，此便是內在。超越之體證與內在之體證，同是逆覺工夫、亦可以說是逆覺的兩種形態。

第三章 南宋理學開爲三系

第一節 明道開胡五峰，形成湖湘之學

宋室南渡，第一個消化北宋儒學的大家，是胡五峯（五峯生卒年無可確考，約當西元一一〇五至一一六一）。他的思想具見於「知言」一書。呂祖謙說「知言勝似正蒙」。這話或者推許過當，知言自不如正蒙沉雄弘偉，但就思理之精微扼要而言，亦實有過於正蒙之處。胡子知言，確能上承北宋前三家之義理而續有開發。其論道、論性、論心、論仁，亦皆精要而肯當。

一、胡子「知言」大義約述

①五峯說：「道充乎身，塞乎天地，存乎飲食男女之事。」這表示，道無所不在，而亦不離事而存在。故須卽事以明道，亦卽以現實的人事（生活）爲道德實踐的起點與落點。縱然是飲食男女之事，只要「接而知有禮，交而知有道」，就實然之事以「敬」其當然之理（生之理、保合性命之理），便可以得性命之正。所以說，夫婦之道，「以淫欲爲事」便是人欲，

「以保合爲義」便是天理。

②道之體曰「性」。性是於穆不已、淵然有定向的奧體，它超越善惡的對待相，是絕對至善的形上實體。所以說「萬物皆性所有」，「性」爲「天下之大本」，爲「天地之所以立」，爲「天地鬼神之奧」。性體是實有，它所顯發的是實理、天理，不是佛家所說的空理、空性。所以又說「有而不能無者，性之謂歟」！

③道之用曰「心」。這是從道體之活動義說心。若以形觀心，心是形氣之心，是實然的經驗的心；這種心的存亡，繫屬於個體的生滅。而以心觀心，則心是靈明之心，是道德的本心；道德本心莫大莫久，具有絕對普通性與永恆無盡性，所以沒有出入、死亡、生死之可言。推廣而順通其用，便能「體物不遺」，而無一物之能外；這亦就是明道所謂「只此便是天地之化」。

④性是自性原則，亦是客觀性原則；心是形著原則，亦是主觀性原則。以性爲尊，以心爲貴。性之所以尊，是因爲它是絕對至善的形上實體；心之所以貴，是因爲它能形著性。如果只有自性原則而沒有形著原則，則性便只潛隱自存，它自身並不能彰顯它自己、以眞實化具體化。五峯以心與性相對而言，便是要顯示心的形著之用，亦是要明示性是具體而眞實的性。

⑤性因心之形著而彰顯，於是心體全幅朗現，性體全體明著，主觀面的心與客觀面的性遂通而爲一。「仁」，就是這「心性通而爲一」的心性之「實」。「盡心以成性」的道德實

踐，亦就是體現仁道於天下。所謂「聖人傳心，敎天下以仁」，卽是表示：以仁爲宗，以心爲用（形著之用），而不空言天道。

⑥五峰本於明道「識仁」之旨，而言「欲爲仁，必先識仁之體」的逆覺工夫，是當下呈現本心仁體的本質的關鍵，亦是自覺地作道德實踐的最爲本質的工夫。關此，已略述於前節「上蔡湖湘系」與龜山閩中系之末段，玆不贅。

二、「以心著性」義之重要性

凡由中庸易傳之講道體性體而回歸到論孟之講仁講心，當回歸之後，必須對超越的道體性體有一回應，這就是「盡心以成性」、「以心著性」（因着內在主觀面的心之形著，那客觀面的潛隱自存之性，乃能在生命中呈現而得其具體化與眞實化）。只要從「於穆不已」之體言性、而回歸於論孟之仁與心，便必須言此形著義，亦最易想及此形著義。前於五峯之橫渠已言「心能盡性」，亦屢次說到「成性」義；後於五峯之劉蕺山亦眞切地言此形著義。

至於①明道未曾言及，是因爲他盛言圓頓之一本，已經跨過此義，而此義亦未嘗不隱含其中。②濂溪未言，是因爲初創之時，還沒有涉及如此之廣。③伊川與朱子不言，而朱子對五峯所說又無相應之了解，則是由於系統之異。（將道體性體體會爲「只是理」（只存有而不活動），而心義、神義、寂感義皆脫落而屬於氣；心與性析爲形上形下之兩層，如此，自不易接納「盡心以成性」、「以心著性」之義。）④陸王不言，是因爲純從孟子入，只是一心之申展與朗現，所以不必言此形著義。但在以中庸易傳爲首出，而將道體性體體悟爲「卽存有卽活動」的系統中，「盡心成性」「以心著性」之義，却有其本質性、恰當性、與警策性。所以此「形著」義，實乃五峯上承北宋前三家由中庸易傳回歸於論語孟子而消化完成的義理間架，是值得珍視而不容忽略的。

第二節 伊川開朱子，完成一系之義理

一、朱子學的本質及其地位

朱子（西元一一三〇至一二〇〇）在李延平處接下「觀未發之中」的題目，三十七歲正式參究中和問題，經過幾番出入反覆，到四十歲而有了定論。接着又有好幾年的浸潤與議論。他對延平超越的逆覺體證的路，既未能順之而前進，對五峯內在的逆覺體證的路，亦未能契入。終於依着他自己的心態，自然地向伊川而趨，走上了分解的順取的路，而完成另一系的義理：①客觀地就「理」說，是本體論的存有系統；就「氣」說，是只以屬於存有之理（不能妙運創生的只存有而不活動的理）而定然之的氣化的宇宙論。②主觀地就「工夫」說，是認知的靜涵靜攝的系統；就「道德」說，雖亦有道德的意義，但却是他律道德。牟先生名此爲主智主義的道德的形上學。這在儒家的大流中，並沒有正統的地位，亦當不得正宗。只有以明道爲代表的一大系，由道體、性體、心體所展示的形上學，纔是眞正儒家的「道德的形上

學」。

二、「然」與「所以然」

朱子順承伊川由存在之「然」以推證其超越的「所以然」之路而前進，乃是一種存有論地、推證地分解的方式，或者說是「卽物而窮其理」的認知的方式。如此而把握的理，只是對存在之然而靜態地定然之、規律之的「存在之理」，如說爲「使然者然」的「實現之理」（使本質與存在結合爲一的理），亦只是靜態地、形式地使然者然（是氣所依傍而凝結造作的所以然之理），而不是「動態地創生之」的使然者然。

因爲朱子所體會的道體、性體，是經過分解而割截了「心義、神義、寂感義」的「只是理」，所以，無論太極之爲理或性之爲理，皆是「只存有而不活動」的，只是靜態的存有，而不是「卽活動卽存有」的動態的存有（動態的，是就其卽寂卽感、妙運生生而言）。如此體會道體、性體，①既不合先秦儒家由「維天之命，於穆不已」之最原始的智慧而來的天道天命觀（此義最爲明道所契切）；②亦不合濂溪由誠體寂感之神以說天道；③亦不合橫渠由太虛寂感之神以說道體性體。此之謂道體義、性體義之迷失與旁落。

三、朱子的性理義：理氣二分，心理二分

因此，朱子的性理義，實只是性理的「偏義」，其「只是理」的性理，不能與誠、神、

心、寂感通而爲一。故在朱子學中，①自宇宙論而言，「理」與「氣」成爲橫列的相對之二（雖亦說理先於氣），神與理亦爲二（神旁落於氣）；②自道德實踐而言，「心」與「性」亦成爲橫列的相對之二（心不是實體性的道德的本心，故亦旁落於氣而成爲實然的心氣之心），心與理亦析而爲二。〔然亦須知：「理氣爲二」與「心理爲二」並不同，不可一概而觀。心與理可以是一，而理與氣則不能是一。若要說「理氣是一」，則這個「一」必是圓頓地說的圓融之一。圓融之一與分解時仍以之爲二，並不相礙。而心與理則本是一，不可分解爲二。所以朱子理氣論的特色或問題之關鍵，只在他把「理」體會爲「只存有而不活動」，而不在「理氣二分」。〕

四、靜養動察，心統性情

依於朱子「心性情三分」、「理氣二分」之義理間架，亦遂決定了他「靜養動察」乃至「卽物窮理」的工夫格局。

1. 「性」卽是理，性亦「只是理」，是「只存有而不活動」的靜態的實有。所以性理只是心氣活動所遵依的形式標準，而它本身則不能活動（不能妙運創生）。性理的道德意義與道德力量既已減殺而虛弱，則道德實踐的活動中心，便不能不由性體而轉移到：對於心氣的涵養與對於心氣之發的察識。所謂「涵養」，是以肅整莊敬之心，汰濾私意雜念，以達到「鏡明水止」、「心靜理明」之境。所謂「察識」，是以涵養敬心而顯現的心知之明，察識已發之情變，使心之所發的情變皆能合理中節。順「察識於已發」而推進一步，便是「卽物而窮其理」。朱子這個工夫格局，實際上就是伊川「涵養須用敬，進學則在致知」二語的詳密化。

2. 心性對言，「心」是氣之靈。心能知覺，有動靜；而所以知覺、所以動靜的理，則是「性」。（按、知覺動靜等之理似乎是多，實則，多者是理之相，而非理之自身。朱子亦說「太極含萬理」，太極是理之一，萬理則是理所顯發之多相。又，朱子謂「統體一太極，物物一太極」，亦是「一理多相」之義。）因此，心不是性，亦不是理。至於朱子說「心具衆理、心具衆德」，這個「具」只是後天工夫地「當具」，而不是先天實體地「本具」。若是先天本具，便應該說「心卽理」了。

3. 「情」是心氣之發。心性情對言，而心統性情。依朱子義說「心統性情」（此本是橫渠之語），這個「統」當是統攝統貫之統，而不是作主的統帥統屬之統。「心統性」是認知地關聯地統攝性而彰顯之（未發是渾然，已發是燦然）；「心統情」則是行動地統攝情而敷施發用（情是從心上發動出來）。

五、朱子對「仁」的體會

進一步，朱子又以其心性情三分、理氣二分之思想間架說「仁」。伊川早有「仁是性，愛是情」之言，朱子承之，乃將「仁體」亦支解爲心性情三分、理氣二分（仁只是性、只是理，惻隱之心與愛之情，則屬於氣），故曰「仁者，心之德、愛之理也」。意思是說，仁不是心，亦不是愛，而只是「愛的所以然之理，而爲心所當具之德」。仁不再是具體活潑的生生之仁，而成爲抽象的、理智的、平面的，只是一個「普遍而不具體、超越而不內在」之形上的抽象的理。

理是形上的「有」，依理而發爲情，方是「在」。理，旣體會爲「只存有而不活動」，所以是「有而不在」者。必須「心性情合一」的仁體，纔能「卽有卽在」。在朱子，「在」與「有」分而爲二，形上之理（仁、性）爲「有」，形下之氣（心、情）爲「在」。如此分解雖很能顯示朱子思想之精澈一貫，但這種「由定義或名義之方式入」的講法，却把「仁」講得不具體、不存在了。

由此可知，朱子對於論語之「仁」與孟子之「本心、四端之心」並沒有相應的了解。他亦不了解明道言仁的義旨。他反對上蔡以覺訓仁，又反對龜山以「萬物一體」說仁，正表示他對明道言仁的綱領無所契會。

六、朱子學的限制

由於朱子貫徹伊川之轉向，遂由太極性體之「於穆不已、生物不測」或道德創造之本體宇宙論的立體直貫之「創生型、擴充型」，轉而爲認識論的横列之「靜涵型、靜攝型」。而凡是孟子中庸易傳與宋儒「本體宇宙論」立體直貫之辭語，皆爲朱子所不能正視、不能了解、甚至誤解而不喜。他所不滿的，皆屬於直貫型。他所稱賞無異辭的，只有伊川一人。

朱子能貫徹伊川之思路而獨成一型，固然非常偉卓，在文化學術上亦有甚大之作用與意義。但朱子之系統，却不是先秦儒家發展成的內聖成德之教的本義與原型。就宋儒而言，朱子亦並不能集北宋理學之大成（他只繼承伊川一人）。所以，朱子之傳統，並不等於孔孟中庸易傳之傳統；以儒家之大流爲準，朱子自不得爲正宗。若必欲以朱子爲大宗，則其大宗之地位，乃是「繼別爲宗」。牟先生這個簡別，甚爲妥恰。

第三節 象山直承孟子，而言「心即理」

一、象山學是孟子學

胡五峯與朱子都順承北宋而繼續開發，唯獨陸象山（西元一一三九至一一九二）則直承孟子而孤峯特起。他對於北宋諸儒的文獻，幾乎沒有正式的討論；他與朱子論辯周子的太極圖說，亦不過借題發揮而已。他自述其學，是「因讀孟子而自得於心」。他徵引孟子之言，開口卽得，左右逢源，對於孟子義理之熟，可謂古今無匹。

象山之學，只是「先立其大」，只是「一心之朗現、一心之申展、一心之遍潤」，眞是簡易直截。但要講陸學，却又甚難。因爲他沒有分解，他要做的分解，孟子早做過了。他只是根據孟子而講實理、講實學，以抒發他的實感、實見。他直承孔孟，以聖道自任。對於當時的士習與學風，曾有兩句極爲中肯的話：「愚不肖者之蔽，在於物欲；賢者之蔽，在於意見」。從蔽於物欲意見的風習中，透出文化眞生命、眞精神，以拯救知識分子拘蔽而又虛浮的心靈，便是象山畢生志業的中心點。而象山學的基本綱維，亦正是從這個中心點而挺顯出來。

二、辨志、辨義利

「志」，是行爲發動的究竟根源所在。「辨志」，就是要遮撥物欲、拆穿意見，使世俗的名銜地位官爵權勢皆攀附不上，使是非善惡誠僞皆無所遁形，而不能不在此究竟根源之地，作一眞正抉擇，以決定自己爲學做人的方向途徑。這就是象山的霹靂手段。

但辨志亦須有個標準，利己或利人，便是從道德意識中顯發出來的簡明直截的準衡。利己，卽是私、卽是利；利人，卽是公、卽是義。所以辨志實卽「義利之辨」、「公私之辨」。象山說：「今人略有些氣燄者，多只是附物，原非自立也。若某則不識一字，亦須還我堂堂地做個人。」科名、知識、富貴、權爵，皆是物。「附物」者只是依他力，只是氣燄熏炙。唯有立志者纔能持守自立，纔有堂堂地做人的精神氣概。人首須自覺地做個人，有此自覺，而後纔有道德意識之豁醒，以分辨公私義利。

有人問象山的學生，陸先生何以教人？曰：首尾一月，先生諄諄只言辨志。又問：何所辨？曰：義利之辨。——首尾一月，言不離辨志辨義利，可見象山不是據「書」而講學，而是以「人」來講學的。他講的是「人學」，是「生命的學問」。象山講義利之辨，講得最精到最痛快的，是在白鹿洞書院應朱子之約講「君子喻於義，小人喻於利」。據年譜記載，當時天氣微寒，朱子聽了而汗出揮扇，還有感動流涕的。朱子離席言曰：熹當與諸生共守，以無忘陸先生之訓。又再三云：熹在此不曾說到這裏，負愧何言？乃復請筆之於書，後又刻之於石。象山這篇講義，人所習見，玆不贅述。

三、復其本心，先立其大

志是心之所之，亦是心所存主。故各人之志，亦唯各人自知。人何以能辨別自己所志者是義是利？又如何能保證棄利而從義？此便涉及心與理的問題，亦卽「本心」的問題。象山說：「天之所以與我者，卽此心也，心皆有具心，人皆有是理，心卽理也」。「心卽理」的心，乃是自具理則性的道德的本心。本心是天所與我者，故心所存主之志，自然與天地不限隔，而可與天地相似。以是，此與理爲一的本心，卽是公、卽是義，決然不會是私與利。

但常人溺於利欲或意見，而將本心遮斷了，只在利欲意見中打滾，此便是象山所謂「主客倒置」，「如在逆旅」。因爲利欲意見是後起的、外來的，故爲客；爲客者非主，故「如在逆旅」。必須突破利欲意見的關卡，而直透到念慮發動處，纔能與主人（本心）接上頭。此時，主人便自會做主。主客分明，義利自辨；正如慧日澄空，陰霾自消。所以志之辨處，卽是義利之辨，而義利之辨的同時，亦卽是「復其本心」。本心既復，理便從本心流出。如此，自能志於義，自能從義而棄利。

要復本心，自須有工夫，是卽所謂存養，亦卽「養其大體」、「先立其大」。象山說：「蓋心，一心也；理，一理也。至當歸一，精義無二，此心此理，實不容有二……只存一字，自可使人明得此理。此理本天所以與我，非由外鑠。明得此理，卽是主宰。眞能爲主，則外物不能移，邪說不能惑。」心既然卽是理，自無理外之心，亦無心外之理。存得此心，卽可明得此理；明得此理，卽是復其本心。本心呈現，便能自發命令，自定方向，以透顯其主宰性，而不移不惑。象山又說：「必深思痛省，抉去世俗之習，如棄穢惡，如避寇仇，則此心之靈，自有其仁，自有其智，自有其勇，私欲俗習，如見晛之雪，雖存之而不可得，此之謂先立其大。」人開端一念，便棄去私意俗習，以恢復本心之智仁勇，此便是「先立其大」。

四、心卽理、心同理同

象山論學，不常說「性」，因爲心卽是性，心性不二，乃孟子舊義，亦是伊川朱子以外所有宋明儒者所共許之通義。象山直下從「明本心、先立其大」入手，故其學只是「一心之朗現，一心之申展，一心之遍潤」。而所謂「心卽理也」，更表示宇宙人生通而爲一。他說：「宇宙不曾限隔人，人自限隔宇宙耳。」又說：「宇宙內事，乃己分內事；己分內事，乃宇宙內事」。天地化育萬物，是宇宙內事。贊天地之化育，以使萬物各得其所、各遂其生，是人分內事。若推進一步究竟而言，則宇宙之化育卽是吾心之化育。故象山又說「宇宙便是吾心，吾心便是宇宙。千萬世之前，有聖人出，此心同，此理同也。……」上下千古，東西南北之人，皆同此心，同此理。這心同理同之心，是超越時空之限隔、絕對的普遍之心。吾之本心既與宇宙不限隔，則此與宇宙通而為一的心，卽是天心，卽是天理，此之謂心同理同。

象山以為「今之學者，只用心於枝葉，不求實處。孟子云盡其心知其性，知其性則知天矣。……心之體甚大，若能盡我之心，便與天同」。心與天同，卽是心與理一。故又曰：「萬物森然於方寸之間，滿心而發，充塞宇宙，無非斯理。」蓋理由心發，滿心而發，則此理充塞宇宙。理盈滿於宇宙，亦卽是心盈滿於宇宙。此心與理既不容有二，則存心明理之道亦甚簡易。故象山云：「根本苟立，保養不替，自然日新」。「存心卽是明理」。「宇宙自有實理，所貴乎學者，為能明此理耳。此理苟明，自有實行，自有實事。德則實德，行則實行」。

象山所謂實理亦卽陽明所謂「良知之天理」。這天所與我、心所本有的理，是有根的、實在的，故曰「實理」。實理顯發為行為，卽是「實行」；表現為人倫日用家國天下之事，卽是「實事」；得之於心而凝為孝弟忠信等等，卽是「實德」。象山常說天下學問只有二途：「一途議論，一途樸實」。他自稱其學為「實學、樸學」，並說「千虛不博一實，吾平生學問無他，只是一實」。由實理流出而為實行實事，此便是陸學精神之所在。

五、朱陸異同的癥結

象山與朱子的異同，八百年來一直喧騰眾口，而眞能得其實者蓋寡矣。一般雖亦知道朱陸異同的中心點，是落在「性卽理」與「心卽理」的問題上，但大家對於這兩句詞語的實義，却又不能得其確解，只管把「性卽理」與「心卽理」看做是單純的對立，彷彿這一字之差，眞成水火之不相容。事實上，陸王同樣亦講「性卽理」，只是程朱（此指伊川與朱子，明道不在內）不能講「心卽理」耳。因爲朱子所理會的「心」「性」「理」，不但與象山不同，與整個儒家傳統之大流皆有歧異。

在朱子，①「心」，是實然的心氣之心，不是超越的道德的本心。②「性」，是與心相對爲二的性，不是本心卽性、心性是一的性。③「理」，是割離了心義、神義、寂感義的「只存有而不活動」的「只是理」，而不是心神寂感融而爲一的「卽存有卽活動」的理。總之，朱子不解孟子的「本心」義，而以心屬於氣，故以爲「心」不是理，「性」纔是理（而且只是理）。

而象山直承孟子「本心卽性」之義，故不以朱子爲然，而以爲：不但性是理，心亦是理，所以便直接舉示「心卽理」。據此可知，朱陸異同的癥結，只在於「心性是否爲一」這個關節上。若本心卽性，心性是一，則朱陸之學自可會通；若朱子學中「心性爲二」的分解無所改變，則朱陸之不能會通便是義理上之必然與定然。至於其他像「博與約」、「太簡與支離」、「尊德性與道問學」等等的問題，却可以一一疏通以解其糾結，並不是兩家異同眞正的焦點。

附說：朱陸門人及其後學

朱陸門人與後學，本當列一章加以論述，玆爲省篇幅，只略作介紹，其詳請參看拙撰「宋明理學南宋篇」第八章。

朱子門人，可以黃榦勉齋爲代表。勉齋一脈，經何基北山、王柏魯齋、金履祥仁山（論者以爲北山之清介純實似尹和靖，魯齋之高明剛正似謝上蔡，而仁山得之以充於一己），又三傳而有明初之方孝儒。朱子隔一代之私淑後學，有眞德秀西山、魏了翁鶴山，二人並世而齊名，黃梨洲曰：「兩家學術同出考亭，而鶴山識力橫絕，眞所謂卓犖觀群書者。西山則依傍門戶，墨守而已。」下至南宋末季，有黃震東發，其源出自朱門輔廣，而實得之遺籍。元兵入浙，餓而卒。又有王應麟深寧，其學出自朱呂二家，入元之後，深懷亡國之痛，有言曰：「士不以秦賤，經不以秦亡，俗不以秦壞。」（秦，實隱指胡元）其志念可謂深矣。另有文天祥信國公，其師歐陽守道，宗朱子學，然就文公而言，人卽學，學卽人。其學全幅是仁義，其人全幅是正氣。以生命爲儒聖成德之教作見證，捨公而誰？嗚呼偉矣。

象山門人，可以楊簡慈湖爲代表。其學以「不起意」爲宗。蓋聖人之學只是「復本心」、「由仁義行」，若作好作惡、起意計較，便是「放心」而歧出，而不是本心作主。所著「己易」，頗能發明象山「人與天地不限隔」，「宇宙卽是吾心，吾心卽是宇宙」之義。與慈湖同時，有袁燮絜齋、舒璘廣平、沈煥定川，合稱明州四先生。文信國嘗云：「廣平之學，春風和平。定川之學，秋霜肅凝。瞻彼慈湖，雲間月澄。瞻彼絜齋，玉澤冰瑩。」另有傅夢泉子淵，甚得象山稱賞，嘗許子淵爲門人第一。陸學之私淑後學，有鄱陽湯巾，湯氏之從子湯漢、門人徐霖徑畈，爲晚宋陸學之大宗。徑畈之門人謝枋得疊山，宋亡之後，遁跡山野，欲爲遺民而不可得。屢徵不起，被迫上京，與文信國先後死元都，氣節凜烈，大義昭然。嘗曰：「人可回天地之心，天地不可奪人之志。大丈夫行事，論是非不論利害，論逆順不論成敗，論萬世不論一生。志之所在，氣亦隨之。氣之所在，天地鬼神亦隨之。」斯言也，實足爲忠臣烈士生色。

宋元之際，趙復因兵亂被擄至元都，遂傳程朱之學於北方。許衡、劉因皆元初大儒。元時北方官學尊程朱，南方乃故宋之地，朱陸之學並行民間，而吳澄草廬可爲代表。稍後於草廬，有陳苑靜明中興陸學。草廬靜明卒後十餘年，方國珍起兵抗元，又二十年，明太祖光復華夏。

第四章　王陽明致良知教

由元入明，官學仍尊朱子。明初曹端、薛瑄、吳與弼、胡居仁，以及與陽明同時之羅整菴，皆守朱子之學，而實無所發明。另有陳白沙，其學主於靜中養出端倪，而其人之風格則屬曾點一流。其弟子湛甘泉與陽明爭席，而實無卓見。玆皆略而不述。

王陽明（西元一四七二至一五二八），自三十七歲龍場悟道之後，經過「默坐澄心」一階段，到五十歲正式提出「致良知」爲講學宗旨。

第一節　良知即天理

陽明言良知，本於孟子，而且把孟子仁義禮智四端之心一起收攝於良知，而眞誠惻怛便是良知的本體。此所謂「本體」乃「自體」義。意指當體自己之實性，亦卽良知最內在的自性本性。這自性本性在特殊的機緣上，便自然而自發地表現爲各種不同的天理，如在事親、從兄、事君諸事上，便分別表現爲孝、弟、忠，孝弟忠便是所謂「天理」（道德法則）。天理不是外在的抽象的理，而是內在的本心之眞誠惻怛。故天理之朗現，就在良知本心處發見。天理之自然而明覺處，即是良知；良知之當然而必然處，即是天理。天理雖客觀而亦主觀，良知雖主觀而亦客觀。此即陽明所說「心即理」「心外無理」「良知之天理」諸語的眞實義旨。

第二節 良知之感應是智的直覺之感應

陽明以眞誠惻怛爲良知的本體，而亦說「知是心之本體」，「定是心之本體」，「樂是心之本體」。因爲良知本心原具種種實性，每一實性皆是它當體自己。但我們不可抽象地去想那個心體自己，因爲本心並沒有一個隔離的自體擺在那裏。依此，陽明便說「心無體，以天地萬物感應之是非爲體」。因爲良知本心只是一個感應之是非，除以「感應之是非」爲其本質的內容之外，並無其他內容。所以良知本體，就在良知當下感應之是非決定處見。（若是抽象地懸空去想一個隔離的心體，便是玩弄光景）良知之感應是沒有界限的，它必然與天地萬物相感應。

陽明曾說「以其明覺之感應而言，則謂之物」。由明覺之感應說物，則這個「物」既是道德的，同時亦是存有論的；道德實踐中良知感應所及之物，與存有論的存在之物，二者之間並無距離。所以，良知不但是道德實踐的根據，同時亦是存有論的根據（故陽明詠良知詩云：此是乾坤萬有基）。一切皆在良知之感應中呈現，離開良知，一切都不存在——由存在到不存在；有良知存在的地方，一切方存在——由不存在到存在。而良知之存有論的意義、形上實體的意義，亦於此得其證實。牟先生認爲，在此乃可說「道德的形上學」。

儒家自孔子講仁（踐仁以知天）開始，通過孟子講本心即性、盡心知性知天，即已函着向此「圓教下的道德形上學」走之趨勢。再通過中庸之天命之性、至誠盡性，與易傳之窮神知化，則此圓教下之道德形上學，在先秦儒家便已有了初步之完成。宋明儒繼起，則是充分的完成之：①象山陽明是單由孔子之仁與孟子之本心而直接地完成之者。（象山曰：夫子以仁發明斯道，其言渾無罅縫；孟子十字打開，更無隱遁。象山此言，可謂明矣。）②而北宋周、張、明道下開南宋胡五峯與明末劉蕺山，則是兼顧中庸易傳、有一回旋而完成之者。（伊川朱子則於此有歧出。）

陽明從良知明覺之感應說萬物一體，與明道從仁之感通說萬物一體，完全相同。這個意義上的感通，不是感性的，亦不是心理學的，乃是「即寂即感，神感神應之超越的、創生的、如如實現之」的感應，這必然是康德所說的「智的直覺」之感應。

第三節　致良知與逆覺體證

陽明言致良知之「致」字，是向前推致之意，等於孟子所說之「擴充」。致，表示行動，故必見之於行事。良知人人本有，天生現成，亦時時有不自覺的呈露；我們隨其呈露而提撕警覺，不使它昏昧滑過，而充分呈現以見之於行事，這就是致良知。所以「致」的工夫實從警覺（知是知非）開始。警覺亦可名曰「逆覺」，在逆覺中卽含有一種肯認或體證，此之謂「逆覺體證」。

逆覺是良知明覺之自照，是良知明覺自己覺它自己。體證是在生活中隨時呈露而體認之、證驗之。這種與日常生活不隔離的體證，乃是內在的逆覺體證。而採取靜坐隔離方式的，則是超越的逆覺體證。不隔離者是儒家實踐的定然之則，隔離者則是一時之權機。

雖然人人皆有此良知，但爲私欲所蔽，常常有而不露，要想自覺地使之必然有呈露，並使之貫通下來以成就道德行爲，其本質的關鍵仍在於良知本身的力量。良知明覺若眞通過逆覺體證而被承認，則它本身便是私欲氣質的大尅星，它自有一種力量不容已地要湧現出來。這良知本身的力量，便是道德實踐之本質的根據。這種力量，只有與理爲一的本心纔有，與心爲二的那個空頭的理，則無此力量。

朱子既已析心與理而爲二，又想使理通貫下來，故不能不繞出去講居敬涵養格物窮理那一套工夫。這套工夫亦並非不重要，但依內聖成德之教來看，這些只是後天的助緣，不是本質的工夫。若以助緣爲主力，便是本末倒置。凡順孟子下來者，如象山陽明，並非不知氣質之病痛，亦非不知道問學之重要；但這些後天的工夫，並不是本質的、首要的。故就內聖之學的道德實踐而言，必從先天心體開工夫，而言逆覺體證。

第四節　心意知物與四句教

一、心意知物

自朱子以後，大學成爲討論之中心，故陽明之致良知亦套在大學上說。大學講正心誠意致知格物，因此，致良知亦必須落在「心、意、知、物」的整套關係中來講。依陽明，「心」是本心，亦是天心、道心，總之是至善心體。「意」是心之所發，「物」是意之所在。而「知」卽是吾心之良知，亦卽心體之明覺，它是照臨於意之上的價值判斷之標準。

心體無有不正不善，而意之發，則或順從良知明覺，或不順從良知明覺，故有善有惡，有誠有不誠。要使意歸於善、歸於誠，則必須致良知；要使意之所在的物各得其理、各得其正，亦必須致良知。推致吾心良知之天理於意之所及的事事物物，使事事物物皆得到良知天理之潤澤而各得其理、各得其正，這就是格物。（格物卽是正物。）

二、四句教

關於正心、誠意、致知、格物的全部歷程，最簡要的說法，就是「四句教」。這是陽明所揭示的、德性實踐的內在義路。①心體至善，超善惡相，在此不能說善說惡，故首句曰

「無善無惡心之體」。②心之自體雖爲至善，而心所發動的意念，則往往受氣質私欲之影響夾纏而有善有惡，故次句曰「有善有惡意之動」。③良知是心體之明覺，是照臨於意念之上的價值標準，自然能知意念之善惡，故三句曰「知善知惡是良知」。④良知明覺不但知善知惡，同時在其明覺之照中卽已決定一應當如何之方向（好善惡惡，爲善去惡）；而且此眞誠惻怛之良知，原本就具有一種不容已地要貫徹實現其方向的力量，以使意念歸於誠、歸於善，並使意之所在的「物」得其理、得其正。故末句曰「爲善去惡是格物」。

須知以良知天理來正物，與以吾人心知之認知活動來窮究事物所以然之理，並不同。故致知格物實有二式——①認知下之「致知究物」，是認識論的「能所爲二」之橫列的。這是朱子的路。②良知下之「致知正物」，則是道德實踐的「攝物歸心，心以宰物」之縱貫的。（擴大而言之，則是本體宇宙論的攝物歸心、心以成物之縱貫的）。這是陽明的路。

三、「物」之二義

陽明從「意之所在」說物，亦從「明覺感應」說物。①依前者，意與物有善與惡、正與不正之別，故必待致良知而後意得其誠、物得其正。②依後者，則意之動皆是良知天理之流行，而意之所在的物亦無不合乎良知之天理。此時，「意之所在」與「明覺感應」遂通而爲一（知與物一體而化）。而在明覺之感應中，有事亦有物，「事」在良知之貫徹中而表現爲合天理之事，一是皆爲吾人德行之純亦不已；「物」亦在良知之涵潤中而如如地成其爲物，一是皆得其位育而無失所之差。故良知明覺之感應，必然與天地萬物爲一體。陽明之所以既云「心外無理」，又言「心外無物」，卽以此故。

第五章 王學的分化與劉蕺山之歸顯於密

第一節 王學的分化與發展

自陽明倡說致良知教，其學風行天下，而重要者不過三支：一是浙中派，二是泰州派，三是江右派。但此所謂分派，是以地區分（並不表示有義理系統之不同）。每一地區有許多人，各人所得，精粗深淺並不一致，但都是本於陽明而發揮。浙中派以錢緒山、王龍溪爲主。緒山平實，引起爭議者是龍溪。泰州派始於王艮，流傳甚久，人物多駁雜，亦多倜儻不羈，三傳至羅近溪而達於精純。江右派人物尤多，以鄒東廓、聶雙江、羅念菴爲主。東廓順適，持異議者是雙江與念菴。

一、浙中派

浙中派之王龍溪，以「四無」著名。他認爲既然「心體無善無惡」，則「意亦是無善無惡的意」，「知亦是無善無惡的知」，「物亦是無善無惡的物」。關於「四無」的義旨，茲不及詳。拙著「王陽明哲學」第七章，以及「新儒家的精神方向」之十六「王門天泉四無宗旨之論辯」，可參閱。

這裏只指出三點：①龍溪倡說四無的思路，並不悖於陽明致良知的義理，而且是一步應有的調適上遂。②但以四無乃為上根人立教，四有乃為中根以下人立教，則不妥。四有句乃道德實踐之普遍的甚至必然的方式，是徹上徹下工夫，故不可視為權法。四無句則是在實踐中達到的化境，而化境不可以為教法。故要說教法，實只有四有句一種。③亦不可以四有句為漸教。四有雖從後天入手（對治意之動），是漸的方式，但其為漸，並不是後天的展轉對治，它有先天的良知作為它對治的超越根據。因而這種漸可以通於頓；未至於頓是漸境，至於頓則是化境。

不過，龍溪之措辭雖不免有疏濶不諦之處，但他對於陽明之思路，實比當時王門諸子皆較精熟。他對陽明之主張，皆遵守而不渝，他專主陽明而不參雜宋儒之說，實可說是陽明之嫡系。

二、泰州派

泰州派從王艮而徐波石、而顏山農、而羅近溪，已是四代（徐、顏、羅皆江西人，但不屬於江右派）。近溪輩行雖晚，而實與龍溪並世。故後世稱王門二溪。陽明以後，唯二溪能調適上遂以完成王學之風格。以二人相比，牟先生以為龍溪較高曠超潔，近溪則較為清新俊逸、通透圓熟。

宋明儒學發展到陽明，凡義理分解，綱維施設，前人言之已備。故依陽明，天也、道也、理也、性也，皆是虛說，只有本心纔是實說；即使本心亦還是虛說，只有良知纔是實說。問題到此，只收縮成一知體（良知本體），只是一知體之流行。欲說天、道、性、理，良知即是天、即是道、即是性、即是理。欲說心，良知即是本心。而關聯着「意」與「物」乃至其他工夫而言，陽明亦已分解無餘蘊。所以順王學而來者，只剩下一「玩弄光景」之問題。如何破斥光景而使知體天明（亦是天常）能具體而眞實地流行於日用之間，便成「歷史發展之必然」，而近溪即承當了此必然，而其學問風格亦專以此爲勝場。

近溪決不就概念之分解以立新說，而只就「道體之順適平常與渾然一體而現」作指點，故無新說可立，而且亦無工夫格局可立。近溪的工夫，只在全體放下，以得「渾然順適，眼前即是」爲其用心之地。宋明理學本不同於一般專學。當分解地講時，它亦有系統，有軌道，有格套，好像是一套專學；但當付之實踐時，則那些系統相、軌道相、格套相、專學相，便一齊消化而不可見。此時，除了那本有而現成的知體流行於日用之間外，便什麼亦沒有。所以它能使你成爲一個眞人，却不能使你成爲一個專家。近溪在此理學之發展中消化了此學之專學相，故能「一洗膚淺套括之氣」而表現「清新俊逸」之風格。但欲作工夫，仍須預設那些義理分際，決不可亂，不可慢忽。所以近溪仍然是理學家。

三、江右派

江右派人物雖多，但無統一之風格。鄒東廓、歐陽南野、陳明水，皆陽明及門弟子，大體皆守師說而無踰越，而東廓尤為純正。在江右王門中能顯示一特別之論調者，是聶雙江、羅念菴。但二人皆非及門弟子，後雖皆稱門人，而對陽明之思路實多隔閡而未能熟悉。

雙江與念菴的主要論點，是以「已發」與「未發」之方式去想良知，把良知亦分成已發未發。以為表現知善知惡的良知，或獨知的良知，乃是已發的良知，尚不足恃；必須通過致虛守寂的工夫，歸到那未發之寂體，方是眞良知。這是以未發寂體之良知，主宰已發之良知，而所謂致知，卽是致虛歸寂以致那寂體的良知以為主宰。——此一想法，幾乎完全不是王學的思路。依陽明，獨知是良知，知善知惡是良知，良知隨時有表現，卽就其表現當下肯認而致之，故眼前呈現之良知（所謂見在良知），在本質上與良知自體無二無別。致良知之致，乃是前進地把良知推致於事物，以使事物皆得其理、皆得其正。而雙江念菴則以為歸寂致虛纔算致良知，如此，則致字是後返，而不是向前推致。此亦與陽明義不合。

自陽明提出致良知宗旨以後，門人用功大都落在如何保任守住這良知，而卽以此「保任與守住」以為致的工夫。如鄒東廓之「得力於敬，以戒懼為主」，錢緖山之「唯求無動於動」，皆是為的使良知能保任守住而常呈現。這些本是常行工夫，所以各人之主張並不影響陽明之義理。假若雙江念菴亦是在這種意義上說「致虛歸寂」，便與陽明初期講學之「默坐澄心」「以收斂為主」的宗旨相似。如此，亦可不影響陽明之義理。經過枯槁寂寞之後，一切退聽，而後天理炯然；這等於是閉關，亦等於是主靜立人極或靜坐以觀未發氣象。

但經過體認寂體或良知本體這一關之後，並不能一了百當。因爲這只是單顯知體之自己，並不表示即能順適地貫徹於事。所以李延平經過觀未發氣象以後，必言「冰解凍釋」，始能天理流行。在良知教中亦是如此。一切退聽而歸寂了，等到出來應事，仍不免有意念之私與氣質之雜，良知天理還是不能貫下來；陽明講良知，便正是從此能否貫下來處着眼以言其「致」。致，即是通貫於事之謂。這還得靠良知本身不容已地要湧現出來的力量，所以只言「致良知」即可。並不須擱下這致良知工夫，而回頭枯槁一番以後返地致那良知之寂體。（如你覺得有此需要，那只是你個人之事。）

雙江念菴却將良知分成未發與已發兩節，而只以前者爲眞。殊不知你證得的未發良知寂體，仍須出來應事；應事，便仍須致此知善知惡的良知。良知即寂即感，怎能說獨知之良知與知善知惡之良知不是眞良知？若此不是眞良知，則那未發的寂體之良知將永遠不能發用流行。果爾，便眞要沉空守寂了。此根本不是致良知教之宗旨。由此可知，聶羅二人對陽明之義理實不熟悉。他們自己鑽研，當然有其體會與自得處。但以自己之想法，依附陽明一二話頭而夾雜以致辯，便顯得多所扞格；申述自己之思路而又以王學自居，亦顯得別扭而不順適。

四、江右王門的另一趨向

唯江右王門，實有三支：①鄒東廓、歐陽南野、陳明水等，守護陽明宗旨。②聶羅二人則依附良知學而橫生曲折，倡致虛歸寂。③另有劉師泉與劉兩峯之弟子王塘南，則欲向性體奧體（所謂性宗）走，而開啟了脫離王學（心宗）之機，雖有扭曲而未能成熟，但實可視為劉蕺山思路之前機，值得注意。

據上所述，可知龍溪近溪皆能順王學而調適上遂，但走二溪之路，若無確切之理解與眞實之工夫，亦可有病。但此病是「人病」而非「法病」。就王學下之人病（所謂玄虛而蕩、情識而肆）而重新消融王學，以獨成一義理系統者，則是明末之劉蕺山。

第二節　蕺山歸顯於密、以心著性

劉蕺山（西元一五七八至一六四五），名宗周，號念臺，為宋明儒學之殿軍。其學之中心義旨，可分三點綜括說明如下：

一、嚴分意念，攝知於意

蕺山鑑於王學末流之弊，不失之情勢而肆，便失之虛玄而蕩，所以倡說誠意之教。誠意學的義理進路，是嚴格分別「意」與「念」，而攝良知於意根。①在陽明，以「致良知」為先天工夫之關鍵，而「意」屬於經驗層（心之所發為意，意與念不分，故意有善惡），所以必須致良知而後乃能意誠而心正。②在蕺山，則將意與念嚴加分判，意無不誠、無不善，念則有善有惡。他以「誠意」爲先天工夫之關鍵，而心之所發的「念」屬於經驗層，故誠意則心正，而不必說致良知。依蕺山，良知卽是意之不可欺，不自欺則意自誠，意誠則良知自現，是爲「知藏於意」。知與意融於一，皆是純粹至善，而無對待相、生滅相者，所以說「知善知惡之知，卽是好善惡惡之意。好善惡惡之意，卽是無善無惡之體。」這個「體」是絕對的獨體。是知體，亦是意體（意根誠體）；是心體，亦是性體。

「意」是「超越的純粹至善」之絕對自肯，所以是「心之所存」，而不是「心之所發」。心所存主而不逐物者，是「意」；心之所發、逐物而起者，則是「念」。意，是絕對善的意，是善的自肯，所以它旣好善，亦惡惡。念，則逐物而起（隨軀殼起念），逐於此則着於此，逐於彼則着於彼，所以其好其惡，各與物（好惡之對象）凝成一特殊之限定。雖說念之好惡，亦可以有善的，但其爲善並無必然性；卽使是善，亦只是相對的限定之善（事上之善）。故蕺山亦依「心、意、知、物」另立四句教：①有善有惡者心之動：心之所發爲念，念分善惡。②好善惡惡者意之靜：意是心之所存，淵然貞定而好善惡惡。③知善知惡者是良知：良知卽意之不可欺，故知善知惡。④有善無惡是物則：詩大雅云：「天生蒸民，有物有則，民之秉彝，好是懿德。」物則卽是天則，天則卽是意知獨體所呈現或自具的天理。

蕺山鑑於良知呈現，一體平鋪，不免有顯露之感（良知教亦本是顯教）。又因良知天生現成，人或不免看得太輕易，所以攝知以歸意，將良知藏於意根誠體，以緊吸於性天，如此，纔可以保住良知本體之奧密性，使人戒懼愼獨，而有「終日乾乾，對越在天」之象。此卽蕺山消融王學以救治王學末流之弊的用心所在。

二、誠意愼獨，歸顯於密

蕺山的誠意愼獨之學，是直接本於中庸首章與大學誠意章而建立。他既不似朱子之就格物致知而開出道問學之途徑，亦不似陽明之扭轉朱子格物致知的講法而開出致良知之途徑。致良知是由格物窮理而內轉，而誠意教之攝知於意，則又就致良知之內而再內轉，此之謂「歸顯於密」。

蕺山有言：「大學言心不言性，心外無性也。中庸言性不言心，性卽心之所以爲心也。」又曰：「中庸之愼獨與大學之愼獨不同，中庸從不睹不聞說來，大學從意根上說來。」又曰：「獨是虛位。從性體看來，則曰莫見莫顯，是思慮未起，鬼神莫知時也。從心上看來，則曰十目十手，是思慮旣起，吾心獨知時也。然性體卽在心體中看出。」依蕺山，愼獨之「獨」是虛位，它的實指是性體與心體。而綜起來說，是表示愼獨工夫必須落在誠意上來做，此便是自覺的實踐工夫。

①「上天之載，無聲無臭」、「維天之命，於穆不已」，都是指「性體」而言，性體潛隱自存，無聲無臭，只是於穆不已，所以說是「思慮未起，鬼神莫知時也」。蕺山嘗說「意根最微，誠體本天」。然雖至隱至微，而亦至見至顯，這就是所謂「森然」（肅整莊嚴之本體氣象）。性體在此，道卽在此。所以必戒愼乎其所不睹，恐懼乎其所不聞，而卽就此不睹不聞

而愼其獨。這是超自覺境界。

②但中庸繼愼獨之後，又言「致中和」，這表示性體上之愼獨，終必落在心體上說。所以大學卽從意之「毋自欺」以言愼獨。而毋自欺卽是意誠，誠意卽是愼獨。心體之「意」是不能自欺的，所以說是「思慮旣起，吾心獨知時也」。這是自覺而不自欺的境界。

三、形著義之殊特與作用

蕺山所謂「性體卽從心體中看出」，可表示下列三義：

1. 從性體看獨體，則獨體只是在超自覺中之於穆不已，這是獨體之「在其自己」；在其自己是「存有原理」，表示性體之自存自有。

2. 若從心體看獨體，則獨體卽在自覺中，這是獨體之「對其自己」；對其自己是「實現原理」，表示性體通過心體而呈現、而形著。故蕺山曰：「性無性」，「性因心而名」，「性非心不體也」；又曰：「此性之所以爲上，而心其形之者歟」。此明顯地是「以心著性」之義。

3. 性體通過心體而呈現，而形著，心體性體通而爲一，此便是「在而對其自己」。以心著性，性不可離心而見。融心於性，攝性於心，故心宗性宗合而爲一。如此，則「性體」得其具體化、眞實化，而不失其超越性與奧密性；「心體」向裏收（攝知於意）、向上透（與性爲一），旣見其甚深復甚深之根源，而亦總不失其形著之用。故工夫仍在「誠意」「愼獨」

以斷妄根，以徹此性體之源。

蕺山由心宗之意體浸澈性宗之性體，以言「以心著性」。其直接的用心，是要消融王學以救正其末流之弊；另一方面，亦是想要融攝朱子以暢通儒學之大綱領。至於此「形著義」在義理系統上之殊特與作用，他自己却未必已覺察到。牟先生在「心體與性體」之綜論部與橫渠章，皆隨文表述蕺山之學；在五峯章之第十一節，更錄列蕺山言形著義之有關文獻，指出此「形著」之義，實有決定義理系統之獨特的作用。同時，蕺山分別心宗與性宗，言「於穆不已」之體，言誠意愼獨，亦必須歸到此形著義上，纔足以見出其系統之充其極的完整性。（按、牟先生「從陸象山到劉蕺山」一書中有專章論蕺山愼獨之學，請參看。）

第五卷　近三百年：文化生命之歪曲、沖激與新生

第四章 反省與新生

一、西方哲學在中國

二、中國哲學的反省與新機

〔附識〕本卷原擬分四章以論述近三百年中國文化生命之演進與開展，唯筆者正計畫撰寫一部「中國哲學史」，故此卷亦將留待來日一併敍述。玆特將十年前所撰「牟宗三先生的學思歷程與著作」列為本書附錄，旣以見當代中國哲學界學思著述之一斑，亦欲讀者對當代中國哲學之反省與新機，得一具體親切之徵驗。

附錄 牟宗三先生的學思歷程與著作

目次

三、純理自己之展現：寫成「邏輯典範」與「理則學」
四、由「架構思辨」敲開「認識主體」之門
五、對「純理批判」之了解與修正
六、完成「認識心之批判」

第三階段：客觀的悲情與具體的解悟
一、熊先生的熏炙：生命之源的開啓
二、情感時期：客觀悲情之昂揚
三、「道德的理想主義」：由大的情感轉爲大的理解
四、「歷史哲學」：建立華族歷史的精神發展觀
五、主觀的悲情：存在的感受與證悟
六、「政道與治道」：開出外王事功的新途徑

第四階段：舊學商量加邃密
一、徹法源底：心性之學的重新疏導
二、「才性與玄理」：魏晉玄學系統的展現
三、「心體與性體」：宋明儒學的疏導與分系

四、「從陸象山到劉蕺山」：陸王系之發展與蕺山之結穴

第五階段：新知培養轉深沉

一、「佛性與般若」：詮表南北朝隋唐之佛學

二、「智的直覺與中國哲學」：疏導基本存有論的建立問題

三、「現象與物自身」：判教與融通、哲學原型之朗現

四、補記：「譯述」「譯註」與「講錄」

本文分五個階段（大學時期、四十以前、四十以後、五十以後、六十以後）敘述先生的「學思歷程」與「著作」。唯此所謂階段，乃依於先生某一時期學思之着重點，而作一概略之劃分。實則，前一階段之問題，常延續於後一階段；後一階段之思想，亦常引發蘊蓄於前一階段。故仍當通貫前後，乃能得其問題之線索、思想之脈絡、與系統之開展。

第一階段：直覺的解悟

一、預科兩年：引發了直覺的解悟

先生考入北京大學預科時，即已決定讀哲學。第一年，經歷了一個思想觀念氾濫浪漫的階段，但這順青年生命之膨脹而直接向外撲、所顯示的强度的直覺力，很快地便收攝回來而凝聚了。原始的生命沉下去，而靈覺馬上浮現上來，由生命直接向外撲，轉爲靈覺直接向外照，此卽所謂「直覺的解悟」。

預科二年級，先生因讀「朱子語類」引發了想像式的直覺的解悟，而達到一種超越的超曠。此時，對於抽象玄遠的義理，具有很强的慧解。而西方正在流行的觀念系統，如柏格森的創化論、杜里舒的生機哲學、杜威的實用主義、達爾文的進化論，這些皆引起先生之注意。因爲它們的觀念系統之成套、以及其成套的角度，頗能引發並助長先生想像的興會；但它們的內容，却非先生之所喜。

二、讀「易」

升入哲學系以後，先生接上了羅素哲學、數理邏輯、新實在論等。但這些只是聽講，還不能對它們作獨立的思考。而在自己進修方面，則集中在易經和懷悌海的哲學，這是在課程之外，從自己生命深處所獨闢的領域。大易「顯諸仁，藏諸用」，當然要就天地萬物普遍地指點仁體。但偏就宇宙論地指點仁體，較易於彰顯「智的慧照」一面。先生之愛好易經，亦正是以智的慧照與它照面，而表現了想像式的直覺的解悟。在當時，只是喜悅那「鼓萬物而不與聖人同憂」的坦然明白，與「天地無心而成化」的自然灑脫；而還不能感知「聖人有憂患」的嚴肅義，與「吉凶與民同患」的悱惻心。那是因爲青年涉世未深，於人生之艱難尚無感受，所以只是美感的欣趣與智及的覺照。

先生讀易經，是大規模的。先弄熟漢人所講的卦例，如互體、半象之類，進而整理漢易，如京氏易、孟氏易、虞氏易等。每家提要鉤玄，由其象數途徑而整理其宇宙論方面的靈感與間架，提煉出許多有意義的宇宙論之概念。漢易整理完畢，進而講晉易、宋易。由於當時對魏晉玄理與生活情調智解不深，對宋明儒心性之學亦未深知，所以於晉易只略論王弼的

句)。

作是「周易函書」。一是乾嘉年間的焦循，他的著作是易學三書(易圖略、易通釋、易章

注意的重心所在。接下來是清人的易學。先生特着重於兩人：一是康熙年間的胡煦，他的著

「周易例略」，於宋易部分只略論朱子之言陰陽太極與理氣；這兩個階段的易學，不是當時

胡煦與焦循，皆可以說是易學專家，皆以象數爲出發點(但非漢人的象數)。胡煦以體卦說注解經文，極爲恰當，不見斧鑿之痕。他發明體卦說，對於自然生成之理，有很高的悟解。對於「初、上、九、六、二、三、四、五」八字命爻之義的解釋，旣精確，又諦當，爲古所未有。由此而引申出「時位、生成、終始、內外、往來」等宇宙論的概念，而以河圖洛書的圖象，總表生成之理，故先生名其學爲「生成哲學」。內生外成，是一宇宙論的發展概念，亦卽中庸所謂位育、化育；與「乾知大始、坤作成物」以及「元亨利貞」的終始過程，亦不相背。胡煦是方法學地由象以悟客觀的生成之理與數學之序，能穿過象而直悟天地生化之妙，而知象皆是主觀的方便假立，故曰「圖非實有是圖，象非實有是象，皆自然生化之妙也」。但先生以爲胡煦畢竟只是一學人專家，對於伏羲孔子那原始的光輝、光采、潤澤、嘉祥、清潔、晶瑩，大聖人混沌中之靈光爆破(伏羲)，道德心性與悱惻悲憫之懷(孔子)，皆無眞切之感；而只表現一點清涼平庸的美之欣趣與智的悟解，而不免有術人智士之小家

相。

至於焦循的易學三書，(1)「易圖略」是就易經本文勾稽出五個關於卦象關係的通例；(2)「易通釋」是根據圖略以表通例之應用，亦引發出許多極有意義的概念；(3)「易章句」則是根據圖略以注解全經。但須先讀易通釋，纔能讀懂易章句。先生以爲，焦循的精思巧構，可謂一等之才，但不免於鑿與隔，而且成了一整套之機栝的大鑿，一整個之虛構的大隔，故不如胡煦之尚能直湊眞實。只因根本不能契入道德心性，故無法上企高明。他畢竟只是一巧慧學人，若生在西方，他定然是一有成就的科學家；如今他的巧慧不能有當行之用，而竟向大聖人生命靈感所在的經典施其穿鑿，旣耗費精神，又糟蹋了大易，眞可痛惜。

三、化腐朽爲神奇：周易哲學的撰著

先生讀易，隨讀隨抄，隨抄隨案，遂成條理。在大學畢業之前，便完成了「從周易方面研究中國的玄學與道德哲學」一書。林宰平先生看了，大爲贊賞，沈有鼎先生則說是「化腐朽爲神奇」。此書於二年後（民國二十四年）在天津出版。全書分爲五部：

第一部：漢易之整理
第二部：晉宋易
第三部：胡煦的生成哲學
第四部：焦循的易學
第五部：律曆數之綜和

其中第五部，是想由易經本身所具有的客觀的數學之序、以及焦循解大衍章引用古算以明「制曆明時」，向律曆數之形上學的（宇宙論的）統一方面發展。先生於此確然見到中國文化之慧命，除堯舜禹湯文武周公孔子、歷聖相承的「仁教」之外，還有羲和之官的「智學」傳統，而古之天文律曆數，賅而存焉。（按：羲氏、和氏，堯帝之臣，主曆象授時之官。）天文律曆數在易學象數的牽連中，亦可見出其較爲有意義的形上學上的規模。中國古賢原始生命之智光所及的光輝，對於數學之形而上的（宇宙論的）意義、以及體性學的特性之認識與欣趣，並不亞於畢塔哥拉斯與柏拉圖。這裏所顯示的是數學的超越意義。（懷悌海即就此古典的觀點看數學，這是西方傳統的看法，直到笛卡兒還是如此。把數學看成是純形式主義的套套邏輯，乃是最近代的事。）可惜在中國方面，對於數學之內在的構造，並沒有進到「學」的地步，當然亦說不上有近代化的發展。先生當時的興趣，只在了解「羲和傳統」的超越方面的意義，至於對古天文律曆數之內部的整理，則自覺學力有所不逮，而寄望於繼起者能以其智之所照，發羲和之幽光。

四、以美感與直覺契接了懷悌海

先生自謂，在大學時期之所以能有宇宙論的興趣，能就易經而彰顯羲和之傳統，應該歸功於懷悌海。那時，正是懷氏抒發其宇宙論的玄理之時，著作絡續而出。早出的「自然知識之原則」與「自然之概念」二書，精鍊簡要，是其觀念之發端；一九二五年出版的「科學與近世」，是其思想由蘊蓄而發皇之時，接着一九二九年又出版「歷程與眞實」，這是他宇宙論系統之大成。對於這部莊嚴美麗的偉構，先生讀之而歎，愛不釋手。由於西方有畢塔哥拉斯與柏拉圖的傳統，有近代物理學數學邏輯之發展，因而有懷悌海植根深厚的玄思。

懷氏美感欣趣强，直覺解悟亦强。直覺的、美感的，都是直說而中。表之於言辭，是描述的；而「爲何、如何」的邏輯技巧、嚴格思辨，則不甚顯。他的書有描述的鋪排，有數學的呈列，而不見邏輯思辨之工巧。（邏輯思辨的工巧，萊布尼兹能之，康德能之，羅素能之，而懷氏則不在此見精采。）他唯一言之而辯的，是知覺之兩式（直接呈現式與因果效應式）；而這亦靠他具體的直感而穿入，衝破了傳統哲學之抽象的、形式的、非具體的（亦可說是非存在的）之積習，故能造道（宇宙論的）而入微。在此，表現了懷氏的美之欣趣與直覺的能力。而先生讀懷氏書，亦正是以美之欣趣與直覺的解悟與他相遇，故能隨讀隨消化，隨消化隨引發，而想像豐富，義解斐然。但先生當時亦只是直感而解，而不甚能確知它何以必如此？亦不能自覺地認定在理上（或究竟上）何以必歸於懷氏之途徑？雖亦訓練一些傳統哲學「爲何、如何」的疑問，但對西方哲學所開啓的問題，那時還不能有獨立運思之解答。對於懷氏之所說，心中已有所不能安，但又無從確知其不足處到底何在？於是心中起了惶惑，而逼迫自己要從美的欣趣與想像式的直覺解悟，再作進一步之凝斂，以轉入「爲何、如何」之工巧的思辨、邏輯的架構之思辨。

另一方面，先生雖在美感與直覺上與懷氏的靈魂相契接，但自己內在的靈魂究竟與他有不同。懷氏的美感是數學的，直覺是物理的。他是一個數學物理的靈魂，他的美感與直覺幾乎完全內在於這一面，爲這一面所佔有、所浸透。他不能正視生命，而把生命轉成一個外在的「自然之流轉」，轉成緣起事之過程。懷氏雖亦講創造、講動力、講潛能，但仍然轉成外在的、物理的、泛宇宙論的。他把生命外在化，把認識主體外在化；至於道德宗教的心靈主體，則根本不能接得上。而先生所由以冒出美感與直覺的根源，是那原始混沌生命之強度；而所冒出來的美感與直覺，則以「企向混沌」，「落寞而不落寞」的超越滲透力爲主。所以雖然在美感與強度的直覺力上與懷氏照了面，但由於冒出美感與直覺的根源不同，因此與懷氏分了家。照先生事後的回想，即使當初欣賞懷悌海那外延的形式的數學秩序、宇宙論的鋪排，亦仍然是生命澎漲直接向外撲、經收攝凝聚之後、而又被拖帶出來的一步外在化。由於美感與直覺是生命的，因此很容易正視生命、回向生命，而使生命這個概念凸顯出來。又由於不自覺地是生命用事（用生命），用久了，總會觸動心靈而回頭正視它。先生由外在化再提升起來而向內轉的契機，便是在如此的情形下而開啓的。

此後，先生的學思工夫，便形成雙線並行的歷程。(1)從美的欣趣、想像式的直覺解悟，轉入「爲何、如何」之「架構的思辨」。(2)是從外在化提升起來、而向內轉以正視生命。

第二階段·架構的思辨

一、對邏輯發生了興趣

先生對邏輯發生興趣，是由於講唯物辯證法的人對形式邏輯之大肆攻擊，尤其是集中在思想律上來攻擊。在此，必須先把當時社會一般思想的情勢，略爲一說。

北伐成功之後，共黨在政治上失敗了，但却在思想宣傳上採取了攻勢。他們挑起了思想問題，吸引了知識分子。由於從思想上作宣傳，便不能不牽涉到學術。但他們却不是客觀地從哲學上或其他學術上入，而是從特定的馬克思主義入，而且是携帶着階級鬪爭的意識，造成壓人的聲勢。所謂牽連到學術：(1)從唯物論，他們要攻擊哲學大流的唯心論（理性主義、理想主義）。(2)從唯物辯證法，他們一方面要攻擊黑格爾的唯心辯證法，一方面又要攻擊形式邏輯。(3)從唯物史觀，他們要攻擊「精神表現、價值表現」的歷史觀，以建立他們歷史的經濟決定論、與經濟決定的階級鬪爭之歷史觀。(4)進一步，他們要講社會主義的文學論、藝術論，所以，凡是主張在人生價值與美學價值上有獨立而永恆意義的文學論、藝術論，他們一概加以反對。(5)他們又以階級的劃分，將科學（不止是科學家）亦分爲資產階級的科學與無產階級的科學；而認爲相對論、量子論是資產階級的、唯心論的，因而亦攻擊相對論者、量子論者對於物質的解析。⑹他們又以階級爲標準，衡破國家的眞實性與眞理性，而認爲國家是有階級對立之後纔出現的，而且是階級壓迫的工具。⑺最後，他們不承認人類有普遍的人性，認爲只有階級的私利性，這是根本罪惡之所在。——以上這一切學術上的牽連，都是言僞而辯的。那時，先生正就讀於大學，對於這些雖未能全通透，但覺得他們所說總有不對。若照他們的說法，天地間便不可能有客觀的、普遍的眞理，一切都只是階級的立場與偏見，都是隨着經濟結構與社會形態的改變而改變。這是一個很深的刺激，在一個純潔無私的青年心靈上是絕難接受的。在此，只須直下以眞理是非爲標準，直接面對各門學術看眞理之是非，一步不對，便一步通不過，通不過便不能贊成它。

首先進入先生意識中的，是他們對思想律的攻擊。他們就事物之變動與關聯而說話，事物之變動與關聯，是事實，他們說的似乎很有理。但思想律本身亦很有理，因爲事物儘管有變動與關聯，而人的思想言論必須自身同一，不能有矛盾，亦是天經地義的。然則，兩方面都有理，這是什麼意思呢？這是一個困惑。但這個困惑很快便想通了。先生首先劃開了「思想律」與他們所說的「事物之關聯與變動」這兩個領域之不同，而反顯了邏輯之不可反駁性。（縱然你主張唯物辯證法，亦必須自身同一地主張、不矛盾地主張，然則你反對思想律，有何意義？）這是會獨立用思的第一步。在此，開啓了「爲何、如何」的思辨，引發了先生邏輯的興趣。（大學畢業之次年，先生曾撰寫「邏輯與辯證邏輯」、「辯證唯物論的制限」、「唯物史觀與經濟結構」三文，由張東蓀先生編入「唯物辯證法論戰」一書。）

二、對「數學原理」的了解與扭轉

學習邏輯，必須有抽象的思想，由抽象的思想來把握一個懸掛的「存有領域」（邏輯的、數學的存有）。這一步抽象、懸掛，是把握西方希臘學術傳統的一個重要關鍵。這一關打不通，便無法學會抽象的思考方式，無法接上西方的學術。

先生直接從羅素與懷悌海合著的「數學原理」入手。先讀第一卷的第一部：數理邏輯。這是有名的「眞值函蘊系統」之所在，是一個典型的正宗系統。先生一方面抄寫演算，一方面體會它的意義：

(1)關於純形式方面無問題的意義：必須把那些推演式子反覆弄熟。縱的是形式推演，橫的是眞理圖表。眞理圖表的展示法，由維特根什坦開其端，北大教授張申府先生再予以相當的展開，而先生又繼予以充分的展開（見於先生所著「邏輯典範」一書。）

(2)定義與基本假定方面有問題的意義：「數學原理」雖是由直線的形式推演在貫穿着，但同時亦具有一串定義與基本假定在關鍵着。其中第一個成問題的定義，便是關於「函蘊」的定義。路易士另造「嚴格函蘊系統」，並對羅素的「眞値函蘊」提出了批評。在當時，先生對於「嚴格函蘊系統」的意義不甚明晰，對眞値函蘊系統之前身的「邏輯代數」亦尚未弄熟。後來方知要了解眞値函蘊的意義，除了眞値圖表，還須弄熟邏輯代數，並進而了解嚴格函蘊系統。這一步學思工夫是在溫故知新中漸次習熟的，在後來的「理則學」一書中便全部具備了。

除了這成問題的「函蘊」之定義，還有些基本假定，是卽：還原公理、相乘公理、無窮公理。羅素又總名之曰：存在公理。他的「數學原理」的思想系統，便是以這三個公理來貫徹。函蘊定義貫着命題演算，這是屬於純邏輯的。但羅素講這一套是爲了講數學。他的主要心力是用在對於「類與關係」的解析與構造，而藉之以定「數」。存在公理就是在由此以定「數」上被逼迫着要假定的。這存在公理的假定，在作類與關係之解析與構造的過程中，當然隨時須要有定義，這些定義都是跟着那假定而來。定義本身確有問題，而問題都是在假定上。先生對存在公理這個基本假定，是首先了解了相乘公理與無窮公理，由此而亦了解了羅素的「邏輯原子論」與「多元的形上學」之確切意義。至於還原公理，則困惑甚久而不得確解。

抗戰前一年，先生在北平金岳霖教授家中參加了一次邏輯討論會，便是討論這個問題。主講者講來講去，總不明白，沈有鼎先生說了一句有來歷但卻並不直接中肯的話：還原公理等於「全稱命題等於無窮數的命題之絜和（乘積）」。仍然無結果而散。抗戰開始，先生播遷廣西，一日散步鄉野，忽然對此問題得了一隙之明，以後纔漸漸明白了：(1)「還原公理」（亦名類的公理）之目的，一在避免全稱命題中的循環。因爲全稱所示的綜體包含它自己爲一分子，這種循環，將形成蹈空的虛幻類、似是而非的假類；這種「類」是不存在的。二在表示由全稱所示的綜體所成之類，皆是「存在類」。即，全稱所涉及的分子，皆化歸於存在的層面上。而全稱所示的綜體沒有理由限於有窮，若只是有窮，還原公理亦不必要，所以邏輯必通於無窮，纔有可還原的假定。全稱所示的綜體皆必須有指謂之存在謂詞爲其底子，而後綜體乃可還原於與它相應的、指謂之存在謂詞。因而，存在方面亦必須有無窮個個體。(2)然則，存在方面的個體是否眞無窮？這不可得而知。「無窮公理」卽假定有無窮個個體存在。羅素從數學上認爲有種種理由必須肯定無窮。(3)既肯定無窮，那麼在無窮個個體中，是否有一種關係可以作標準，讓我們從那些個體中作選取而成類？這亦不可得而知。但既肯定無窮，就必須肯定有一種關係存在，此卽「相乘公理」。

這三個公理一線相穿，都是在存在方面有所肯定，所以可以一起名爲「存在公理」。此卽羅素的實在論的數學論。一方面透示了一個多元的形上學，邏輯原子論的多元論；一方面奠定了數學的存在方面的基礎，使數學歸於一個多元的形上學、而建基於原子論上。先生明白了這個意思，隨卽便開始有了懷疑，由懷疑而有了轉向。先生一方面同意維特根什坦斷定這是「實在論的數學論」，同時又進一步指出它亦是「雙線的數學論」：一線是邏輯的，一線是存在的。但是，(1)講數學，爲什麼要雙線進行呢？(2)數學要靠三個假定，既建基於一個由假定而形成的形上學上，然則，數學本身之自足獨立的必然性又何在呢？由於這兩個疑問，使先生必須扭轉羅素的數學論。

三、純理自己之展現：寫成「邏輯典範」與「理則學」

對於一個表達邏輯自己的推演系統，經先生步步審識的結果，認爲它不表示任何東西，它只表示「純理自己」，是「純理自己之展現」。「純理自己」一詞之提出，一方面保住了邏輯之自足獨立性，不依靠於任何外在的形上學；一方面保住了邏輯的必然性與超越性。由此，先生既不贊成只就形式系統的技術之形成而說的「形式主義」與「約定主義」；亦不贊成想從外在的存在上給形式的系統以形上的意義之「共相潛存說」與「邏輯原子論」。前者違反邏輯的必然性與超越性，後者違反邏輯的自足獨立性、而且亦與「不牽涉對象、一無所說、與外界根本無關」的套套邏輯義相違反。先生就（自身相函的）套套邏輯之事實，一貫地想下去，很自然地得到這個結論，並認爲這個結論是定然而不可移的。這是屬於消極性的批評與提煉。

至於積極方面，先生⑴從認識邏輯中的命題架子起，⑵進而了解造成命題架子的基本概念或規律有定然性與先驗性，⑶再進而重新確定思想律之意義、確定其先驗性、必然性、與超越性。先生指出，思想三律根本是「肯定否定之對偶性」這個原則的直接展現。即，由對偶性原則直接開出排中律、同一律、矛盾律。如此一步一步予以釐定，「純理自己之展現」說，便極成了。西方邏輯學者未能與套套邏輯之事實，如如相應而一貫地想下去，以通透邏輯之本性；實在都是歧出而陷於疑惑不定之中、或增益減損之中。（形式主義與約定主義是減損，共相潛存說與邏輯原子論是歧出而增益）。講唯物辯證法的人攻擊思想律，固無是處；布魯維取消排中律、以及羅素用「邏輯的相應說」救住排中律，亦都是不中肯而歧出的。（民國三十一年，先生撰有評羅素「意義與眞理」一長文，便是對羅素論排中律與邏輯之構造而發。刊於「理想與文化」第三、四、合期。）講唯物辯證法的人，從事物之變動與關聯方面反對思想律，是爲領域之混淆；而邏輯專家們，則以形式主義、約定主義動搖邏輯之命根；共相潛存說與邏輯原子論，則又使邏輯依託於一外在的形上學之假定上；先生以爲，這都是義理不透，未識大常，所以羣言淆亂，使定然者成爲不定，必然者成爲不必然，這是時代虛脫飄蕩之象。

復邏輯之大常，識邏輯之定然，歸宿於「知性主體」而見「超越的邏輯我」，至此，羅素的「實在論的數學論」乃可得而扭轉：數學與幾何，皆基於純理，而不基於邏輯原子論。其入路亦不由有存在意義的「類」與「關係」入，而是由純理展現之外在化的「步位相」與「布置相」入：由「步位相」明數學，由「布置相」明幾何。如是，「存在公理」可以不要，使雙線（邏輯的、存在的）歸於一線（純理自己之展現），以救住數學自身之自足獨立的必然性。（此義，羅素的高足維特根什坦亦已見到，但先生認爲他對邏輯的了解，尙未提煉到透徹的境地，所以其數學論亦只停在技術處理的形式主義上，而未達於通透之境）。杜威的「運用論」，亦不由類與關係以明數，亦不涉及存在公理，可謂有見，但先生不取他的說統。（先生曾有「評述杜威論邏輯」一長文，刋於南京「學原」第一卷第四期。）此外，布魯維的直覺主義的數學論，希爾伯的形式主義的數學論，雖皆有契，而不盡同。

以上都是屬於邏輯數學的提煉與扭轉。在「邏輯典範」書中已大體具備。（此書厚達五六百頁，於民國三十年，由香港商務印書館出版。）但先生自覺該書「開荒之意重，雕琢之工少」，許多消極性與積極性的義理，尙有不够明白處。而較爲確定而透徹的陳述，是在後來撰著的「理則學」與「認識心之批判」兩書。先生寫「邏輯典範」，主要的用心，是要扭轉近世邏輯家對邏輯數學的解析，以接上康德的途徑，重開哲學之門。這是屬於邏輯哲學的工作，所以理論性的討論特多。而「理則學」一書，則是應教育部之約而寫，以作爲教科書之用，故只就邏輯系統，作內部的講述，而不牽涉理論的討論。書分三部：第一部講傳統邏輯，分爲八章。第二部講符號邏輯，分爲三章，以講述邏輯代數、眞值函蘊系統、嚴格函蘊系統。第三部爲方法學，講歸納法。另有兩章附錄，一爲辯證法，一爲禪宗話頭之邏輯的解析。（此書於民國四十三年完稿，次年由國立編譯館出版，臺北正中書局印行，計三百頁。）

四、由「架構的思辨」敲開「認識主體」之門

先生自謂，由於扭轉對邏輯數學之解析，歸於「知性主體」，直敲「認識主體」之門，建立「超越的邏輯我」；使自己眞正地進入哲學之域，而得到了在哲學上獨立說話的思辨入路。在自己的生命中，已確然湧現了安排名數、說明知識、進窺形上學的全部哲學系統的架

構。這就是所謂「架講的思辨」。在這部工作上，不但接近了康德，還要進而了解康德，以學習他那套架構的思辨。

康德的哲學，是偉大靈魂的表現，亦是西方哲學的寶庫。學力不够，根器塵下，將終生接不上。器識學力都够了，還要有那架構思辨的工巧方式，亦即由「爲何」而「如何」的方式，這是必須長期學習的。一個學哲學的人，在青年階段總是表現他的直覺穎悟（如果他有的話），亦總是先順着經驗、携帶他的智力直接外用以趨物，所以容易先欣趣於浪漫的理想主義，如生命哲學一類；亦容易先接受經驗主義、實在論、唯物論、唯用論那類的思想。先生認爲，這些都只是哲學的初步，還不算眞正進入哲學的堂奧。就是羅素那種邏輯分析，亦只是在順趨的方向上表現其精明與技巧，故只是消極的釐清，而無積極的建樹。其「數學原理」雖亦可說是一種積極的建樹，但如前所述，他那由類與關係入手的實在論的數學論，對數學之究竟義，仍有一間未達，不能算是第一義上的器識。要想進入哲學之堂奧，進入第一義的數學原理，必須由順趨而進到「逆反」，此則不能停在邏輯的分析上，而必須進到「超越的分解」。因爲順趨的邏輯分析，只停在已經呈現的東西之「是什麼」上，這大體還是科學的態度，科學的層面。既已有科學矣，而哲學又停滯在同一層面上，當然不可能有義境上的開闢。然則，哲學之所說豈不成爲重複之廢辭？可知只停在「是什麼」上，而不能進一步就此「是什麼」而由「爲何、如何」以探本溯源，則不能見出先驗的原理。唯有由邏輯分析所成立的平面之系統，進到由超越分解之架構思辨所成立的立體之系統，纔算進入哲學的堂奧。所謂架構思辨的「爲何、如何」的技巧方式，亦正由這超越分解而規定。康德所謂「批判的」，便是落在這裏而說。

五、對「純理批判」的了解與修正

康德的「純理批判」，分爲「超越的感性」、「超越的分解」、「超越的辯證」三大部。由於先生步步扭轉對邏輯數學之解析，認識了純理自己之展現，所以首先了解了「超越辯證」部。

第一：「超越的辯證」部，是康德對於「超越形上學」的批判；由如何不可能而透露如何可能。其中有兩個關鍵性的名詞：「軌約原則」與「構成原則」。這二個「爲何、如何」的批判思辨上的名詞，對於了解康德的思想，非常重要。康德指出，純粹理性順經驗而依據範疇向後追溯，以期超出經驗而提供超越理念；這種追溯以及由提供而置定的超越理念，只是「軌約的」，而不能認爲是「構成的」。以軌約爲構成，便將形成超越辯證所示的虛幻性。

這表示在純粹理性依據範疇以追溯上，並不能彰明超越理念之眞實可能性，亦不能獲得眞實的客觀妥實性。在這裏，表現出純粹理性有效使用的範圍，劃開了「知識域」與「超越域」。在「超越域」上開闢了價值域，而價值域的根源，是「認識主體」之外的「道德主體」，此則必須正視各種「主體之能」。於此，先生乃又重新回來再正式了解「超越的感性」部與「超越的分解」部。

第二：「超越的感性」部，講時空與數學。萊布尼玆首先自覺地把時空看成是關係、是程態，不是外在的實體性的存有。先生認爲此已開啓了「繫屬於心」的主張。但在萊氏並不顯豁，到康德，便顯豁地主張時空繫屬於心，而視之爲直覺之形式。（唯康德並不自覺由萊氏來）。萊氏的精察照了是邏輯的，單知其本性如此；康德的精察照了則是批判的，從認知主體方面見其本性與作用，而卽由「批判的」以規定其本性。繫屬於心，則不是外在的實有；視爲直覺之形式，則見其「超越的作用」，而且卽在此處建立其落實性。先生雖親切契悟了康德的時空之主觀說、時空爲直覺之形式說，對康德所說的時空之「超越的觀念性」與「經驗的實在性」，亦豁然明白而無疑。但對於他「時空與數學之關係」的主張，則認爲必須修改。如前所述，先生確認數學與幾何皆是純理自己之外在化，這是數學與幾何之第一義。再經由「時空之超越決定」，而說數學與幾何之第二義。先生不自「超越感性」上論數學，而打斷了「時空」與「數學之第一義」上的關聯，衝破了康德對於時空所作的「超越解析」。這樣，一方面扭轉了羅素的「實在論的數學論」，一方面復活而修改了康德的「批判哲學」。這是先生所著「認識心之批判」書中最具匠心的部分，是系統開展之本質的關鍵。

第三：「超越的分解」部，講範疇與自然知識。一是「概念底分析」，講範疇：包括範疇之「形上的推述」與「超越的推述」。二是「原則底分析」，講範疇之應用：包括規模論、以及綜和原則之系統的表象。——在「形上的推述」中，康德由傳統邏輯的十二判斷以爲發現範疇之線索。先生認爲，這表示康德對於邏輯概念與體性學的概念，並未嚴加分別。由十二判斷可以引出一些純粹先驗的邏輯概念，如：「全、偏、肯定、否定、如果則、析取」等；但這些邏輯概念，與「一、多、綜、實有、虛無、本體屬性、因果、交互」等的體性學的概念，並不同。於此，康德並無審愼的照察。（此亦由於康德時代，對於邏輯的認識，尚未發展到今日之程度。）因此，十二判斷的完整性與先驗性，康德並未予以極成，對於「判斷底形式」之形成所依據的基本概念（卽邏輯句法所由以成的基本概念），亦未能明其完整性與先驗性；他沒有正視這些基本的邏輯概念，却正視了那不能由判斷引出、而却爲他所引出了的範疇（卽體性學的概念）。先生認爲，這是康德哲學中很不健全的一部，所以徹底予以改變。（按、二十年後，先生對於此一問題，採取了較爲謙退的態度，而有更進一步的妥實之調整。說見後第五階段。）改變的要點：⑴嚴分邏輯概念與體性學的概念之不同。⑵指出由判斷底形式只能引出邏輯概念，不能引出體性學的概念。⑶講知識底形式條件、而爲知性所自具者，只此邏輯概念卽已足够；而且知性本身亦只能見出這些邏輯概念，而不能見出具有存在意義的體性學的概念。⑷如是，乃進而講那些形成「判斷形式」（邏輯句法）的基本邏輯概念之完整性與先驗性：一方面表明了邏輯句法與邏輯系統之形成、以及其先驗性與定然性；一方面卽於此發見了知性本身的形式條件。⑸這些形式條件，不名曰範疇，而改名曰「格度」。⑹格度有四：一爲時空格度，由超越的想像所建立，而用之於直覺；二爲因故格度，三爲曲全格度，四爲二用格度，此後三者皆爲知性本身所自具。⑺再由因故格度處建立當機詮表之範疇。（此範疇取古典義，非康德義；其數亦無定，但却皆是邏輯地先在的，是在知性（認識心）依據格度以作「超越的運用」時所自動地當機設立的。）⑻格度之爲先驗是現成的、本有的、數目有定；而範疇之爲邏輯地先在，則不是現成的、本有的，而是因故格度詮表事象時所當機設立的。⑼於知性三格度處說「超越的運用」，於時空格度處說「超越的決定」。前者是軌約的，後者是構成的。康德無此分別，皆說爲「超越的決定」，因此遂有「經驗可能底條件、卽經驗對象可能底條件」一最高綜和原則之置定。

而先生加以分說，減輕了認識心之擔負；吸納了柏拉圖、亞里斯多德之傳統的精神，透露了超越形上學之眞實可能；由認識心所不能擔負者，歸之於形上的天心（道德心）；因而解消了康德哲學中的生硬、不自然性。

綱領規模既已開具，先生乃進而作四格度之推述，以明各格度之所函攝。⑴時空格度之推述（超越的決定）：明數學與幾何之應用，亦即明數學幾何之第二義。⑵因故格度之推述（超越的運用）：顯示一個經驗知識完成的全幅歷程，說明了範疇的種種特性，並予柏拉圖的理型以認識論之推述。⑶曲全格度的推述：明滿類之滿證，透出超知性之「智的直覺」，說明了「無窮」底種種意義，並對於羅素的「實在論的數學論」之爲第二義、爲雙線並行，予作了較「邏輯典範」書中更進一步的說明。⑷二用格度之推述：明「辯證」底各種意義，予「認識心、知性的、超知性的」以充分的展現，看它有何成就，能至於何極？作完了這四步推述，認識心的全部相貌、本性、與限度，乃一齊昭顯而無遺。

六、完成「認識心之批判」

以上是敍述先生架構思辨的過程，其結果便是繼「邏輯典範」之後、而寫成的八百餘頁的「認識心之批判」。此書自構思到完稿，長達十年之久。民國三十七年，曾先發表「認識論之前提」、「知覺現象之客觀化問題」、「時空爲直覺底形式之考察」、「時空與數學」等章節於南京「學原」雜誌。全書完稿之後，先生來臺，當時沒有書局具備印行此書的器識。又七年（民國四十五年），纔由香港友聯出版社負起了這個責任。全書分四卷：

第一卷 「心覺總論」。分三章。

第二卷 「對於理解（知性）之超越的分解」。分爲兩部：一部論純理，一部論格度與範疇。共七章。

第三卷 「超越的決定與超越的運用」。分爲兩部：一部爲順時空格度而來之超越的決定，一部爲順思解三格度而來之超越的運用。共五章。

第四卷 「認認心向超越方面之邏輯構造」。分兩章以論本體論的構造與宇宙論的構造。

康德的「純理批判」以及羅素與懷悌海合著的「數學原理」，是西方近世學問中的兩大骨幹。先生常自慶幸能够出入其中，得以認識人類「智力」的最高成就，得以窺見他們的廟堂之富。「數學原理」之內在的結構與技巧，因爲中國的學術傳統沒有這一套，一時還產生不出這樣的偉構。先生亦自歎有所不及，但在哲學器識上，則自覺並無多讓，所以能以究竟了義爲依歸而扭轉其歧出。（當然亦不輕忽它的價值與分量）。而「純理批判」，是由西方純哲學傳統而發展出來的高峯，其工巧的架構思辨，極難能而可貴。先生正視它的價值，彌補它的不足，而復活了康德批判哲學的價值。（而且二十餘年之後，仍鍥而不舍，對「認識心之批判」書中之所說，又作了一步修正與推進，先後撰著「智的直覺與中國哲學」、「現象與物自身」二書，證成了康德自己未能證成的義理，因而亦融攝了康德，升進了康德。）

先生以爲，人類原始的創造的靈魂，是靠幾個大聖人：孔子、釋迦、耶穌。但大聖的風姿是沒有典要的，其豐富不可窺測，其莊嚴不可企及，只有靠實感來遙契。而學問的骨幹則有典要，典要的豐富是可以窺見的，其骨幹的莊嚴亦是可以企及的。通過學問的骨幹以振拔自己，纔能盡己、自立，以承擔文化學術與家國天下的責任。先生在訓練架構思辨的過程中，雖只是純理智的，與現實毫無關係；但遭逢大難，家國多故，又豈能無動於衷？故一方面在純理智的思辨中，一方面亦一直在家國天下歷史文化的感受中。

第三階段•客觀的悲情與具體的解悟

一、熊先生的熏炙：生命之源的開啓

先生從事抽象的、純理智的架構思辨，這是存在主義所謂「非存在的」。雖在「非存在的」領域中，却因正視存在的現實而常被打落到「存在的」領域。由於對時代不斷的感受、默識，漸漸體會了時代的風氣、學術的風氣、知識分子的劣性、家國天下的多難，以及歷史文化的絕續。這一切，引發了先生客觀的悲憫之情。由這「客觀的悲情」而引進到架構思辨以外的，另一線的義理。

而先生接觸這一線的義理，其最初的機緣，是大學三年級時遇見了熊十力先生。在熊先生那裡，先生立刻嗅到了學問與生命的意味，而照察出一般名流教授「隨風氣、趨時式、恭維青年、笑臉相迎」那種標格的卑陋庸俗，亦顯示了一個自己未曾企及而須待向上企及的前途。這是一個學問與生命深度發展的問題。時時有一超越的前景在那裡，便時時能返照到自己生命現實的限度與層面。這就是前文所說「從外在化提升起來，而向內轉以正視生命」。

不打落到「存在的」領域，是不能接觸到這種關於生命之學問的。存在的領域，一是個人的，一是民族的，這都是生命的事。先生指出，西方學問以「自然」爲首出，以「理智」把握自然；中國學問以「生命」爲首出，以「德性」潤澤生命。從自然到生命，旣須內轉，又須向上。因爲這樣纔能以「存在的」現實而契悟關於生命的學問。先生之正視生命，不同於文學家或生命哲學對於自然生命之謳歌讚歎，而是由一種「悲情」而引起。國家何以如此？時代精神、學術風氣，何以如此？難道這不是生命的表現？但何以表現成這個樣子？這些都不能只看生命本身，而要透到那潤澤生命的德性，以及那表現德性或不表現德性的心靈。在這裡，便有學問可講。這裡是一切道德宗教的根源。

自抗戰軍興，先生自北平南下，由廣西而昆明，而重慶，而大理，又返重慶北碚從熊先生。五年之中，國家之艱苦，個人之遭遇，在在皆足以使先生正視生命，而從抽象的「非存在的」領域，打落到具體的「存在的」領域。加上熊先生那原始生命的光輝與風姿，家國天下族類之感的强烈，以及直通「華族文化生命觀念方向所開闢的人生宇宙之本源」而抒發義理與情感的風範，尤使先生獲得眞切而且親切的感受。由於十餘年的熏炙，而開啓了一種慧命，這種慧命，就是耶穌所說的「我就是生命」的生命，「我就是道路」的道路，而中土聖哲，則願叫做「慧命」。

二、情感時期：客觀悲情之昂揚

民國三十一年，先生離北碚赴成都，任教於華西大學，那時，先生的道德感特別强，正氣特別昂揚。但那不是個人的，而是全注於家國天下、歷史文化的客觀的意識。先生旣痛心於政治與時代精神之違離正道而散塌，而尤其深惡痛絕於共黨之無道與不義。先生撥開一切現實的牽連，而直頂着華族文化生命之大流而說話。凡違反「國家、華族生命、文化生命，及夷夏、人禽、義利之辨」的，凡否定這些而乖離的，凡不能就這些而盡其責以建國、以盡其民族自己之性的，先生必斷然予以反對。這是一種具有宗教之熱忱的戰鬪精神。由於這種精神之昂揚，使先生契悟了耶穌向上昂揚而下與魔鬪的莊嚴之精神。向上昂揚，必須內心瑩澈，信念堅定，必須對超越實體方面有所肯定。如此纔能放棄一切、犧牲一切，以開出生命的眞實途徑。先生眼看時代要橫決，刼難要來臨，客觀的悲情一直在昂揚着。這客觀的悲情，不只是情，同時亦是智、亦是仁、亦是勇。這是生命之源、價値之根的精神王國。耶穌內心瑩澈，肯定了他天上的父；而先生所肯定的，則是華族歷聖相承所表現的華族之文化生命，是「滿腔子是惻隱之心，通體是慧命」之孔子所印證的，旣超越而又內在的生命之源、價值之源。到了下與魔鬪時，便是「天下無道，以身殉道」。這是否定一切，肯定一個。天下一切皆可不是，而自己的國家、華族的文化生命，不能有不是；一切皆可以放棄，皆可以反對，而這個則不能放棄、不能反對。這就是先生向上昂揚其「客觀的悲情」之超越的根據。

抗戰勝利，擧國歡騰。但一時的歡喜興奮，一下子便轉而爲渙散、放肆、與墮落。這時，人的目光不再看外面的世界，而轉爲向內看，看現實的政治。青年人看這個現實不好，便嚮往那個現實，而在放肆與迷糊中傾向共黨；政治團體則着眼於現實的私利，聯合起來向執政黨要民主；而執政黨又膠着於現實的政局，而不能透澈正視民主政體建國的眞實意義及其莊嚴神聖的使命；至於共黨，則勾結蘇俄，拼命地乘機搶奪、擴展；而一般大學裡的教授者流，依舊昏沉歧出，滯執膠固於理智主義的習氣上，而虛矜地、恬然地，自鳴清高；朝野上下，見不到有任何凝聚與開朗之象，亦沒有直立於華族文化生命上立大信的器識。這時，先生隨中央大學由重慶回到南京，乃獨力創辦「歷史與文化」雜誌，以人禽、義利、夷夏之辨昭告於世，並從頭疏導華族之文化生命與學術之命脈。但因經費無着，只出四期而止。不二年而共黨渡江，南京淪陷。先生亦終於由杭州經上海，再轉廣州而來到臺灣。

自成都到南京這五六年間，是先生的「情感」時期（客觀悲情之昂揚）；另外一面，便是自大理開始構思而完成於來臺之前的「認識心之批判」之撰著，這是純哲學的思辨。這兩面是雙線並行而同時表現的。

三、「道德的理想主義」：由大的情感轉爲大的理解

先生來臺之後，半年之間，整個大陸相次沉淪。國家民族與歷史文化的前途，已到最後徹底反省之時。先生根據客觀悲情之所感，轉而爲「具體的解悟」，以疏導華族文化生命的本性、發展，與缺點，以及今日「所當是」的形態，以決定民族生命的途徑。這是由「大的情感」之凝斂轉爲「大的理解」之發用；其結果，便是「歷史哲學」、「道德的理想主義」「政道與治道」三書之寫成。這三部書有一共同的基本用心，是卽：本於中國的內聖之學以解決外王的問題。其中「歷史哲學」與「政道與治道」是專著，前者是縱貫地說，後者是展開地說。而「道德的理想主義」，則是依於一個中心觀念（怵惕惻隱之仁）之衍展，隨機撰述的論文。

在撰著的時序上，「道德的理想主義」書中諸文，與「歷史哲學」實同時而並進，寫歷史哲學是專其心，隨機撰文是暢其志。在歷史哲學尚未完稿之前，先生已先輯印「理性的理

想主義」、「道德的理想主義與人性論」、「理想主義的實踐之函義」諸文爲一小書，於民國三十九年一月，由香港「民主評論」社以「理性的理想主義」爲書名而出版。書中指出孔孟所印證的「怵惕惻隱之仁」卽是價值的根源、理想的根源，直就此義而說：道德的理想主義。這怵惕惻隱之仁，亦是了悟性命天道的機竅，「人性論」卽直接由此而建立。而人性論之時代的意義與文化上的意義，卽在於對治共黨之唯物論與馬克思之人性論而顯出。這是怵惕惻隱之仁第一步的衍展。再進一步便是「踐仁」的過程，在此而有家、國、天下（大同）與自由、民主、道德、宗教之重新肯定；旣以對治共黨之邪惡，亦爲虛無低沉的時代樹立一個立體的綱維。

這個綱維旣已確立，便可以隨時照察、隨時對治。於是而有「闢共產主義者之矛盾論」「闢共產主義者之實踐論」二文之發表，以破斥共黨理論之邪謬。同時，亦撰文針砭自由世界時風學風之流弊，如：疏通法人薩特所謂「無人性與人無定義」之意指，以袪其偏頗。就十九世紀德國詩人霍德林所謂「上帝隱退」之言，以指出時代學風之無體、無理、無力。而對當代偏就個體性以言自由者，則指出其缺少一眞實的普遍性，故不能引生眞實的理想，不能開發新生命；必須本於由人性主體而透顯眞實普遍性，而後纔能調整現實、糾正現實，以消解自由與理想之衝突。對於科學一層論、理智一元論者，則指出其缺少一價値之源以立本；價值意識提不起，便不足以言文化意識與歷史意識。復次，價值之源不清不透，縱有文化意識與歷史意識，亦將落到從生物生命看文化之立場；故進而指出斯賓格勒「以氣盡理」的文化周期斷滅論之不足，而點示歷史文化所以悠久的超越原則，乃在於「以理生氣」。中國心性之學的意義與價值，卽由此而顯出。

除了隨時照察、隨時對治，還須隨時提撕，以極成這個綱維。因此，「道德的理想主義」必然函着「人文主義之完成」。依據這極成的義理綱維，以開出文化發展的途徑，以充實華族文化生命的內容，先生提出了三統之說：

1.道統之肯定：肯定道德宗教之價值，以護住孔孟所開闢的人生宇宙之本源。

2.學統之開出：由民族文化生命中轉出「知性主體」以融納希臘傳統，開出學術之獨立性。

3.政統之繼續：認識政體發展的意義，以肯定民主政治之必然性。

這就是先生「道德的理想主義」一書，隨「怵惕惻隱之仁」這一中心觀念所衍展的範圍。書中最後兩文，一是「反共救國中的文化意識」，指陳救人、救國、救文化，必以文化意識、文化生命、文化理想爲領導原則，纔能克服共黨之魔難，以重開歷史的光明。另一篇是「關於文化與中國文化」，文中對數十年來時風學風之卑陋膚淺、知識分子所以對中國文化起反感之故，以及反省文化問題應有的態度，皆有肯切之針砭與提示。此書各文，全部發表於民國四十三年之前，而輯印成書則在五年之後，於四十八年十一月，由東海大學出版。全書二百六十餘頁。

四、「歷史哲學」：建立華族歷史的精神發展觀

「怵惕惻隱之仁」落於歷史文化上的深切著明之表現，乃是歷史哲學的論題。先生撰著「歷史哲學」一書，以疏通中國文化爲主。貫通民族生命、文化生命，以開出華族更生的途徑，這是先生寫此書的主要動機。將歷史看做一個民族之實踐過程，以通觀時代精神之發展，進而表白精神本身表現之途徑；並指出精神實體表現之各種形態，於此而疏導出中國文化所以不出現科學民主之故，以及如何順華族文化而轉出科學與民主，這是先生撰著此書的基本用心。而蕩滌民國以來迷惑人心的唯物史觀（歷史的經濟決定論），進而完成一「歷史之精神發展觀」，以恢復人類之光明，指出人類之常道，是卽此書之歸結。

先生指出，精神表現的各種形態與各種原理，在各個民族間的出現，不但有先後之異與偏向之差，而且其出現的方式亦有「綜和的」與「分解的」之不同。中國文化表現「綜和的盡理之精神」與「綜和的盡氣之精神」，西方文化則表現「分解的盡理之精神」。(1)綜和的盡理之精神，是指「由盡心盡性而直貫到盡倫盡制」，由「個人的內在實踐工夫直貫到外王禮制」的精神；其表現於人格者，則爲聖賢與聖君賢相。(2)綜和的盡氣之精神，是指「一種能超越一切物氣之僵固，打破一切物質之對礙，以表現其一往揮灑的生命之風姿」的精神；其表現於人格者，是天才，是打天下的帝王。(3)分解的盡理之精神，有二個特徵：第一是推置對象而外在化之，以形成主客之對列；第二是使用概念，抽象地概念地思考對象。此種精神表現於文化，一是神人相距的離教型的宗教，二是以概念分解對象和規定對象的科學。三是通過階級集團向外爭取自由人權，而逐漸形成的民主政治。由綜和的盡理之精神，表現「道德的主體自由」，而使人成爲「道德的存在」(或宗教的存在)。由綜和的盡氣之精神，表現「藝術性的主體自由」，而使人成爲「藝術的存在」。(此取廣義。凡是盡才、盡情、盡氣的天才、英雄、豪俠、才士、高人、隱逸之流，皆屬此類。)由分解的盡理之精神，表現「思想的主體自由」以及「政治的主體自由」；前者使人成爲「理智的存在」，後者使人成爲「政治的存在」。中國充分地發展了道德的、藝術性的主體自由，西方充分地發展了思想的、政治的主體自由。黑格爾說中國只有「合理的自由」，而沒有「主體的自由」，實意是指「政治的主體自由」而言。（黑氏不知「主體自由」之表現有各種形態，故顢頇籠統地言之。）而凱塞林的哲學家旅行日記，說中國人有智慧，而思想則乏味，此中關鍵，則是由於「思想主體」（知性主體）未能充分透出以得其獨立的發展之故。

先生此書，完稿於民國四十一年，至四十四年始由強生出版社印行。七年後由香港人生出版社增訂再版，現由臺北學生書局重版發行。全書四百餘頁，分為五部：

第一部，論夏商周。先生指出，人文歷史的開始是斷自觀念之具形，而現實的發展則斷自氏族社會。觀念之具形可以上溯於堯舜，而氏族社會由母系轉為父系，則當始於夏代。在上古文化中，中華民族所首先把握的，是生命，而不是外在的自然。雖然古代史官之職，亦包含窺測自然以正歲年這一面，但因援連於「本天敍以定倫常，法天時以行政事」，這是以「修德愛民」之政治為本，而並未將「自然」推出去以成為理智所對的客觀外在物，因而沒有開出希臘式的科學。中西文化之殊途，在這裡便已透露了端倪。而中國古代的氏族社會，亦不向西方式的經濟特權之階級社會而趨，而是在步步發展中形成了「宗法的家庭制」與「等級的政治制」的周代禮制之社會。這等級的政治制中，含有治權之民主。而此後中國的政治，亦一直是「有治權之民主而無政權之民主」的政治。黑格爾所謂中國人有合理之自由而無（政治的）主體之自由，其實意便是指說：中國人在數千年的傳統政治中，並未達到「人人自覺地是政治的主體之存在，以掌握其行使政權之自由」。這一點，確實顯示出中國傳統政治的限制所在。

第二部，講春秋戰國秦。分三章講論五霸與孔子、戰國與孟荀，以及秦之發展與申韓。西周三百多年是周文的構造時代，春秋二百多年則是周文逐漸分解的時期。周文之理想提不住，所以五霸以尊王攘夷之名號爲天下倡。王室雖衰，而猶然尊周文而不替，可知春秋五霸的迭興，實亦周文之多頭表現；而齊桓管仲之「帥諸侯朝天子，正天下之化，興復中國，攘除夷狄」，尤對政治文化有大功。再下至孔子，周文已到徹底反省之時，反省即是一種自覺的解析，這不是周公「據事制範」之廣被的現實制作，而是「攝事歸心」，反身而上提的形而上的仁義之點醒。孔子握住仁義之本，予周文以超越的解析與安立，正如長龍之點睛，一經點畫，便通體是龍；這是孔子智慧的開發，是大聖人之創造。孔子通體是仁心德慧，滿腔是文化生命、文化理想，所以能盡人道之極致，立人倫之型範。

到了戰國，井田制的共同體趨於破壞，依於宗法制度而糾結在一起的共同體式的貴族政治，亦日漸趨於崩解，政治之格局乃轉爲「君、士、民」之形式的客觀化。但因欠缺一個正面而積極的客觀理想，所以終於成爲人人務求盡物力物氣的純物量精神之時代。能逆此時代之精神而肯定文化理想者，只有孟子與荀子。孟子通體是文化精神，他充分披露其生命之光輝與英氣，壓下盡物力的時代風氣，而亦顯示了他自己人格與時代之對立與破裂；但亦正因如此，孟子乃得表現道德精神主體，而盡了他對時代的使命。荀子通體是禮義，表現知性主體。他重禮憲，重天生人成，使天之自然成爲被治的，人的知性主體凸出而照臨於自然之上。在中國古代思想中，這是唯一可與西方重知性之精神相通接的所在。但荀子重禮憲，却不上本於心性之善，所以他的禮憲亦成爲外在的。而凡外在的，皆可揮而去之。於是，順戰國之盡物量物氣的時代趨向，便必然會轉出申韓與秦政，來剷平一切禮義與人格的價值層級，而歸於那「純物量、純數量的漆黑之渾同」。而政治亦遂歸於絕對之極權，人君則成爲陰森之秘窟。（觀乎大陸共黨二三十年之統治，事尤顯然。）

第三部，講楚漢相爭，綜論天才時代。秦之一統，是在多頭敵對之中，而對立地擴展兼併而成；它代表一個對消否定的階段，而不是綜和創造的階段。所以秦之成爲歷史的過渡，乃是必然的。而劉邦則代表中華民族對於秦政因物量物氣而固結的漆黑渾同之機栝，予以衝破的原始生命之風姿與充沛。他是天才時代的典型人物。但天才能盡氣而不能盡理（雖亦未嘗不能接受理想）。故先生卽以此部之二三兩章，分論「綜和的盡理之精神」與「綜和的盡氣之精神」之歷史文化的意義。同時指出中國文化必須轉出「分解的盡理之精神」，而後纔能樹立「知性主體」以開出邏輯、數學、科學。在政治上必須人人自覺地成為「政治的存在」，從以往那種只順「自上而下」之治道方面想的思路，轉為從政道方面想，通過個體之自覺以開出近代意義的國家、政治、法律。這纔是建國立國的鋼骨所在。中國的文化生命，向上透的境界雖然極高，但唯有補足「知性」與「政道」這中間架構性的東西，纔能向下撐開以獲得堅固穩實的自立之基。

第四、第五兩部，分別論西漢與東漢。西漢二百年的時代精神，以漢武帝之「發揚的理性人格」與董仲舒的文化運動為主導，先生綜名之曰「理性的超越表現時期」但其內在表現只成為宣帝之吏治，未能與超越之理想互相協調配合，而董生所顯示之超越理想又有駁雜，所以終於蹈空而出現王莽之篡位與乖異。東漢二百年的時代精神，則以光武帝之「凝斂的理性人格」為主導，先生綜名之曰「理性之內在表現時期」。光武出身民間，早年學於長安，有田間之樸誠，與學問理性之凝斂，其天資雖不及高祖、武帝，而「理之流澤足以補其短，心之戒懼足以延其慶」。故能「涵之以量，貞之以理」，以理性自斂而斂人斂天下，所以能成東漢一代之規制。而中國的國家政治之規模，亦大定於東漢。後代政制上的改革，皆是第二義以下的支節。故先生「歷史哲學」，亦寫到東漢而止。（魏晉以後轉而論學術，將述於下一階段。）

五、主觀的悲情：存在的感受與證悟

溯自民國二十九年，先生在雲南大理正式構思「認識心之批判」以來，集中心力於純理智的思辨，長達十年之久；接着又由客觀的悲情而轉爲具體的解悟，在國遭鉅變之時，動心忍性撰著上述三書，亦前後連續四五年；經過十五年「生命之離其自己」之發揚（若加上「邏輯典範」之用思與撰著，則已逾二十年），生命之耗散太甚，而先生憊矣、倦矣！倦而反照自己，無名的空虛之感突然來襲。由客觀的轉爲「主觀的」，由非存在的轉爲「存在的」，由客觀地存在的（具體解悟之用於歷史文化）轉而爲主觀地存在的（個人地存在的）。先生自覺這方面出了問題，而難以爲情、難以自遣。在這裡，不是任何思辨的或情感的「發揚」所能轉化，亦不是任何抽象的或具體的「理解」所能解答、所能安服，乃重起大悲：個人的、主觀的悲情。客觀的悲情是悲天憫人，智仁勇的外用。主觀的悲情則是自己痛苦的感受，智仁勇是否能收回來安服自己的生命，以解除這存在的痛苦呢？這又是一步大奮鬬。

當時，先生在臺北主持「人文友會」，每兩週有一次聚會講習。那裡當然有師友之夾持，有道義之相勉，有精神之提撕，有心志之凝聚，而且亦有寬容、慰藉、提携、增上。說內在，那裡確有師生之互爲內在。但剋就先生當時的存在之感受而言，這些亦仍然是外在的。所以那整整兩年未嘗間斷的友會講習，在先生而言，乃是在自己生命之可歌可泣的痛苦感受中，俯身下來而表現爲慈悲的接引、莊嚴的開示。與會諸友的感受與開悟，容有强弱深淺之差異，但兩年的親炙，則是這二十年來無時或忘，而一直感念於心的。當時講錄的重要題旨，可以約爲下列數端：關於友會的基本精神與願望，關於文化意識與時代使命，關於生命的學問之內蘊，關於古人講學的旨趣與義法，關於中國文化的發展及其問題，關於通向外王的道路，以及黑格爾的權限哲學、存在主義的義理結構、懷悌海哲學之問題性的入路等之講述。在臺北最後一次聚會，是講師友之義與友道精神。親切肫懇，語語由衷而出，叮嚀期勉，句句動人心弦。平常想像昔賢講學的風範，在這裡獲得了最眞切的驗證。

友會聚會結束，先生應聘東海大學，此時，仍處於存在的感受中。乃於教學之暇，在大度山上撰寫五十生活憶述。共分六章：第一章「在混沌中成長」，寫童年生活。第二章「生命之離其自己的發展」，寫中學時期與大學預科一年級思想觀念之氾濫浪漫階段。第三章「直覺的解悟」。第四章「架構的思辨」。（三四兩章，四十六年發表於香港「自由學人」，後重刊於鵝湖雜誌。）第五章「客觀的悲情」，分上下篇，上篇曾以「我與熊十力先生」爲題，發表於香港「中國學人」季刊。（後編入「生命的學問」一書。）第六章「文殊問疾」

曾以「我的存在的感受」為題，編入「存在主義與人生問題」一書。先生在「五十自述」的撰寫過程中，無異於重新經歷了一次生命成長的行程。在那具體親切的回憶與反省中，一切皆返於正、歸於實：正見、正解、正命、正覺；實情、實感、實理、實證。先生已從痛苦感受中，日漸超解而翻上來了。茲將先生自述最後一小段文謹錄於此，以為印證：

凡我所述，皆由實感而來。我已證苦證悲，未敢言證覺。然我以上所述，皆是由存在的實感，確然見到是如此。一切歸「證」，無要歧出。一切歸「實」，不要虛戲。一切平平，無有精奇。證如窒悲，彰所泯能，皆幻奇彩，不脫習氣。（習氣有奇彩，天理無奇彩）。千佛菩薩，大乘小乘，一切聖賢，俯就垂聽，各歸寂默，當下自證。證苦證悲證覺，無佛無耶無儒。消融一切，成就一切。一切從此覺情流，一切還歸此覺情。

六、「政道與治道」：開出外王事功的新途徑

「五十自述」寫完（四十八歲着筆，四十九歲完稿，共十餘萬言），先生乃繼續撰著「政道與治道」。此書之前三章：「政道與治道」、「論中國之治道」，「理性的運用表現與架構表現」，已先於民國四十三年寫出發表，這是全書理論的骨幹所在。四至八章「論政治神話之根源」、「論政治神話之形態」、「論政治神話與命運及預言」、「政治如何從神話轉爲理性的」、「理性之內容表現與外延表現」，則於四十七年連續發表於「民主評論」。第九章「社會世界實體性的律則，與政治世界規約性的律則」，是徵引黃梨洲、王船山、顧亭林與葉水心、陳同甫等人之言論，而予以推進一步之疏導。第十章疏通陳同甫與朱子爭漢唐一問題之意義，以開出「道德判斷與歷史判斷」之綜和的義理規模。全部書稿，於先生赴港前交與臺北廣文書局，於五十年二月出版。全書二百七十頁。

此書的中心問題有二：一是政道與治道的問題，而尤着重於政道之如何轉出。二是事功的問題，亦卽如何開出外王的問題。這兩個問題是中國文化生命中的癥結所在。二者相連而生，所以亦相連而解。在「歷史哲學」書中，已層層逼顯這兩個問題的重要，並已提供了解

答的線索；此書則進而展開地暢發了這一面的義理。

中國政道之不立，事功之萎縮，實由中國文化生命偏於理性之「運用表現」與「內容表現」。(科學知識之停滯於原始階段而不前，亦繫因於此)。而要轉出政道，開濟事功，成立科學知識，則必須轉出理性之「架構表現」與「外延表現」。如何從運用表現與內容表現轉出架構表現與外延表現，以開出各層面的價值內容(如科學民主等)，並使各層面價值之獨立性獲得貞定；又如何能將架構表現統攝於運用表現，以使觀解理性上通於道德理性以得其本源；這其中的貫通開合之道，在書中已作了層層的義理疏導，亦有了明確的解答。

儒家的內聖之學(心性之學)與外王之學(開物成務利用厚生)，是本末一貫的。內聖之學以道德實踐為中心，雖上達天德，成聖成賢，而亦必賅攝家國天下而為一，纔能得其究極之圓滿，故內聖必通外王。外王一面的政道、事功、科學，亦必統攝於內聖心性之學，纔能得其本源，以保證文化價值之安立與文化理想之繼續開發。故熊先生「讀經示要」有云：「實學」一詞，一指經世有用之學，二指心性之學，而後者乃人極之所由立，尤為實學之大者。然則，宣傳科學而又詬詆儒家內聖外王之教者，其人為「無知」；要求事功而又反心性之學者，其人為「鄙陋」。而墨子之狹隘的實用主義，顏李之直接的行動主義，實無補於救世；而法家以法為教、以吏為師的極權，尤為傷生害性之物道；凡此皆不足以言事功。至於以說文爾雅的音讀訓詁之學爲樸學實學，始則託漢學之名以張大門戶，繼則假科學方法之名以趨時取巧，此實堵塞了孔孟之德慧與志業，乃不樸不實之尤者。（小學考據當然有其價值與貢獻，但孤守於此以排拒較高層次之學術，則大不可。）故自淸代以來之陋風淺習，只見其堵絕科學之心智，敗壞事功之精神，乃隔斷華族文化生命之一大歪曲。眞能上本孔孟內聖外王之敎，以要求開濟事功、從事實學，宋明儒之後，只有晚明顧、黃、王諸大儒可以接得上。宋明儒者是通過佛敎之對照，以豁醒其內聖一面；葉水心、陳同甫與明末顧、黃、王諸大儒，是在遭逢華夏之淪於夷狄，而豁醒其外王一面。而先生此書，則是經過滿淸之歪曲，面對共黨之斲滅，而作進一步之豁醒與建立。

力振孔孟之學脈，以挺顯內聖外王之敎的規模，並承之而更進一步，以解答中國文化生命中有關政道、事功，與科學的問題，而爲國族立大信，爲文化生命開途徑，這是先生撰著此書的深心弘願所在。後之來者，苟能繼此而再進，以光大華族文化之新生命，則尤爲先生所殷切期盼而樂於聞見。

第四階段・舊學商量加邃密

一、徹法源底：心性之學的重新疏導

前文曾說，先生寫「歷史哲學」至東漢而止，此後不再從政治說，故轉而論學術，這就是「魏晉之玄學、南北朝隋唐之佛學、宋明之儒學」三個階段。先生認爲，晚周諸子是中國學術文化發展而成的原始模型，其中以儒家爲正宗。從此以後，或引申，或吸收，皆不能不受此原始模型之籠罩：引申者（如魏晉玄學與宋明理學）固然爲原始模型所規範；卽使吸收其他文化系統者（如佛敎），亦不能脫離這個原始模型之籠罩，更不能取代儒家正宗之地位。秦以法家之術統一六國，不旋踵亦隨六國而亡。西漢是繼承儒家而發展的第一階段，到東漢則因理想性發揚不出而轉衰。下及魏晉，道家復興。而這時有印度佛敎之傳入，所以道家的玄理，一方面是自身獲得充分之弘揚，另一方面卻又作了契接佛敎的最佳橋梁。由於這一接引，而亦拉長了中國文化生命歧出之時間。（所謂歧出，是以正宗之儒家爲準，因爲儒家纔是中國文化眞正的主流。但所謂主流（主幹），並非只我一家之謂。必須己立立人，己達達人，不過不禁，能順成他人之義理而又不失自己之統，如此方得爲主流。」

文化生命之歧出，是文化生命暫時離其自己而繞出去走彎路。但在歧出的彎路上自亦有所吸收，所以離其自己亦可說是充實自己。（但若歧出而不回頭，便是歧途亡羊，文化流失）。從魏晉到隋唐這八百年的長期歧出，不能說中國文化生命的容量不弘大。因爲容量弘大，所以它所弘揚、所吸收的必能全而盡。全而盡者必深遠。而這全盡而深遠的弘揚與吸收，又必在它自己的文化生命中，引起深刻的刺激與洽浹的浸潤，而有助於其生命之清澈與理性之表現。（文化之發展，亦不過是生命之清澈與理性之表現。）對於這八百年的長期歧出，先生稱之爲中國文化生命之「大開」。到了宋明，中國文化生命回歸於其自己，而爲「大合」。所以宋明儒學是西漢以後繼承儒家而發展的第二階段。而今日與西方文化相接觸，亦將另有一個大開大合的階段之來臨。這個新階段的文化使命，當以解決外王問題爲其最中心的重點。而前述「歷史哲學」等三書，卽是先生本於內聖之學，對應這個業已來臨的文化新階段，以疏導出其文化生命之新途徑。

旣本於內聖之學以解決外王問題，則其所本的內聖心性之學的義理，自不能不重新予以全部之展露。佛家有所謂「徹法源底」之語，而內聖心性之學，便是一切法的「源底」；所以必須有以徹之，而後乃能見其究極、明其歸宿。因此，先生五十以後，便進一步從頭疏解儒釋道三教的義理。

二、「才性與玄理」：魏晉玄學系統之展現

「政道與治道」完稿之後，先生卽着手撰著「才性與玄理」，此書開始於赴港講學之前，至港之次年（民國五十年）全書完稿，五十二年由香港人生出版社印行，現由臺北學生書局重版發行，全書三百八十餘頁。

魏晉玄理，是徹底的玄學。先生此書，卽是就此一玄學系統構成之關節，予以充分之展現。魏晉玄理的前一階段，是論「才性」。才性，是自然生命的事。這一系的來源，是由先秦人性論的問題而開出。但它不屬於正宗儒家如孟子與中庸之系統，而是順「生之謂性」的「氣性」一路而來。所以先生首先便以「王充之性命論」爲中心，上接告子、荀子、董仲舒，而下開魏初劉劭人物志之「才性」，以疏導這一系的源委。「人物志」所代表的「才性名理」，是從美學的觀點來對人的才性或情性之種種姿態，作一品鑒的論述。順才性之品鑒，可以開出人格上的「美學原理」與「藝術境界」（順此而能有純文學論與純美之創造，而書畫亦成一獨立之藝術）；亦可開出「心智領域」與「智悟之境界」（故善名理，能持

論，並能以老莊之玄學迎接佛教）。但却開不出「德性領域」與「道德宗教上的境界」。美趣與智悟足以解脫開放出人之情性，所以魏晉人重自然而輕名教（禮法），而形成自然與名教、自由與道德之矛盾。王弼、何晏、向秀、郭象等雖欲融會老莊與周孔，結果亦成徒勞。因爲這步工作本來就不是玄學名理所能擔當。必須到宋儒開出「超越領域」，構成「德性、美趣、智悟」三者立體的統一，而後纔能徹底解消這個矛盾。

然而，魏晉人能順中國固有的學術發展，而開出智悟境界，由於此一事實，乃可悟出中國固亦有其自己的「哲學」傳統。依先生之分判，中國之道統在儒家；科學之統在羲、和之官；而哲學之統則當上溯名家、道家，而繼之以魏晉之名理。先秦名家之形名、名實，其本質的意義，相當於今日之邏輯與知識論，在超越方面亦通於玄學；而魏晉名理則相當於今日之哲學，其中談玄理者爲形上學（以老莊爲底子），談才性者爲「品鑒的美學」。——〔按、先生在南京時，曾撰述「荀學大略」一書，於四十二年在臺北出版。書分兩部分，一部分論荀子的學術，一部分是荀子正名篇的疏解。荀子尊名崇數，實具有邏輯之心智，其心靈與路數，可以說根本就是名數的。對名數之學的文化意義，輒能卓然識其大；他雅言統類、禮義之統、分位之等，善言禮與制、法之大分、類之綱紀，凡此所說，亦輒能順其理之必然而保持其系統之一貫。此雖不是名數本身之事，但却爲名數心智之所函。窮盡知性之能，光照外物之性，磨練認識之主體，貞定外在之自然，這是名數之學所表現的積極建構之精神。邏輯、數學、科學皆由此出。荀子雖只作正名篇以開其端，並未開出全部名數之學，但其心靈確是名數之心靈，其精神亦是積極建構之精神。在荀子之前，有名家之惠施與公孫龍，先生於民國五十年撰有「惠施與辯者之徒的怪說」一文，刋於香港大學「東方文化」專刋。五十二年又撰「公孫龍之名理」，共四篇，刋於民主評論。後皆重刋於鵝湖雜誌。先生有意將此兩篇專論與荀學大略合編，以「名家與荀子」爲書名單册發行。」

魏晉之名理，可分爲「才性名理」與「玄學名理」。魏初之劉劭以及論才性「同、異、合、離」之傅嘏、李豐、鍾會、王廣，皆屬「才性名理系」。其所論以才性問題爲主，不見有談老易之玄學者。只有鍾會稍晚，已接上王弼，亦注老、論易（見隋書經籍志），可以說是「才性名理」過渡到「玄學名理」的轉關人物。才性名理系的人，大體比較實際、校練，不似後來之虛浮，亦不稱爲名士。而「玄學名理系」的人，則稱爲「名士」。名士人格，唯在顯一逸氣，逸氣無所附麗，故亦無所成。名士所談者，以易與老莊爲主，其言談爲清言、清談，其智思爲玄智、玄思，故其理爲玄理，其學爲玄學。這一系的人物，比較「玄遠」而有「高致」。依時間之先後，玄學名士又可分爲「正始名士」（曹魏中期），「竹林名士」（魏晉之交），與「中朝名士」（又稱元康名士，元康爲惠帝年號）。正始名士以王弼、何晏、荀粲為代表，皆談論老、易。下屆竹林名士、中朝名士，所談者又從老、易轉莊子，莊學最盛。關於這一期玄學的主要內容，如：「王弼玄理之易學」、「王弼之老學」、「向秀郭象之注莊」、「阮籍之莊學與樂論」、「嵇康之名理」，以及裴頠之「崇有論」等，在先生書中，皆有專章論述，茲不及。

魏晉名理，雖若「蜻蜓點水，頭緒繁多，觸處機來，時有明悟」，但大要而言，則亦不過「才性」與「玄學」二類；而「言意之辨」中所說名言所不能盡的「意」，亦大體屬於品鑒與玄學。這是「內容眞理」。而它表現的形態，則是「境界形態」，與西方哲學的「實有形態」不同。一是主觀的神會、妙用，重主觀性；一是客觀的義理、實有，重客觀性。在此玄理哲學的「境界形態」下，一切名言所不能盡的意與理（內容眞理），皆是關於「主觀性本身」與「主觀性之花爛映發」所作成的「內容的體會」。此義，對於儒釋道三教所證成的最高原理，亦同樣可以適用。唯就儒家而言，它不只是主觀聖證之境界，而同時能將其所證現的仁體、通出去而建立「道」的客觀實體性。所以，順儒家性命天道的教義，可以開出主觀性與客觀性之統一。

玄學家（如王弼）只能籠統地知道聖人「體無」，而聖人教義之內在的精蘊及其核心的立體骨幹，則非彼所能知。聖人無適無莫，無意、必、固、我，無可無不可，氣象同於天地，無有絲毫之沾滯，當然已至化境；但支持這個化境的立體骨幹，則非釋老所能至。以是，光從聖人之化境與氣象，而說「聖人體無」，雖亦算是一種體會，但却不盡，亦不恰當。聖人以仁爲體，並不以無爲體。魏晉人順智解的路數，以表現其種種玄解玄悟，而却忘掉「於穆不已」之仁體，故無法了徹聖人之大德敦化本由仁體而來。將此仁抽掉，而只在外面說有無、體用、不卽不離；這種形式的陳述，只表示有主觀之境界，而並無客觀之實體，只能盡境界形態，而不能達到主客觀性之統一。能深入儒聖教義之內在精蘊而握住其仁體者，是宋明儒。這是思想發展上的一大轉進。

不過，這步轉進並沒有緊隨魏晉玄學而發展完成。因爲魏晉玄理引進了佛教的思想，對於這外來的文化，在中國有長達五六百年之正式吸收與消化。這須從頭疏導。而先生在「才性與玄理」完稿之後，緊接着便開始了「心體與性體」一書的撰著。所以本文下節亦順此著作之序，先述宋明儒學，而南北朝隋唐的佛學，則移於下一階段再作介述。

三、「心體與性體」：宋明儒學的疏導與分系

「心體與性體」的撰著，自民國五十年開始，至五十六七年間完稿，歷時八年之久，共

一百二三十萬言，分三冊，由臺北正中書局於五十七年五月、十月，五十八年六月陸續出版。這是先生耗費生命心血最大最多的一部巨著。第一冊六百五十餘頁，首列綜論部，分爲五章，這是最後寫成的部分，全書的基本義旨，大體俱備於此。其次爲分論第一部，分兩章講述周濂溪與張橫渠之學。後附錄「佛家體用義之衡定」一長文。(附錄文未盡之義，在「智的直覺與中國哲學」以及「佛性與般若」二書中，有更進一步之論述。)第二冊爲分論第二部，五百四十餘頁，分三章以疏導程明道、程伊川、胡五峯三家之學。第三冊爲分論第三部，五百五十餘頁，分九章專論朱子之學。至於陸象山以下，則將另書別論。

平常講宋明儒學，都知道有程朱、陸王兩系。一般稱程朱一系爲理學，陸王一系爲心學。大家亦知道有所謂朱陸異同，一個道問學，一個尊德性，一個說性卽理，一個說心卽理。但對其中的義理關節，却只能講一些浮泛的話，而不能作確定的判斷與分疏。至於這六百年學術發展中曲曲折折的內容，更很少有人深入去理解。一句「朱子集北宋理學之大成」的空泛儱侗之言，便使得北宋儒學步步開展的義理關節，普遍而長久地受到輕忽；再一句「陽儒陰釋」的顢頇語、鶻突話，更把宋明儒的心血精誠混抹了。一般對於宋明儒學的了解，大體都停在恍惚浮泛的層次。數十年來，雖有二三師儒提撕點示，亦時有開光醒目之言，但通貫六百年的學術，而確定其義理綱維，釐清其思想脈絡，則自先生此書始。

先生從頭疏導這一期的學術，實在煞費工夫。先擺開文獻材料，找出其中的線索，鈎出各家的眉目，比觀對照，不存成見，反覆再三，纔漸漸見出其義理之必然歸趨。最後，確定北宋之周濂溪、張橫渠、程明道、程伊川，南宋之胡五峯、朱子、陸象山，明代之王陽明、劉蕺山等九人，乃是宋明儒學之綱柱。這九人前後互相勾連，在義理問題的發展上，是相銜接相呼應的。北宋諸儒，上承儒家經典本有之義，以開展他們的義理思想，其步步開展的理路，是由中庸、易傳之講天道誠體，同歸到論語孟子之講仁與心性，最後纔落於大學講格物窮理。所以他們的義理系統之開展，實繫於對道體性體之體悟。周濂溪首先「默契道妙」；張橫渠進而貫通天道性命，直就道體言性體，而且對論語之仁與孟子之心性，亦已有相應之了解；到了程明道，以其圓融之智慧，盛發「一本」之論，客觀面的天道誠體與主觀面的仁與心性，皆充實飽滿而無虛歉，兩面直下通而爲一，即心即性即天，而完成了內聖圓教之模型。濂溪、橫渠、明道，這北宋前三家所體悟的道體、性體，以至仁體、心體，皆靜態地爲本體論的「實有」，動態地爲宇宙論的生化之理，同時亦即道德創造之創造實體。它是理，同時亦是心，亦是神，所以是「即存有即活動」者。（活動，是就能引發氣之生生、有創生性而言）明道卒後，其弟伊川有二十年獨立講學之時間，乃依其質實的直線分解的思考方式，將道體性體皆體會爲「只是理」。既然只是理，它便不是心、不是神，亦不能在此說寂感。道體的「神」義與「寂然不動、感而遂通」義旣已脫落，則道體便成爲「只存有」而「不活動」的理；而本體宇宙論的創生義，遂泯失而不可見。言道體如此，言性體亦然。伊川又將孟子「本心卽性」析而爲心性情三分，性只是形上之理，心與情則屬於實然的形下之氣。理上不能說活動，活動義落在氣（心情）上說。於是性體亦成爲「只存有」而「不活動」。由於對道體性體之體會有偏差，乃形成義理之轉向。但此一轉向，在伊川是不自覺的，二程門人亦並沒有順伊川之轉向而趨，而南宋初期之胡五峯，且能上承北宋前三家之理路而發展，開出「以心著性、盡心成性」的義理間架。到此爲止，伊川的轉向還只是一條伏線。但朱子出來，因其心態同於伊川，乃自覺的順成了伊川之轉向，而另開一系之義理。接着象山直承孟子而與朱子相抗。於是朱子、象山，加上五峯之湖湘學，乃形成三系之義理。到了明代，王陽明呼應象山，劉蕺山呼應五峯，宋明儒學之義理系統，乃全部透出而完成。（用今語來說，這是表示一個「道德的形上學」之充分完成。）

依於上述之釐定，可知只分程朱、陸王二系，並不能盡學術之實與義理之全。一則平常所謂「程朱」，實指伊川與朱子，而明道變成無足輕重，此大不可。二則明道卽心卽性卽天，其學可講性卽理，實亦可講心卽理；而伊川朱子則不能說心卽理，故以明道與伊川朱子合爲一系，在義理上有刺謬。三則五峯之湖湘學，實承北宋前三家而發展，爲北宋儒學之嫡系；其「以心著性、盡心成性」之義理間架，有本質上的必然性與重要性，故明末劉蕺山雖與五峯時隔五百年，而猶呼應「以心著性」之義，而使宋明儒學得一完整之綜結。以是，先生乃作如此之判定：北宋前三家，濂溪、橫渠、明道爲一組，此時未分系。以下伊川朱子爲一系，象山陽明爲一系，五峯蕺山爲一系。後兩系到究極處可合爲一大系，但亦須各自獨立了解。至於此一大系與伊川朱子系如何相通，則是另一問題。在此，我們只能說：這三系都是一道德意識下，以心體與性體爲主題而完成的一個「內聖成德之學」的大系統。而先生如此分判，並非先有預定，乃是在層層之釐清中，一步步逼顯而至的。而其釐清逼顯的重要關節，是在二程與朱子：

(1)明道在宋明儒中是一大家，有極其顯赫之地位，但據宋元學案之明道學案，實在看不出明道學問之眞面目，而二程遺書又多半未注明那些爲明道語，那些爲伊川語。於是先生乃以二程性格之不同爲起點，以遺書中劉質夫所錄明道語四卷爲標準，以二先生語中少數標明爲明道語者爲軌約，而確定出鑑別明道智慧之線索；又經再三之抄錄對勘，最後將明道語錄類編爲八篇，而挺顯了明道的義理綱維。

(2)明道淸楚了，伊川亦隨之而淸楚，故亦類編伊川語錄爲八篇，使伊川之思路朗然可見。而其所以有義理之轉向，亦確然可辨。

(3)朱子文獻最多，但其思想之成熟與眞正用功的重點，是中和問題，繼之而有「仁說」，這都是在他自己苦參以及和五峯門下論辯的過程中，逐步明朗出來。先生卽依據此一線索而釐定朱子學的綱領脈絡。（到朱子四十六歲與象山在鵝湖會講時，他的思想架格已定，故朱陸異同之無法歸一，實有義理上之必然性在。）同時，朱子對二程常不作分別，他把二程只作一程看。而朱子較明確而挺立的觀念，皆來自伊川。對明道之言，則說渾淪太高、學者難看，實際上是表示不滿。所以明道在朱子心中實不佔重要之地位，他所謂程子、程夫子，幾乎皆指伊川。他只繼承伊川一人，根本不繼承明道。他對濂溪、橫渠雖加以推尊，亦講述二人之文獻，但在重大的義理關節上並不相應。故世俗所謂「朱子集北宋理學之大成」，實乃後人不知學術之實的空泛之言。朱子的偉大不在集什麼之大成，而在於他思理一貫，能獨闢一義理系統。（雖然其系統並不是先秦儒家發展成的內聖成德之敎的本義與原型）。

二程與朱子既已釐清而確定，其他的問題便易於解答。例如朱子何以對濂溪、橫渠未能有眞實相應之了解？何以對明道無所契會？何以反對謝上蔡以覺訓仁？何以批駁五峯門人並對五峯之「知言」作八端致疑？又何以不能正視象山之孟子學，反而攻其爲禪？朱子何以有這許多異議與誤失？其實，朱子本人的思理很清澈而一貫，又精誠而用功，他不會有很多錯誤。朱子的差失或不足處，只在順承伊川而對道體性體之體會有偏差：體會爲「只存有而不活動」。道體方面體會爲理氣二分，道體只是理，而寂感、心、神都屬於氣；在心性方面，心與性爲二，性卽是理，而心屬於氣，故心與理亦爲二。以是，他所不解、誤解而加以反對者，皆是將道體、性體、仁體、心體、體會爲「卽存有卽活動」者。換言之，凡是屬於本體宇宙論的立體直貫型之義理，朱子皆不能欣賞而一律加以揮斥。由於對道體性體以及仁體心體之體會有不同，在道德實踐上，亦遂脫離宋明儒大宗的「逆覺體證」之路，而順承伊川「涵養須用敬，進學則在致知」二語，開出了「靜養動察」「卽物窮理」的工夫格局。在他之前以及與他同時的人，都和他有關涉，在他之後的如王陽明，則出而反對他（這亦是關涉）；所以，朱子實乃宋明儒學之重鎭，是一個四戰之地，他是義理問題的中心或焦點。但以他爲中心，可；以他爲標準，則不可。元明以來，朱子之權威日漸形成，至於淸而益厲。於是天下人甚至「輕於叛孔而重於背朱」（借陽明語），此皆以朱子爲標準之過。結果是，人人述朱而不得朱子學之實義，人人尊朱而不識朱子之眞價值。連帶的對全部宋明儒學，亦少有相應之認識。三百年來，宋明儒學之所以難索解人，這亦是一大關鍵所在。

四、「從陸象山到劉蕺山」：陸王系之發展與蕺山之結穴

「心體與性體」三大册只講到朱子。陸象山以下，思想脈絡較簡明，且不涉及文獻問題，故未亟予寫出。唯早在民國三十六七年間，先生即已撰成「王陽明致良知教」一長文，分期發表於「歷史與文化」雜誌，並於四十三年在臺北出版單行本。四十五年又發表「陸王一系的心性之學」、「王龍溪的頓教：先天之學」、「劉蕺山的誠意之學」等三文於香港「自由學人」。之後，「心體與性體」出版，先生感到以前所寫之「王陽明致良知教」與陸王心性之學各文，尚有欠諦當之處，乃先後撰寫「王學之分化與發展」、「致知議辯疏解」兩文，發表於新亞書院六十一、六十二年之學術年刊。六十五年又寫成「江右王學」之疏導一文，此三文皆講王學，前加陸象山章，後加劉蕺山章，即可合成一書，列爲「心體與性體」第四册。唯先生之意，此書與前三册時隔十年，又另印別行，乃決定換一書名爲「從陸象山到劉蕺山」。

現此書尚未印出，在此，只能略述其分章之大意。首章以疏解陸象山之文獻爲主，藉以挺顯象山學之基本義旨。次章疏導「象山與朱子之爭辯」，此文已於五十四年分期發表於

「民主評論」。第三章爲「王學之分化與發展」。陸王皆孟子學，皆是一心之朗現、一心之申展、一心之遍潤。這是「由道德的本心卽性之引生道德的純亦不已，而頓時卽至本體宇宙論的立體直貫型之義理」之最簡易直截的表現形態；由象山至陽明，而達於最圓熟的境界。此章首先分七大端以綜述陽明學之基本義旨。次論王學之分派：㈠「浙中派」以王龍溪爲代表。龍溪對陽明之主張，皆遵守而不渝，他專主陽明而不參雜宋儒之說，可說是陽明之嫡系。㈡「泰州派」以羅近溪爲代表。王學發展到近溪，只剩下一「玩弄光景」之問題，而如何破除光景以使知體天明能具體而眞實地流行於日用之間，乃成爲歷史發展之必然，近溪則承當了此必然，故其學問風格亦專以此爲勝場。㈢、「江右派」。此派並無統一之論旨，先生乃單提對致良知教倡異議之聶雙江、羅念菴二人之說，而加以點撥澄清，以明其不得爲眞王學。第四章疏解「致知議辯」。這是王龍溪與聶雙江辯論良知教之文獻輯錄，乃王門中極其重要的論辯。凡九難九答，先生皆一一加以疏通，藉以了解龍溪之造詣與雙江異議之不諦，並以確定陽明學之本色。第五章疏導江右王門演變發展之路向。江右派人物最多，聶、羅二人乃私淑弟子，對陽明講學之宗旨並不眞切；能承續師門之學而不墜失者，是親炙弟子鄒東廓、歐陽南野與陳明水等人。另有劉兩峯、劉師泉，兩峯亦能守師說，但晚年却又說「雙江之言是也」。而師泉與兩峯之弟子王塘南，則欲向性體奧體（所謂性宗）走，而開啓了脫離王學（心宗）之機；雖有扭曲而未能成熟，但實可視爲劉蕺山思路之前機。第六章講述劉蕺山之學。龍溪與近溪雖能順王學而調適上遂，但走二溪之路，若無確切之理解與眞實之工夫，亦可有病。但這病只是「人病」，而非「法病」。就王學下之人病（所謂虛玄而蕩、情識而肆）而重新消融王學，以獨成一系之義理者，則是明末之劉蕺山。

蕺山鑑於良知呈現，一體平鋪，不免有顯露之感（良知教亦本是顯教）；又因良知天生現成，人或不免看得太輕易；所以嚴分「意」與「念」（意，是心所存主而不逐物者；念，是心之所發、逐物而起者），攝知以歸意，將良知藏於意根誠體，以緊吸於性天。如此，纔可以保住良知本體之奧密性，使人戒懼愼獨，而有「終日乾乾，對越在天」之象。此卽蕺山消融王學以救治王學末流之弊的用心所在。復次，蕺山的誠意愼獨之學，是直接本於中庸首章與大學誠意章而建立。陽明之良知教是由格物窮理而內轉，而蕺山誠意教之攝知於意，則又就致良知之內而再內轉，此之謂「歸顯於密」。此意根誠體（亦曰獨體）是心體，亦是性體。而「性體卽從心體中看出」。(1)從性體看獨體，是獨體之「在其自己」，表示性體之自存。(2)從心體看獨體，是獨體之「對其自己」，表示性體通過心體而呈現、而形著。故蕺山曰「性非心不體也」。又曰「此性之所以爲上，而心其形之者歟」。此明顯地是「以心著性」之義。(3)性體通過心體而呈現而形著，心體性體通而爲一，此便是「在而對其自己」。

以心著性，性不可離心而見，故心宗性宗合而爲一。如此，則「性體」得其具體化眞實化，而不失其超越奧密性；「心體」向裡收（攝知於意），向上透（與性爲一），旣見其甚深復甚深之根源，而亦總不失其形著之用。故工夫只在誠意愼獨以斷妄根，以徹此性體之源。

宋儒之學，至南宋開爲三系，朱陸兩系繩繩相繼，傳續不絕；而五峯的湖湘之學則一傳而止，直到五百年後，纔有蕺山出而言此形著之義，二人一頭一尾，完成一系之義理。而宋明六百年之學術，亦到此結穴，而完成了它發展的使命。

第五階段·新知培養轉深沉

魏晉玄學、南北朝隋唐佛學、宋明儒學，這三個階段的學術，現在說來都是古學或舊學。古與舊，是由於時間因素而加上去的顏色，而學術眞理（尤其內容眞理）本身，則是萬古常新的，實無所謂古今之異，亦無所謂新舊之分。「商量舊學」卽所以「培養新知」。尤其在古學舊學沉埋泯失的時代，更是如此。所以，上文所述的魏晉玄學與宋明儒學，是舊學，同時亦是新知；玄學、儒學如此，佛學亦然。另如康德之學，就中國此時對它的了解吸取而言，是新知，但康德亦是十八世紀的人，在西方亦已是一二百年以前的古學舊學了。因此，講述康德，亦仍然是「商量舊學以培養新知」。至於本文將「舊學商量」、「新知培養」二句分別用爲兩個階段的標題，雖亦可以略示先生六十以前與六十以後學思工夫之所重、與學問境域之開拓升進，但這二個階段，實際上是在綿綿穆穆的學術意識中相續進行，而並不是截然可分的。

一、「佛性與般若」：詮表南北朝隋唐之佛學

民國五十七年夏，先生來臺校對「心體與性體」二、三册；秋天返港，即着手撰寫「智的直覺與中國哲學」一書；完稿之後，又在周甲還曆之歲（民國五十八年），開始撰著「佛性與般若」以詮表南北朝隋唐一階段之佛學。全書於六十四年完稿，六十六年六月由臺北學生書局出版，共一千二百餘頁。書分三部，第一部綜述綱領，共四章。第二部，分六章以論述前後期之唯識學，以及起信論與華嚴宗。第三部列爲下册，專講天臺宗，分爲二分。第一分爲天臺圓教義理系統之陳述，共四章。第二分爲天臺宗之故事，共五章。

先生以中國哲學史的立場，疏導佛教傳入中國以後的發展，並從義理上審識比對，認爲天臺圓教可以代表最後的消化。依着天臺的判教，再回頭看看那些有關的經論，先生乃確然

見出其中實有不同的分際與關節。順其判釋的眉目，而了解傳入中國以後的義理之發展，將其中既不相同而又互相關聯的關節展示出來，這就是先生撰著此書的旨趣。

「般若」與「佛性」兩個觀念，是全書的綱領。般若是共法，行於一切大小乘，但它本身却不是小乘，亦不是大乘，亦不足決定大小乘之所以爲大小乘。雖然般若是在不捨不着的方式下具足一切法，但只是水平的具足，而不是豎立的具足，所以這並不表示一切法皆以般若爲根源、由般若而生起。般若只是一「融通淘汰」之精神，依此而言，般若只是一「蕩相遣執」之妙用，以使一切法皆歸實相。而事實上它並沒有積極的建立，所以沒有系統相。凡成系統，必須對一切法之來源有說明，而般若根本不負這個責任。

系統之不同，繫於佛性與悲願。「佛性」觀念之提出，是在於說明：成佛之所以可能、與依何形態而成佛方爲究竟？佛性，可由佛格（佛之性格、體段）與因性（正因、緣因、了因）而了解。⑴小乘想通過解脫而成佛，旣成佛，自有佛格之佛性，但無因性之佛性觀念。加上只自度而未能度他，悲願不足，故爲小乘。⑵有悲願而不捨衆生，但若只是功齊界內，智不窮源，則並不眞能達於無限之境，而佛格佛性亦未能至於遍滿常之境。於此說大乘，只是具有相對大的悲願而已。⑶徹法之源而至於無限之境，由此以言三因佛性之遍、滿、常，此卽所謂「如來藏恆沙佛法佛性」一觀念。必須進到「恆沙佛法佛性」，纔能卽九法界而成佛，這纔是成佛的圓滿形態。（唯此中又有第一序上說的別教、與第二序上說的圓敎之不同。）

中國吸收佛教是從般若學開始，般若學的眞精神，自鳩摩羅什來華而大白於世。但般若是共法，中觀論之觀法亦是共法，乃大小乘所共同者。就是緣起性空，亦是通則、通義，大小乘皆承認。故般若學之思想，並不決定義理之系統。另外一面是唯識學。中國方面對於唯識學的吸收，是始於地論師。地論師以講世親早年作品十地經論而得名。就世親本人而言，其晚年成熟之思想（卽玄奘所傳之唯識學），不但不以阿賴耶識爲眞淨，而且根本不說如來藏自性清淨心。他的佛性論雖講如來藏，但偏於理言，不偏於心言（故說眞如理，不說眞如心）。然而他早年的地論，則明說「自性清淨心」。這如來藏自性清淨心是否可以說爲阿賴耶識？地論中並無明文表示。於是，阿賴耶是否爲眞淨的爭論，乃使地論師分裂而爲北道與南道兩派。先生認爲，地論思想的成熟歸宿，應該是向北道派走，卽阿賴耶識爲妄，不是自性清淨心。而北道派之地論師以及後來之攝論師（以講無著之攝大乘論而得名）的最後成熟之歸宿，則是大乘起信論。在這演進發展的過程中，有一個關鍵性的人物，他就是攝論師眞諦三藏。眞諦翻譯無著造、世親釋之攝大乘論，參入自己的思想而多有增益。就翻譯而言，自不够忠實。攝論是「賴耶依持」之妄心系的基本論典，眞諦假譯事之便，而注入「眞如依持」之眞心系的思想，轉八識爲九識，而立阿摩羅識（淨識）爲第九識。但講阿摩羅識又不如直接講「自性清淨心」。所以眞諦之九識義，只是過渡到起信論的方便之言。起信論標爲馬鳴造、眞諦譯，實際上卽是眞諦之思想，由攝論師與北道之地論師合作而成。（印度無此論，後由玄奘倒譯爲梵文。但如來藏眞心之思想，則已見於勝鬘夫人經、楞伽經、密嚴經。）

地論師與攝論師，可統名曰：前期唯識學。後來玄奘重譯攝論，力復原來之舊，是卽一般所稱之唯識宗，可名之曰：後期唯識學。（前後期之分，以其傳入中國之先後爲準。）後期唯識學是阿賴耶系統，前期唯識學則爲如來藏系統。阿賴耶緣起是經驗的分解或心理學意義的分解，如來藏緣起是超越的分解；順分解之路往前進，至華嚴宗已到了盡頭，成爲順唯識系而發展的最高峯。華嚴宗判教，以「別教一乘圓教」自居，同時又承認天臺宗爲「同教一乘圓教」。結果圓教中出現二個形態，而各圓其圓。這表示華嚴的判教有不盡。因爲眞正的圓教只有一、而無二三。而且圓教必不能走分解的路。分解是第一序上的分別說，有系統相，凡系統皆是可諍法，可諍則不得爲圓。所以眞正的圓教，仍當以天臺圓教爲標準。

關於天臺之判教，先生曾詳加疏通而有若干調整。其中的原委，須看原書，茲不及詳。

天臺宗宗法華經，但法華經並沒有第一序上分別說的教義與法數，它的問題只是第二序上的開權顯實，發迹顯本。開，是決了義。它決了一切權教而暢通之，使之皆歸於實。天臺圓教便是相應法華之「開權顯實，皆歸佛乘」而建立。為了要表達這個佛乘圓教，它必須依法華經所謂「決了聲聞法」而決了一切分別說的權教。

(1)它決了藏教與通教而暢通之，使之不滯於六識與界內。

(2)它決了始別教阿賴耶而暢通之，而不分解地說阿賴耶緣起（妄心系統）。

(3)它決了終別教如來藏自性清淨心而暢通之，而不分解地說如來藏緣起（眞心系統）。

它經過這一切決了，而說出「一念無明法性心」即具十法界。此「一念無明法性心」，從「無明」方面說，它是煩惱心、陰識心，它當然是妄心；但天臺圓教却不分解地「唯阿賴耶」。從「法性」方面說，它就是眞心，但天臺圓教却不分解地「唯眞心」。此即所謂決了一切分別說的權教，而成圓教。

華嚴宗是承廣義的唯識學中之眞常心系，而建立的「性起」系統。（性起之性，指「如來藏自性清淨心」而說，此即所謂「偏指清淨眞如」或「唯眞心」。）天臺宗是承般若實相學而進一步，通過「如來藏恆沙佛法佛性」一觀念，依據法華開權顯實，而建立的「性具」系統。(性具之性，是就「一念無明法性心」而說。通過詭譎的方式，(1)念具即是智具，念具可以說緣起，而智具不可說緣起，以智非生滅法、非緣起法故。(2)無明具即是法性具，無明具可以說緣起，以無明即一念心故；法性具則不可說緣起，以法性是空如理或中道實相理，而非心法，無所謂起與不起故。以是，只說「性具」而不說「性起」。）兩者同是系統，而建立之方式則不同：華嚴宗是分解的方式，天臺宗是詭譎的方式。凡依分解的方式說，便是權教，因而亦是可諍者。故天臺判華嚴為別教而非圓教。所謂「別教一乘圓教」，仍非眞圓教。天臺圓教依詭譎的方式說，雖亦是一系統，而並無系統相。因此為圓實、為無諍。以圓實無諍為經，般若無諍為緯，交織相融而為一，此即天臺圓實之教。

除了天臺之「性具」，華嚴之「性起」，還有禪宗之「性生」。六祖惠能說「何期自性能生萬法」，此「自性生萬法」亦云「含具萬法」，故「生」是含具義、成就義。(不能直解為生起義。天臺、華嚴、禪，皆不得說為「本體論的生起論」。）先生認為，六祖這種不甚嚴格的漫畫式的說法，類於「性具」圓教，而不類於「性起」別教。而六祖弟子神會講「靈知眞性」倒是相應性起別教之禪，故圭峯宗密得以與華嚴宗相會而言禪教合一。禪宗教相不明（只重禪定之修行），若欲判攝禪宗，則「惠能禪」屬天臺圓教（法登述圓頓宗眼，即旨在籠絡禪宗）；而「神會禪」屬華嚴宗之別教圓教。

二、「智的直覺與中國哲學」：疏導基本存有論的建立問題

民國五十七年，先生偶讀海德格的「康德與形上學的問題」、「形上學引論」二書，發現海德格建立存有論的路並不通透，對形上學的層面亦有誤置，因而引發了撰著「智的直覺與中國哲學」之動機。此書不一年而完稿，六十年三月，由臺北商務印書館出版，全書分二十二章，共三百八十餘頁。

先生寫此書的動機，雖由讀海德格之書而引起，而關聯先生自己的著作而言，則一方面是上接「認識心之批判」而進一步疏解康德的原義；另一方面是作爲「心體與性體」綜論部討論康德的道德哲學之補充。

「認識心之批判」一書的重點有二方面：⑴是着重於數學的討論，把數學從康德的「超越的感性論」中提出來，依據近代邏輯與數學的成就，而給予先驗主義的解釋；⑵是就知性的自發性說，單以知性所自具的邏輯概念爲知性的涉指格，並指述這些涉指格所有的一切函攝，以代替康德的範疇論。如今，先生對於範疇論這一方面謙退一步，承認知性的概念可以

分兩層論，一是「認識心之批判」書中所論的邏輯的涉指格，一是康德所論的存有論的概念（體性學的概念，卽範疇）。先生認爲，假如單就邏輯的判斷表，實不能直接發見出知性自具的存有論的概念；但我們的知性活動，却可以順這些判斷表以爲線索，再依據一個原則，先驗地（但却是跳躍地）對存在方面有所要求、提供、或設擬。就在這要求提供設擬上，我們可以承認存有論的概念之建立是合法的。康德把這要求、提供、設擬，說成知性所自具或自給；說得太緊煞了，遂使人生厭生誤解。如今鬆動一下，分開來說，⑴知性之主動自發性所自具的，只是邏輯概念；⑵而存有論的概念，只是知性之自發性對於存在方面之先驗的「要求、提供、或設擬」。（康德所謂的自給，實卽這要求、提供、設擬的自給，但他却說成自具的自給。）先生依於此意，重新疏解康德之原義，改換辭語予「先驗的綜和判斷」以更明確之規定，並剝開因措辭不善巧而形成的烟幕，而使之更順適妥貼，較能浹洽人心。如此，則康德純理批判「超越的分解」部中之「超越的推述」與「原則底分析」，皆可以全部不成問題。這就是先生繼「認識心之批判」之後，對康德所作的進一步的疏解。

再進一步，先生又着重於「超越的統覺」、「超越的對象X」、「物自身」、「作爲超越理念的自我」、「智的直覺與感觸直覺之對比」等之疏導。這是向形上學方面伸展的純粹哲學的工作。而「認識心之批判」是向邏輯數學方面伸展，那時，先生對於康德哲學向形上學方面伸展的一套，尚未眞切的注意，這亦是由於康德自己不承認人可有智的直覺，把「物自身」只看做消極意義的限制概念，故別人亦多加忽視。近年來，先生覺得這裡不容輕忽。康德雖不承認人可有智的直覺，但他的書中却處處以智的直覺與感觸直覺對比而言，則其意義與作用之重大可知。只因西方傳統的限制，所以雖以康德的智思亦無法覺其可能。但如果人眞的不能有智的直覺，不但全部中國哲學發生動搖，就是康德本人所講的全部道德哲學亦將成爲空話。這個影響太大，非人心所能安。然則如何可能呢？先生以爲，必須依中國的哲學傳統來建立。亦以此故，先生特名其書爲「智的直覺與中國哲學」。在「心體與性體」綜論部，是就康德「道德底形上學之基本原則」一書而作討論，康德在該書中未用「智的直覺」一詞，故先生亦未提及。今於此書眞切地加以講論，正可作爲「心體與性體」綜論部討論康德的道德哲學之補充。

先生此書，涉及康德的地方，是就自己所譯的原文（據士密斯英譯本）加以疏導。而關於抉發中國哲學所含的智的直覺之意義，則徵引儒、釋、道三家之文獻，就(1)儒家之「本心仁體之誠明、明覺、良知、或虛明照鑑」（德性之知），(2)道家之「道心之虛寂圓照」（玄智），(3)佛家之「觀照卽空卽假卽中之實相的般若智」、及其展示一圓教之典型，以詮表中國三大敎的「智的直覺」義。先生認爲，智的直覺不但在理論上必須肯定，而且是實際地必能呈現。如此，則中國哲學可以「哲學地」建立起來，而且康德自己所未能眞實建立的，亦因此而可以客觀地眞實地建立起來。

先生由康德的批判工作接上中國哲學，進而開出「基本存有論」的建立之門路：從本心、道心、或眞常心處建立。⑴本心、道心、眞常心，是「實有體」；⑵實踐而證現這實有體，是「實有用」（本實有體而起用）；⑶成聖、成眞人、成佛以取得實有性（卽無限性），這便是「實有果」（本實有體起實有用而成的果）。這「體、用、果」便是「基本存有論」的全部內容。先生又謂，不講形上學則已，如要講，便只能就康德所說的「超絕形上學」之層面，順其所設擬的（物自身、自由意志、道德界與自然界之溝通）而規畫出一個道德的形上學，以智的直覺之可能來充分實現它。所以，「基本的存有論」只能就道德的形上學而建立。（若擴大概括佛道二家，則可說就實踐的形上學來建立。）而海德格却從康德所說的「內在形上學」（域內形上學）之領域以建立他的存有論，把存有論置於時間所籠罩的範圍內（故有「實有與時間」一書之作），他要拆毁柏拉圖以來的西方傳統之存有論史，而恢復柏拉圖以前的古義，而事實上，這是形上學層面之誤置。他的入路是「存在的入路」，他的方法是「現象學的方法」。存在的入路有可取，但現象學的方法則不相應。所以先生認爲他建立存有論的路是不通透的。康德曾作「形上學序論」，海德格改作「形上學引論」，先生此書則仍歸於康德，並順其「超絕形上學」之領域，而開出康德所嚮往而却未能建立的「道德的形上學」。所以，此書所代表的方向，是值得當代（西方）哲學界借鏡、審識而愼取的。

三、「現象與物自身」：判教與融通，哲學原型之朗現

在「佛性與般若」撰著期中，先生因着講授知識論一課的機緣，想將平素所思作一系統的陳述，於是一面口講，一面筆寫，時閱八月而完成「現象與物自身」一書（時爲民國六十二年）。這是先生寫得最快的一部書，但却是四十餘年學思工夫蘊積而成。這部書，可以說是先生思想的綜結。全書分七章：⑴問題的提出；⑵德行的優先性；⑶展露「本體界的實體」之道路；⑷由「知體明覺」開「知性」；⑸對於「識心之執」之超越的分解：知性底形式簇聚之「邏輯概念」之超越的分解；⑹知性的形式簇聚之「存有論的概念」之超越的分解；（此章並附錄：經驗的實在論與超越的觀念論釋義）；⑺「執相」與「無執相」之對照。共計四百七十頁，六十四年八月，由臺北學生書局出版。

此書的內容，是以康德的「現象」與「物自身」之分爲中心，而以中國的傳統哲學爲說

明這個問題的標準。康德說我們所知的只是現象，而不是物自身；現象是感觸直覺的對象，物自身則是智的直覺之對象，而智的直覺又屬於上帝所有。又說上帝只創造物自身，而不創造現象。這樣的點示，當然有一種洞見在內。但我們不能由這輕描淡寫的點示而了澈物自身的確義，因而現象與物自身之分永遠不能明確穩定，而康德系統內部的各種主張亦永遠在爭辯中而不易使人信服。近十多年來，先生重讀康德，而且翻譯了「純粹理性批判」與「實踐理性批判」；在譯述的過程中，正視了康德的洞見之重大意義，亦見到知性之存有論的性格之不可廢，並依據中國的傳統，肯定「人雖有限而可無限」，「人可有智的直覺」。由中國哲學傳統與康德哲學之會合而激出一個浪花，乃更能見出中國哲學傳統之意義與價值，以及其時代的使命與新生，並由此而看出康德哲學之不足。於是而有此書之完整通透的系統的陳述。至於「智的直覺與中國哲學」，則是此書之前奏。先生自謂，「步步學思，步步糾正，步步比對，步步參透」，參透到此書寫成，而後覺得灑然。

一般講康德的人不能正視他的洞見，而康德限於西方的傳統，亦未能把自己的洞見予以充分的說明與證成。先生以為，在西方傳統的限制中，康德能有此洞見，已經很卓越了。洞見之發，是他個人靈光之閃爍；一旦發出，它就是一個客觀的義理問題，亦可以說是聖哲生命之所共契。先生依於中國之哲學傳統，先由人的道德意識顯露一「自由無限心」，由此而說「智的直覺」。自由無限心，是道德的實體，由此開「道德界」；它又是形上的實體，由此開「存在界」。這存在界的存在，卽是「物之在其自己」（物自身）之存在。「物之在其自己」這個概念是一個有價值意味的概念，而不是事實的概念；它就是物之本來面目，物之實相。我們由這「自由無限心」之開存在界，而成立一個「本體界的存有論」（亦曰：無執的存有論）。對於「自由無限心」的意義與作用，有了淸楚而明確的表象，則對於「物之在其自己」的眞實意義，亦可有淸楚而明確的表象：它是一個「朗現」，不是隱晦的彼岸。先生這一部工作，是依儒家孟子學的傳統之「了義」，來融攝康德的道德哲學。（因爲康德對道德概念之分析不盡、不穩，所以必須依「了義」，而不可依「不了義」。）

進一步，再由「自由無限心」開「知性」，這步開顯，先生名之曰「知性之辯證的開顯」。知性、認知主體，是由「自由無限心」（知體明覺）之「自我坎陷」而成。知性本質上就是一種「執」，它執持自己而靜處一邊，成爲認知主體；同時亦把「物之在其自己」的物，推出去而視它爲對象，因而亦成爲現象。所以，「現象」根本是由「知性之執」而執成的；卽，就「物之在其自己」而縐起或挑起的。知性之執，依隨佛家亦可名曰「識心之執」。識心是通名，知性、想像、以及由感性所發的感觸直覺，則是識心之不同的形態。識心之執，從其知性形態之執執起，直執到感性而後止。由此而成立一個「現象界的存有論」（亦曰：執的存有論）。現象之所以爲現象，在此得到確定的規定：對無限心（智心）而言，爲物自身；對認知心（識心、有限心）而言，爲現象。「現象」與「物之在其自己」的殊特義，皆已確定而不搖動，則兩者之間的超越區分，亦充分證成而不搖動。物之在其自己（物自身）永遠不能爲識心之執的對象，識心之執永遠不能及於它，所以它是「超絕的」。先生這一部工作，是以佛家之「執」的觀念，來融攝康德所說的「現象界」，並以康德純理批判一書之分解部來充實這個「執」。（因爲佛家言識心之執是泛心理主義的，重在說煩惱，認知主體不凸顯，故須假康德以充實之。）

對「自由無限心」而言，而有「無執的存有論」；對識心之執而言，而有「執的存有論」。後者以康德爲主，前者以中國的哲學傳統爲主。儒釋道三家同顯無限心，而無限心不能有衝突。因此，良知明覺、如來藏心、以及道家的道心，皆不容相礙；而教之入路不同所顯示的種種差別，亦可互相融和，相容而不相礙；這是這個時代所應有的「判教與融通」。（判、分判義，卽安排之意。）先生這部工作，是「依法不依人，依義不依語」，以作「稱理而談」的融攝。這必須對中國的哲學傳統有確定的了解。而先生此書的綜述，則是以「才性與玄理」、「佛性與般若」、「心體與性體」三書爲根據。

凡是一個大敎，都是一個客觀的義理系統，都是聖哲智慧的結晶。道家以「玄理、玄智」爲主，佛家以「空理、空智」爲主，儒家以「性理、性智」爲主。先生認爲，無論玄智、空智、性智，都是自由無限心的作用。人人皆可體現自由無限心以上達天德，這是儒、釋、道三教之所同。但在耶教則較特別。他們不承認人能上達天德，認爲這裡不是人的事，而是上帝差遣的事。但這只是耶教後來的講法，耶穌本人並不如此着實。卽使耶穌亦如此着實，我們仍可把耶穌的生命看成「卽有限而成爲無限」者。如是，則人人皆可以成爲耶穌(猶如人人皆可成聖、成佛、成眞人)。須知上十字架只是一個特殊的遭遇，那個特徵並沒有必然性。所以從理上究竟地言之，看做是「人的事」實較順適。如此，便是基督教的開放，開放爲人人皆可以上達天德，可以「卽有限而成爲無限」者。上帝內在化卽是無限心，外在化卽是人格神，這裡並無不可相通的阻隔。如果一定要看作人格神，則亦莫逆於心，無庸非議。(蓋衆生機宜不一，聖人設教，亦本有多途。)但自由無限心只表現爲人格神，而不能內在化而爲吾人之體，這裡便顯出主體與客體之隔離，此便是「證所不證能，泯能而歸所」之離教。離則不相盈，所以不是圓盈的究竟。無限心必須內在化而爲吾人之體，纔能契接「愼獨」這一樞紐，而使人人有分，這纔可以達到圓盈之教。

「愼獨」是儒家的說法，佛家則說修止觀，道家則說致虛守寂。這種種說法，皆表示通過自己的實踐，可以朗現無限心。所以皆是圓盈之教：(1)「盈」有正盈與偏盈：儒爲正盈，能獨顯道德意識以成己成物。佛老是偏盈，只遮顯空無以求滅度或求自得。正可備偏，偏不備正，所以偏盈還不能達到究極之圓。⑵「正盈」中亦有圓與不圓：就宋明儒言，周、張、明道、五峯、蕺山以及陸、王，皆爲圓盈；伊川與朱子則爲不圓之正盈。⑶「偏盈」中亦有圓與不圓：佛教之空宗是通教，唯識宗是始別教，起信論是終別教，華嚴宗是別教之圓教，唯天臺是眞圓教。道家之老莊，大端皆可至於圓，無甚差別，但在言詮上，莊子之「調適而上遂」則顯得更圓。⑷相應離教而言，康德近乎正盈而未至。（一因未能依自由意志透顯無限心，二因不承認人有智的直覺，三因意志自由、靈魂不滅、上帝存在，皆爲設準，而又不能通而爲一。）

先生此書，依正盈之智慧方向，融攝康德，會通偏盈，以建立各系統統一之軌轍。⑴融攝康德，是吸收其分解部以成俗諦（開立知性，以成就科學知識）；就此而言執的（現象界的）存有論，這是相應識心之執而言。⑵會通偏盈，以知體明覺之感應無外爲準，會通般若與玄智以成眞諦（建立上達天德之路以成聖成佛成眞人）；就此而言無執的（本體界的）存有論，這是相應知體明覺之感應無外而言。哲學家依據各聖哲之智慧方向，疏通而爲一，以成就兩層存有論，並通而爲一個整一的系統（哲學原型）。這是「哲學家」最積極、亦是最高的使命。爲明此義，先生在此書最後一節，引述了康德純理批判一段話，而又比康德更積極地學述了「去決定哲學之所規定者」的路數。共有七端，大旨如此：

1.康德在理想中所思議的教師，唯一堪被稱爲哲學家者，我們可以舉孔子作代表。在此，上帝已轉化爲無限心，開出了「人人可以爲聖人」的通路。

2.哲學之原型（哲學之宇宙性的概念）不能永遠停在哲學思考者的籌畫卜度中，必須在一聖人的生命中朗現。能體現而「人化」這個原型的，就是我們所依以決定這哲學原型的那個聖人。

3.依聖人之盈教所決定的哲學原型，不過就是兩層存有論（這是「人類理性底兩層立法」之展露）；將兩層通而爲一，即是決定哲學原型唯一的眞正途徑。

4.這唯一的眞正途徑，以儒家的正盈教爲主，旁通偏盈的道家佛家以及離教的耶教，而爲一。耶教雖然有宗（以上帝爲宗）而無教（無實踐的道德進路以通之），但它不能自外於盈教，盈教亦不必外之。

5.如果哲學原型可以由聖人的生命而朗現，而我們亦依聖人之朗現而規定此原型，則此原型乃是具體地存在的，因此亦是可學的。「學者，覺也」。所謂「覺」，即是以自家的眞誠心，與聖人的生命以及那個哲學原型、存在地相呼應相契入之謂。

6.如是，我們只有一個哲學原型，並無主觀的哲學可言。但一切不同的哲學亦不礙於哲學原型之爲定然而不可移，亦皆可融攝於哲學原型中而通化之。因爲「哲學就是一切哲學知識之系統」。

7.哲學原型雖就盈教而立，然而一旦付諸「實踐」，則不僅無主觀哲學可言，亦無哲學原型可言。此時，哲學無哲學相，而只是在與聖者生命智慧相呼應中，表現而爲上達天德之踐履；並在此踐履中，如如證悟與如如朗現無限心。然而，就人生覺悟之事而言，「創造即重複，重複即創造」，每個人都要從頭來。以是，「學不厭，教不倦」，各種專題哲學必須有，千差萬變的主觀哲學亦不可免，而哲學家亦必須不斷地予以昭明，而不容使之沉晦：此之謂「法輪常轉」。

在「學思」的領域中，到此已通達究竟，更無剩義。本文的介述，亦暫止於此。

〔附識〕

牟先生七十以後之學思與著作，筆者將再撰爲「學思之圓成」一文，以祝賀牟先生八十哲誕。

國家圖書館出版品預行編目資料

中國哲學史大綱

蔡仁厚/著.— 初版.--- 臺北市：臺灣學生，1988 [民 77]
面；公分

ISBN 957-15-0427-0 (精裝)
ISBN 957-15-0428-9 (平裝)

1.哲學 － 中國 － 歷史

120.9 81004593

中國哲學史大綱（全一冊）

著作者：蔡仁厚
出版者：臺灣學生書局
發行人：孫善治
發行所：臺灣學生書局
臺北市和平東路一段一九八號
郵政劃撥戶：〇〇〇二四六六八號
電話：（〇二）二三六三四一五六
傳真：（〇二）二三六三六三三四
本書局登記證字號：行政院新聞局局版北市業字第捌玖壹號
印刷所：宏輝彩色印刷公司
中和市永和路三六三巷四二號
電話：二二二六八八五三

定價：精裝新臺幣三三〇元
平裝新臺幣二七〇元

西元一九八八年八月初版
西元一九九九年九月初版四刷

12016

ISBN 957-15-0427-0(精裝)
ISBN 957-15-0428-9(平裝)

中國哲學叢刊

㉓ 管子思想研究 徐漢昌著
㉔ 譚嗣同變法思想研究 王　樾著
㉕ 明清之際儒家思想的變遷與發展 林聰舜著
㉖ 張載哲學與關學學派 陳俊民著
㉗ 明末清初學術思想研究 何冠彪著
㉘ 道教新論 龔鵬程著
㉙ 儒釋道與中國文豪 王　煜著
㉚ 帛書老子校注析 黃　釗著
㉛ 中國古代崇祖敬天思想 王祥齡著
㉜ 黃老學說與漢初政治平議 司修武著
㉝ 近思錄詳註集評 陳榮捷著
㉞ 老莊研究 胡楚生著
㉟ 莊子氣化論 鄭世根著
㊱ 韓非之著述及思想 鄭良樹著
㊲ 儒家的生命情調 戴朝福著
㊳ 中國文化哲學 馮滬祥著
㊴ 朱子學與明初理學的發展 祝平次著
㊵ 明末清初理學與科學關係再論 張永堂著
㊶ 中華文化的省思 戴朝福著
㊷ 老子新校 鄭良樹著
㊸ 孔子的生命境界——儒學的反思與開展 蔡仁厚著
㊹ 仁學 譚嗣同著，湯志鈞・湯仁澤校注
㊺ 荀子集釋 李滌生著
㊻ 劉宗周及其愼獨哲學 黃敏浩著
㊼ 燕園耕耘錄——朱伯崑學術論集（上冊） 朱伯崑著
㊽ 燕園耕耘錄——朱伯崑學術論集（下冊） 朱伯崑著
㊾ 體用與心性：當代新儒家哲學新論 賴賢宗著

㊿	哲學史與儒學論評：世紀之交的回顧與前瞻	蔡仁厚著
㊿1	歷代聖哲所講論之心學述要	朱維煥述要
㊿2	老子道德經闡釋	朱維煥著
㊿3	儒學反思錄	龔鵬程著
㊿4	全體大用之學：朱子學論文集	朱榮貴著
㊿5	儒學與儒學史新論	郭齊勇著
㊿6	周易神話與哲學	李霖生著
㊿7	良知學的展開——王龍溪與中晚明的陽明學	彭國翔著
㊿8	道的錯置：中國政治思想的根本困結	林安梧著
㊿9	儒家思想中的具體性思維	林啓屏著
⑥⓪	張載易學與道學：以《橫渠易說》及《正蒙》爲主之探討	胡元玲著